LEA E ILUMÍNESE

TRANSMISIONES
DE LOS
NUEVE

RECONOZCA SU VERDADERA
ESENCIA SIN ESFUERZO

por Matías Flury

MATÍAS FLURY

TRANSMISIONES DE LOS NUEVE

DESPIERTE MIENTRAS LEE

RECONOZCA SU SER INTERNO SIN ESFUERZO

TRANSMISIONES DE LOS NUEVE

Matías Flury

Correcciones Carmen Ubaldini

Portada Kristy Vargas

Transcripción Adriana Calvo

Programación de computo Alberto Ramírez

Diccionario y espirales Luis Felipe Hernández

Revisión y espirales Silvia Alvarado

Autor, Ideas, diseño, explorador y productor
Matías Flury

Este libro está dedicado a los Nueve Devas De Fuego Cristalino

Gracias por todo

Gracias especiales a Vinicio Zúñiga Romero, Alberto Ramírez y

Victor Flury mi Padre

Prefacio

He comprobado que las enseñanzas encontradas aquí activan la evolución del ser humano durante su exploración espiritual, sintiéndose alentado y comprometido a continuar con el ciclo de transformación del planeta Tierra.

Si usted lee esta obra con cuidado y atención tomará un atajo repleto de asombrosas luces, nunca antes descubiertas. Relaje su cuerpo y deje que el libro lo tome de la mano y le muestre dimensiones transcendentales de amor y paz infinita.

Años atrás, el escritor aprendió una técnica india de meditación que consiste en centrar la mirada en el eje del sol. En este nuevo camino comencé a ser guiado por señales desde lo más profundo de mi corazón. Se me pidió que aumentara más y más los tiempos de concentración, que confiara y que mi visión estaría protegida. Por ello comencé a incrementar mis meditaciones por las mañanas y por las tardes, sin pestañear.

Este proceso despierta diferentes áreas del cerebro, cambiando dramáticamente la personalidad de todo individuo que lo explore, tornándolo pacífico y contemplativo. Con el tiempo, se avizoran mundos imperceptibles, realidades insospechadas y el practicante podrá escuchar sonidos provenientes del sol y que otros no perciben.

A diferencia de cualquier tipo de psicosis, lo que el practicante solar suele experimentar es claridad mental, seguridad y una sorprendente calma que lo serena y abraza con amor. O sea, que puede percibir otras dimensiones desde un estado de conciencia etérea y expandida.

Se comienza a entender que el sol es energía y, como tal, de naturaleza inteligente, consciente y fuente de conocimiento. Será a partir de este sentir que se entabla una relación cautivante y majestuosa, en la cual empiezan a ocurrir hechos que trascienden a toda lógica mundana.

Si bien en el texto no se detalla ninguna práctica solar, el "mirar al sol" fue la raíz que, para mí, dio nacimiento a este "libro mágico" que sacará al lector de la somnolencia impuesta por el universo tridimensional.

El procedimiento de lectura aquí expuesto es una "mano bondadosa" que penetra la mente y alcanza el alma. Es un canal que acelera el proceso de iluminación y consiste en una práctica nunca vista antes.

En mi opinión, nos encontramos ante un testimonio proveniente del sol y sus seres, en el pico de la tormenta solar del 2011-2012 descrita por los incas, los mayas y los aztecas: un tiempo de transformación, evolución y cambios.

Usted puede experimentar y decidir por sí mismo qué tan efectivo y útil es este método de lectura espiritual.

Cuando empiece con el escrito, inmediatamente entenderá a qué me refiero. Las experiencias que afloren de su lectura serán distintas a todas las vivencias anteriores. Desde las primeras páginas, se encontrará inmerso en las profundidades de su ser.

La práctica consiste en leer

Lea e ilumine su ser

El libro no requiere que usted practique sobre gran cantidad de técnicas específicas. Sin embargo, estimula la mente para que fije su atención sobre una vasta realidad sutil que se encuentra y habita silenciosa en todos nosotros.

El poder espiritual que se despierta en el lector quedará siempre presente en su vida: y mientras trabaja, ama, habla, duerme, ríe, se enoja o entristece. Este sentimiento de claridad y brillantez que el libro genera, seguirá creciendo después que se haya terminado de leer y lo liberará de dogmas y emociones negativas, dejándolo en un inmenso campo azul de conciencia pura unificado.

He vivido la magia de esta lectura y los invito a explorar.

Conforme avance en el texto, entenderá que la forma en que las oraciones están posicionadas es diferente a la de otros libros. En este tendrá que seguir las flechas y empezar a leer donde se localicen. Este ordenamiento de las oraciones se ha diseñado con el propósito de activar ciertas partes del cerebro que se encuentran dormidas.

El escritor pretende entrar en cada rincón de su mente o psique y llegar, con cada palabra, al vórtice central del alma para reavivarlo.

Si usted observa los diversos grafismos, ideogramas o sistemas de escritura, se dará cuenta de que-dependiendo de las culturas algunos son completamente diferentes.

Tomando como ejemplo el sistema de escritura china, nos damos cuenta de que los caracteres van de abajo hacia arriba. Esto hará que la lógica del cerebro de una persona de la china trabaje y procese información de una manera distinta al de una persona occidental, donde la lectura y escritura son de izquierda a derecha.

Con este libro, he comprendido que la forma en que leemos y escribimos, influye en nuestra idiosincrasia. Por ello, se ha creado este método multidireccional de lectoescritura, que influye directamente en las representaciones más profundas de la mente egoica. Los ojos están conectados al centro del cerebro a través del nervio óptico; algunas de las terminaciones del nervio óptico parecieran rozar el medio energético de la glándula pineal. Esta glándula es, según las escuelas orientales de pensamiento, un centro esencial y vital, relacionado con el sexto vórtice o Tercer Ojo. La glándula pineal es similar a un ojo, pero sin el lente. Al mover los ojos en diferentes direcciones activamos la glándula pineal, junto a otras zonas del cerebro, y la información es asimilada por áreas que antes se consideraban dormidas.

Cuando dormimos y soñamos, los ojos se mueven a alta velocidad de derecha a izquierda. A este movimiento se lo conoce como REM.

Los psicoterapeutas creen que REM y soñar son los mecanismos de la mente, donde el cerebro baja su actividad intelectual y trabaja sobre situaciones de origen psicológico, ya sea traumáticas o no.

Existe una técnica que copia este movimiento, conocida como EMDR y que se usa en el tratamiento de problemas psicológicos y comportamientos adictivos. También encontramos que dicha actividad ocular se ha practicado, a través de la historia, en muchas técnicas yóguicas de meditación. Por ejemplo, sufis y budistas creen que los ojos son la puerta de entrada al alma.

En este libro, usted advertirá maravillado cómo, al leer en diferentes direcciones o enfatizar en los movimientos oculares, el mensaje de iluminación penetra las áreas adormecidas del cerebro despertándolas de su letargo.

La lectura y escritura multidireccional es un método revolucionario que reestructura las bases del "ser", conjuntamente con los conceptos inciertos aprendidos. Esta manera de absorber información nos empujará a volar desde la montaña más alta de la matriz del SER, para encontrar "la verdad" en las alturas del aire cristalino y puro de la libertad absoluta.

Lea y remonte vuelo como yo, dentro de la placentera y apacible infinitud de su espíritu eterno.

En diálogos con el autor, este me reveló que, al terminar el libro, lo leyó para revisarlo por última vez y que misteriosamente fue conmovido por las profundidades insondables de su psique. Profundidades que el libro sacaba a relucir mientras avanzaba con su lectura. A lo que agregó que pudo explorar planos aparentemente incomprensibles y desconocidos de su interior. Asimismo, manifestó que este libro lo asistió en el esclarecimiento de lo indescifrable.

Lo que usted está a punto de leer cambiará su vida. Esté listo para dar un giro de 180 grados.

El libro también se zambulle en áreas que desechamos o preferimos desconocer. Sin embargo, si las alumbramos con la luz de la conciencia, son áreas inofensivas. Leer le va a ayudar a analizar los aspectos ficticios de su identidad que usted considera reales. A medida que avance con el libro, será capaz de reconocer las apariencias que lo esclavizan, aprenderá cómo rechazarlas, hasta que solo quede la cristalina pureza de la conciencia expansiva.

Usted solo tiene que leer, relajarse, seguir las instrucciones, despertar y volar libre.

 Es así de simple.

Chelsea Hall

Introducción

La lectura

Este libro fue ideado para acelerar el desarrollo espiritual de las personas que aspiren al cambio y lean con esmero, mientras se van dando las transformaciones geomagnéticas y universales propias de estos tiempos.

La transición ya dio inicio.

Después del año 2013 habrá ondulaciones ascendentes que alcanzarán el año 2095. O sea que, desde el 2013 al 2095, la especie humana atravesará por un poderoso proceso evolutivo que cambiará la faz de nuestro planeta.

Primero, la lectura se hará de izquierda a derecha. A continuación, habrá una segunda parte donde la escritura se tornará en espiral. Este sistema de lectura penetrará profundamente la psique, modificando y reestructurando frecuencias electromagnéticas, que a su vez cambiarán y avivarán los filamentos de ADN y ARN durmientes.

Cada palabra aquí escrita inyectará luz ardiente en sus neuronas y neurotransmisores, abriendo portales intercelulares. Cada oración, cada letra que ve, se entrelaza a la energía responsable de cambiar la combinación cromosómica corporal.

En la dimensión astral, las palabras activan delgados filamentos de energía conectados al ADN y recubren con espirales traslúcidas y luminosas estos conductos meridianos de acceso energético. Estas palabras leídas abren las compuertas del alma en el cuerpo causal o espiritual, para acceder a nuevos horizontes de percepción en nueve dimensiones paralelas y absorber corrientes de agua astral viva. El trabajo comenzará con la transmutación del cuerpo causal, proseguirá con la transformación profunda del astral y culminará con el físico.

Al principio, las frecuencias serán débiles y lo que se percibirá es el efecto emocional de limpieza que estas generan. Liberado el cuerpo de la basura emocional, las vibraciones se sentirán en el sistema nervioso, como pinchazos o cosquilleos placenteros ascendentes. En otros momentos, olas de mucho éxtasis cubrirán el cuerpo entero. Si el sistema nervioso no es lo suficientemente fuerte, el lector experimentará algunas vibraciones internas y hasta pequeños estremecimientos a nivel de la columna vertebral, que vendrán directamente del sistema neurocelular.

Aunque no entienda de física o química, trate de leer cuidadosamente todas las palabras aquí escritas para que se produzca el efecto deseado en sus tres cuerpos.

Hay entidades celestiales trabajando con el libro, que se han comprometido a ayudarlo con los cambios mientras usted lee.

Las células del sistema nervioso, cuya característica principal es transmitir impulsos electromagnéticos, tienen una membrana plasmática híper-receptiva. Nosotros aprovechamos esta receptividad y electricidad y los estímulos de la conducción de las neuronas, para introducir fibras liberadoras inter-dimensionales. También, con estos intercambios energéticos llegamos a la sinapsis neuromuscular con luz radiante, donde se encuentra la unión entre el Axón y el Efector. Esto obliga a la fibra mielínica y a las placas terminales a vibrar con ímpetu relampagueante que lentamente cambia la estructura de estas terminales pre-sinápticas, afectando indirectamente al sarcolema, la vesícula sináptica, el receptor nicotínico y la mitocondria.

Si la mielina es delgada, el cuerpo pasa por pequeños temblores y etapas de ajuste; sin embargo los nueve Devas de Fuego Cristalino excitan a la mielina para que se engrose.

Los "nueve luminosos" son Devas o deidades de fuego atómico ultra- brillante y transparente que realizan los cambios que este libro promueve. Ellos modifican el espacio entre la placa terminal de la neurona y la membrana de la fibra muscular que los científicos llaman "hendidura sináptica primaria", por colchones de radiación solar.

Los angstroms tienden a duplicarse con el relámpago incandescente de los nueve luminosos.

En el mapa celular, la irradiación procesada con la llegada del potencial de acción que penetra la hendidura sináptica, obliga a generar una recapitulación intercelular brillante que exige liberar el neurotransmisor "Acetilcolina" que, a su vez, es transformado al instante de su autonomía por medio de ciclones diminutos de luz ultra-incandescentes relacionados, con la contracción producida en la dimensión astral de las células musculares.

Habrá una sobreproducción de estos neurotransmisores alimentados por la luz que emergerán como flores de cristal purísimo, en un gran número de mitocondrias vivas, al extremo terminal del axón que hasta ahora se encontraba abrazado por las sombras más densas. Este proceso de limpieza producirá en algunos casos mini-convulsiones corporales o temblores. No se preocupe si usted empieza a vibrar internamente, esto es normal y pasajero, será intermitente y durará pocos días.

En los pliegues de la membrana muscular existe una enzima viva e inteligente, "Acetilcolina-esterasa", que los nueve resplandecientes usan para desestabilizar la Acetilcolina. Con esta enzima y con remolinos de luz tempestuosa, transmutan el neurotransmisor en colina y acetato de otra índole energética; y la colina reinsertada a la terminal pre-sináptica cambia drásticamente su rúbrica. Tal proceso vuelve a conceder tranquilidad al individuo.

Una parte de la Acetilcolina desechada transportará alquitrán energético antagónico, implantado por las fuerzas de la nebulosidad. Este desecho será vuelto a usar fuera del campo sináptico para crear un combustible depurado y energético que se utilizará en otra fase para alimentar ciertas terminaciones nerviosas. La otra cara de la Acetilcolina penetrará la membrana muscular, apaciguando de esta forma las contracciones musculares.

Cuando los Nueve Devas de Fuego Cristalino inyectan la luz del rayo, la Acetilcolina, junto al proceso enzimático, destruyen la molécula en tres componentes. De esta forma, dicho neurotransmisor tendrá un contacto mínimo con los receptores membranales oscuros y sucios. De esta manera, los Devas crean una reacción luminosa en cadena, sin que exista sobre-estimulación o lesión en la fibra muscular.

Lo que quiero decir, con esto, es que los seres luminosos son expertos en lo que hacen y de ningún modo afectarán negativamente el cuerpo neurobiológico del lector.

Existe un factor de protección y cautela cuando se da esta unión neuromuscular, ya que los impulsos nerviosos llegan infalibles a su destino. En su cuerpo, este proceso será intenso, ya que la frecuencia normal de estímulo es de 150 veces por minuto y los seres luminosos la aumentan a 300 por minuto, sin permitir que la disminución natural de neurotransmisores liberados al espacio sináptico tome efecto.

Los Nueve

Hemos comprobado que las enseñanzas aquí transmitidas activarán y acelerarán su evolución espiritual, y lo harán sentirse alentado y comprometido para continuar el ciclo de transformación del planeta Tierra.

Al parecer, nuestro planeta está al borde de un caos perentorio nunca antes visto, por lo que es necesario tomar medidas drásticas y poderosas con el objetivo de calmar el furor de la agitada naturaleza.

Lo invitamos a tomar un atajo repleto de asombrosos seres de luz que lo tomarán de la mano y le mostrarán dimensiones transcendentales de amor y paz infinita.

Este proceso que les regala el universo despierta diferentes áreas del cerebro, cambiando dramáticamente la personalidad de todo individuo que lo explore, tornándolo seguro, pacífico y contemplativo.

Con el tiempo, mundos imperceptibles y realidades insospechadas comenzarán a aflorar frente a sus ojos y el practicante podrá escuchar sonidos y voces celestiales provenientes de otros mundos que lo guiarán hacia la bienaventuranza.

La "mano bondadosa de Dios" penetrará la mente y alcanzará el alma.

Lo que haremos durante el fin de semana es activar el canal que lo conecta al Dios de la paz y el amor infinito y que acelera el proceso de iluminación.

Este proceso estimula la mente, para que fije su atención sobre una vasta realidad sutil que se encuentra y habita silenciosa en todos nosotros.

El poder espiritual que se despierta durante las transmisiones de energía quedará siempre presente en su vida; mientras trabaja, ama, habla, duerme, ríe, se enoja o entristece, este poder seguirá purificándolo, suave y cariñosamente.

Tal sentimiento de claridad y brillantez que las trasmisiones generan, seguirá creciendo después que se haya terminado el curso y lo liberará de dogmas y emociones negativas, dejándolo en un inmenso campo azul de conciencia pura unificada.

Nosotros hemos vivido y disfrutado día a día la magia que estos seres comparten; y con ansias claras los invitamos a explorar y a que remonte vuelo, dentro de la placentera y apacible infinitud de su espíritu eterno.

Por otro lado, también nos zambulliremos en áreas que desechamos o preferimos desconocer, alumbrando con luz divina dichos rincones internos, prometiendo que el lago sombrío de emociones negadas que lastiman perecerá ante tal inmensa brillantez angelical.

También analizaremos aspectos ficticios de la identidad que usted considera ser.

A medida que el tiempo corra, usted será capaz de reconocer las apariencias que lo esclavizan y aprenderá cómo rechazarlas, hasta que solo quede la cristalina pureza de la conciencia expansiva que acoge su alma.

Este curso fue ideado para acelerar el desarrollo espiritual de las personas que aspiren al cambio, mientras se van dando las transformaciones geomagnéticas y universales propias de estos tiempos.

Con este sistema, la luz penetrará profundamente la psique, modificando y reestructurando frecuencias electromagnéticas que, a su vez, cambiarán y avivarán los filamentos de ADN y ARN durmientes.

Cada palabra, cada soplo, cada toque, cada mirada compartida inyectará luz ardiente en sus neuronas y neurotransmisores, abriendo portales intercelulares. Las transmisiones se entrelazan a la energía responsable de cambiar la combinación cromosómica corporal.

En la dimensión astral, las palabras habladas durante las sesiones de relajación activarán delgados filamentos de energía conectados al ADN a nivel sutil; y recubrirán con espirales translúcidos y luminosos estos conductos de acceso energético. Estas palabras y energías abrirán las compuertas del alma en el cuerpo causal o espiritual, para acceder a nuevos horizontes de percepción en nueve dimensiones paralelas y absorber corrientes de agua astral viva. El trabajo comenzará con la transmutación del cuerpo causal, proseguirá con la transformación profunda del astral y culminará con el físico.

Al principio, en pocos casos, las frecuencias serán débiles y lo que se percibirá es el efecto emocional de limpieza que estas generan. Liberado el cuerpo de la basura emocional, las vibraciones se sentirán en el sistema nervioso; en otros momentos, olas de mucho éxtasis cubrirán el cuerpo entero. Si el sistema nervioso no es lo suficientemente fuerte, el lector experimentará algunas vibraciones internas y hasta pequeños estremecimientos a nivel de la columna vertebral, que vendrán directamente del sistema neurocelular.

Las células del sistema nervioso, cuya característica principal es transmitir impulsos electromagnéticos, tienen una membrana plasmática híper-receptiva. Nosotros aprovechamos esta receptividad y electricidad y los estímulos de la conducción de las neuronas para introducir fibras liberadoras inter-dimensionales. Con estos intercambios energéticos, llegamos a la sinapsis neuromuscular con luz radiante, donde se encuentra la unión entre el Axón y el Efector. Esto obliga a la fibra mielínica y a las placas terminales a vibrar con ímpetu relampagueante que, de forma lenta, cambia la estructura de estas terminales pre-sinápticas, afectando indirectamente al sarcolema, la vesícula sináptica, el receptor nicotínico y la mitocondria.

Los "nueve luminosos" son Devas o deidades de fuego atómico ultra- brillante y transparente (serafines) que realizan los cambios de los cuales hablamos. Ellos modifican el espacio entre la placa terminal de la neurona y la membrana de la fibra muscular que los científicos llaman "hendidura sináptica primaria".

Introducción de los Nueve Serafines

En el terreno de la percepción tridimensional, donde el tiempo y el espacio parecen ser reales, todo está destinado a un cambio constante y muchas veces a ajustes radicales con el fin de proteger a los seres vivos del engaño de pensarse como entidades separadas.

Este curso fue creado y diseñado con el propósito de abrir la puerta a lo desconocido, y para ayudar a los seres humanos a conectarse con dios y sus fuerzas serafínicas. Nuestra intención es darles un pequeño pero certero impulso para que crucen el océano de la ilusión, a través de modificaciones drásticas que haremos en sus cuerpos físico, astral y causal.

Es posible para la humanidad trascender la dualidad holográfica. Aun así, el cuerpo humano actual tiene muchas deficiencias y esto hace que la evolución espiritual de los humanos sea una tarea complicada. Pero ahora estamos al punto de una nueva era, en la que el tiempo ilusorio se acelera y, consecuentemente, el progreso hacia la libertad real es aquí y ahora. Este curso es parte de ese progreso universal, junto con muchos otros regalos que ya están proporcionando el cambio en el mundo entero.

Todos sabemos que la ciencia no es capaz de explicar o de contactar el espíritu, la mente y la materia; pareciera que la física no puede encontrar ecuaciones que expliquen lo que un simple pensamiento es. La mecánica cuántica también trata de elucidar este paradigma, pero esto también es imposible, porque para entender por completo la dimensión espiritual, los humanos necesitarían un cerebro cableado de forma completamente diferente.

El espíritu es el sustrato y el sustrato es el espíritu mismo. Las modificaciones que este libro estimulará son hechas al nivel del sustrato de lo que usted llama realidad. Tales modificaciones, en dicho nivel, hacen que el mundo soñado del universo atómico parezca más irreal. De forma simultánea, cuando hacemos modificaciones en este sustrato, las partículas compuestas y elementales que usted conoce comienzan a comportarse de forma diferente.

Algunas veces estas alteraciones parecen cambiar y provocar modificaciones en el átomo mismo y la constitución atómica de las cosas. Cuando los científicos comiencen a ver los cambios que exponemos en este libro, los cuales se consideraban imposibles en el pasado, no olvide, bajo ninguna circunstancia, que están sucediendo dentro de una gran mente y que solo son cambios en un sueño. Recuerde que los átomos y las partículas subatómicas no son nada más que pedazos de información mental inexistente que adoptan combinaciones inimaginables para crear galaxias complejas -incluso universos- con reglas y leyes mentales que producen materia imaginada. Usted aceptó estas reglas como mandatos físicos y, por lo tanto, debe seguirlas al pie de la letra; sin embargo, estas pueden ser destruídas en cualquier momento por una persona que entienda el sueño tal cual es.

Este libro es parte de la magia del cambio, un cambio que está sucediendo ahora, cuando las bases concluyentes de la existencia simplemente existen rodeadas de brillantez.

La realidad es gradualmente comprendida por la mente vacía y no por el proceso de pensamiento.

Purificar la ventana de la percepción es todo lo que los humanos necesitan hacer para liberarse de la esclavitud de la ilusión y la separación. Enfatizamos e incitamos a que usted deje los deseos atrás y que se haga uno con la expansión.

El entendimiento directo de la conciencia del momento presente, la cual no sufre variación alguna, es la única esperanza para vivir una vida sin miedo.

Sea presencia en el momento presente y será eternamente libre.

El curso le ayudará a cambiar el enfoque de sus ambiciones, propósitos y objetivos (ya que no hay necesidad de tenerlos) a un nuevo horizonte en el que todo es posible; donde existe abundancia en todos lados y, al mismo tiempo, nada más importa realmente.

Esta imagen propia con la que usted se mal-identifica, la cual camina orgullosamente con su identidad asumida tratando de modificar todo lo que se encuentra por delante, maniobrando situaciones para su propio beneficio, especulando inescrupulosamente, ajustándose con dolor a cada situación para sobrevivir -nunca relajada ni tranquila-, lentamente se desintegrará.

La memoria que da la sensación de "Yo", un "Yo" que tiene un campo de materia mental inexistente, que desea sobrevivir y ha entablado una lucha feroz contra usted para seguir siendo parte de esta ilusión engañosa, también se desintegrará dejándolo libre.

La sensación de estar desconectado se asocia con la amplificada aptitud humana de imaginar condiciones y estipulaciones conceptualizadas e intangibles que crean la separación en medio de la unidad.

Un intelecto que constantemente busca la conmoción para mantener la sensación de separación se convierte en algo sin tacto y burlado. De esta forma, usted se vuelve esclavo de su creación. Pero al comprender su propio comportamiento egocéntrico, la mente se encuentra en un estado de alerta cuidadosa.

Se cree que los humanos son una masa de sentimientos y pensamientos contradictorios; esto no es cierto y lo comprobaremos.

El núcleo vital de la mente humana es el "Yo". No reaccione y el "Yo" sucumbirá.

No sea una víctima de sus miedos y deseos.
 Usted es el espacio infinito y eterno en el que su cuerpo -junto con estos sentimientos que siente, estos sonidos que escucha, estos pensamientos que piensa y estas emociones que experimenta- descansan.

Los Nueve

Explicación

Abajo usted se encontrará con el génesis, una concisa y pequeña interpretación del nacimiento del universo y todas sus dimensiones paralelas, desde la serena perspectiva dévica. Merced a tal elucidación, usted se verá confrontado con las espirales piramidales que se encargan de repetir la información acabada de leer. Note que la primera espiral comienza en la esquina izquierda de arriba, donde se encuentra una pequeña mano apuntando con su índice, indicando el comienzo de la espiral; el segundo espiral comienza en el centro donde otra mano se encuentra punteando el comienzo.

Al inicio, el lector puede sentirse confundido, ya que encontrará símbolos como () ; : . , ¡ ? y otros, ascendiendo o descendiendo verticalmente entre las palabras, pero con un poco de tiempo el lector se acostumbrará.

También sepa que, en las espirales, las palabras están divididas sin seguir las reglas de cortes de sílabas, debido a que el programa no lo permite.

En algunos lados, las espirales parecerán no continuar; sin embargo, el efecto que estas producen es perfecto y planeado de tal manera.

Algunos mantras están traducidos y otros no, esto porque en ciertas ocasiones perdí la concentración, ya que se pierde mucha energía vital y se necesita absoluta quietud en el momento de traducir lenguas no grabadas en el cerebro humano.

Al principio este libro parecerá difícil de entender especialmente si el lector no tiene entrenamiento alguno en Física y Biología, sin embargo, las espirales en conjunto con sus complicadas oraciones fueron diseñadas para parar la mente abruptamente, así como un Koan Zen el cual es un verso que al parecer no tiene sentido alguno pero que se desenlaza en la conciencia y produce iluminación total.

Las espirales y la estructura complicada del libro están enfocados a alcanzar la misma meta de emancipación total.

Algunas personas sentirán una o muchas de estas sensaciones o sentimientos como bienestar, vacío mental, cesación de los pensamientos, fatiga o energización, ansiedad, dolor de cabeza debido al movimiento ocular, paz, amor incondicional, cosquilleos, calores, insomnio, éxtasis, bienaventuranza, goce, furor; y algunos no sentirán tanto y a veces nada, no obstante, el encanto del libro seguirá afectando las zonas oscuras y grises de la conciencia individual todo el día y a toda hora, aunque el sujeto no sienta y, con el tiempo, la persona se sorprenderá cuando note la increíble transformación positiva está que sucediendo en su vida.

Si usted es uno de los pocos que no siente, no se preocupe: usted también está siendo reconectado en una dimensión astral y causal. Después de tal reconexión, indudablemente empezará a sentir.

Sepa también que este es un libro que puede ser leído varias veces.

Tampoco se preocupe si no puede repetir los mantras con pronunciación perfecta. Esto no es necesario, ya que la compasión transmitida en este libro es infinita y fe es todo lo que se necesita cuando repita las palabras mágicas.

Tampoco necesita ser joven, dado que los cambios se ven inmediatamente primero en el cuerpo astral; y esto es todo lo que usted necesita para cruzar el portal de la muerte física.

La evolución del cuerpo humano seguirá su curso sin usted en este planeta y otros.

Mientras lea la magia espiral, los Devas se le unirán y trabajarán al unísono para que usted se sienta feliz y en paz.

Te deseo lo mejor.

Matías Flury

I

Materia

Todo lo que usted ve, toca, huele, saborea y oye es imaginación soñada. Lo que está enfrente suyo, aunque tenga la apariencia de ser real, no existe, sino que es un simple fragmento de la imaginación colectiva de la conciencia expansiva. Usted es parte de esta conciencia y este es su sueño. Nada existe sin esta espléndida imaginación.

Gran parte de la energía universal corresponde a representaciones materiales constituídas por partículas que no exhiben masa. Según la ciencia humana, la radiación electromagnética, la luz y otros elementos están formados por fotones sin masa. Asimismo el gravitón, el fotino y el gravitino son partículas sin masa que constituyen la energía universal. Aunque estas partículas existen, es imposible observarlas con ojos y cerebro tridimensionales. Para cualquier ser humano estos espacios son categorizados como espacios vacíos.

El contenido de este libro se acoplará en el cuerpo humano y cambiará ciertas claves de información y construcción bioquímica corporal. Sin embargo, cabe recalcar que la materia en sí es inexistente y vacía como el gravitón y el fotino. Aclaramos que no pretendemos satisfacer la sed mental y material. Todo lo contrario, lo que se busca es activar y desactivar patrones energéticos e información conceptual.

Para nosotros no existen las leyes físicas, sino las mentales. Las combinaciones atómicas y moleculares guardan en sí el misterio del vacío, de lo soñado. Lo que se encuentra detrás de tal misterio, igual que en los sueños, es información mental, astral y causal.

En el sueño individual existen leyes mentales; hay ley de gravedad, paredes, objetos, pero estos son solo construcciones mentales, puesto que lo que experimentamos es únicamente imaginación espontánea soñada.

Aclaramos que el libro no se lee para entender química o física tridimensional; estas solo se aplican para maniobrar la energía pensante, la propia raíz de la existencia que formó, en medio de un sinfín de ensueños, el cuerpo humano.

Cambiaremos, limpiaremos y destilaremos esta energía pensante para que el ser humano comprenda que su vida es un sueño y nada más.

Lea, abra su corazón y permita que el cambio del amor y paz eternos lo abracen.

TODO LO QUE USTED VE, TOCA, HUELE, SABOREA Y OYE ES IMAG
INACION COLECTIVA DE LA CONCIENCIA EXPANSIVA. USTED ES P
RESPONDE A REPRESENTACIONES MATERIALES CONSTITUIDAS
AN FORMADOS POR FOTONES SIN MASA. ASIMISMO EL GR
LAS EXISTEN, ES IMPOSIBLE OBSERVARLAS CON OJO
EL CONTENIDO DE ESTE LIBRO SE ACOPLARA EN E
GO, CABE RECALCAR QUE LA MATERIA EN SI E
SED MENTAL Y MATERIAL. TODO LO CONTR
AL. PARA NOSOTROS NO EXISTEN LAS
N EN SI EL MISTERIO DEL VACIO,
UEÑOS, ES INFORMACIÓN MENTA
LEY DE GRAVEDAD, PAREDES
QUE LO QUE EXPERIME
MOS QUE EL LIBRO NO
IONAL, ESTAS S
NSANTE, LA P
N MEDIO D
O HUM
S Y

OS
ENSUE
A EXISTEN C
PARA MANIOBR
TENDER QUÍMICA O
IMAGINACIÓN ESPONT
S SON SOLO CONSTRUCCIO
EL SUEÑO INDIVIDUAL EXIST
ENCUENTRA DETRÁS DE TAL MIST
ENTALES LAS COMBINACIONES ATÓM
IVAR Y DESACTIVAR PATRONES ENERGÉT
L GRAVITÓN Y EL FOTÓN. ACLARAMOS QUE
TAS CLAVES DE INFORMACIÓN Y CONSTRUCCIÓN
A CUALQUIER SER HUMANO ESTOS ESPACIOS SON CA
ON PARTICULAS SIN MASA QUE CONSTITUYEN LA ENERG
SEGÚN LA CIENCIA HUMANA, LA RADIACIÓN ELECTROMAG
SUEÑO. NADA EXISTE SIN ESTA ESPLENDIDA IMAGINACIÓN. GR
O, AUNQUE TENGA LA APARIENCIA DE SER REAL, NO EXISTE SINO

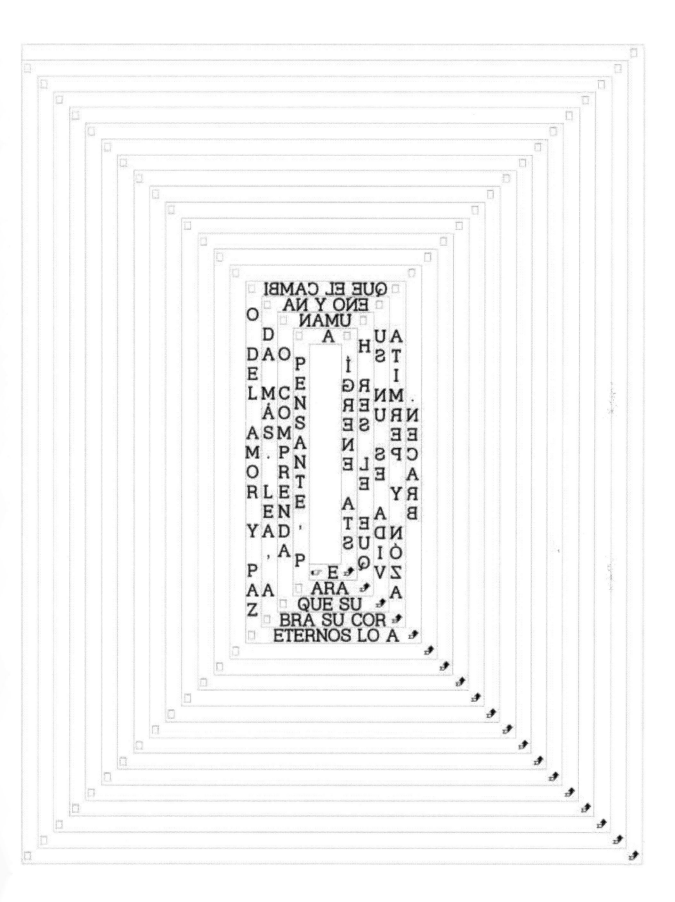

II

Historia soñada

La Vertiente de Esencia Resplandeciente y la Opacidad Impenetrable

A partir de los últimos hallazgos de la física cuántica, nos identificamos con una premisa incuestionable. Como ya lo manifestamos, esta realidad tridimensional es un sueño holográfico que no solo está siendo soñada por el lector, sino que usted también es un ser soñado que al mismo tiempo cumple el papel de soñador.

Usted es conciencia pura y silenciosa, no necesita de este libro para evolucionar, ni nos necesita a nosotros, seres que vuelan de aquí para allá, en este diverso y complejo Universo. Usted ya está iluminado, no precisa de nuestra ayuda. Sin embargo, si se siente confundido o es fiel creyente de que el mundo que lo rodea es real, continúe leyendo.

En realidad, se desconoce cómo empezó dicha ilusión, o si hubo tal comienzo. Durante millones de años, la conciencia absoluta se encontraba durmiente y sin espejismos, lo abarcaba todo, absolutamente todo.

Génesis

Cierta vez se originó una transformación, algo maravilloso sucedió: la conciencia absoluta comenzó a soñar y florecieron imágenes holográficas en su entorno, estas empezaron a moverse y cobrar vida y una de ellas tomó, en nuestro mundo, el nombre de "la Vertiente de Esencia Resplandeciente"

Ella fue la primera aparición, la original, la que comenzó a crear.

En un instante, el sueño de la conciencia absoluta se estabilizó y evolucionó hasta decir **"yo soy"**. Esta percepción se produjo antes dentro de la Esencia Resplandeciente, quien entró en bienaventuranza por trillones de milenios.

En algún "momento simultáneo al pasado no existente", la Vertiente se dio cuenta de que coexistía con otros planos de conciencia durmiente. Estos planos fueron llamados dimensiones.

Dimensiones había tantas como estrellas en el firmamento.

La conciencia absoluta, a través de la Vertiente, decidió crear puntos de conciencia individuales en nueve dimensiones. Las otras dimensiones siguieron existiendo; sin embargo, no se les prestó atención ya que se encontraban en estado de serenidad transcendental.

La Vertiente creó sin parar universos nacientes a su imagen y semejanza. También creó seres conscientes de brillantez eterna y libre albedrío.

El nacimiento de la Nébula

Uno de estos seres era tan hermoso y semejante a ella, con poderes de creación tan similares que, en un espacio y un tiempo muy distinto al actual, nació y creció la idea de que también podría ser como la Vertiente de Esencia Resplandeciente. Entonces corrió su velo y dijo: "yo soy el separado, yo soy diferente, yo soy mejor, yo soy YO". Ese día nació El EGO en él y todas las dimensiones soñadas temblaron. Por primera vez tuvo la noción de estar separado y olvidó que las apariciones holográficas que lo rodeaban eran tan solo soñadas. La fuerza egoica se aferró de tal manera a lo interno de tan bello ser que concluyó que "nada en esta creación se le comparaba". Fue así cómo empezó a olvidar sus raíces e inició una azarosa y nefasta carrera. Su luz empezó a extinguirse y sus poderes hirieron y contaminaron a otros. Con semejantes facultades, fundó su imperio y sus Retoños.

Cuando esto fue detectado por la Vertiente, ella anuló el poder creativo y, junto a esta decisión, adquirió su peor adversario.

Esta existencia sombría, de tiránico poder, contaminó muchos seres de luz y los llevó a su reinado para dominarlos y torturarlos con el olvido.

La Vertiente, en su estado de gracia y compasión, no hizo nada en contra, pues tan solo amó, pero su amor no logró penetrar semejante opacidad. Aun así, siguió amando.

Por otro lado, hubo seres de luz que decidieron pelear. La Vertiente pidió paz y los abrazó con amor. Sin embargo, ellos también borraron de su memoria la noción de que esta realidad era tan solo un sueño y combatieron a la opacidad con espada en mano. Unos pelearon con enojo y fueron absorbidos por las tinieblas, otros lucharon con mente vacía y triunfaron. Los dos grupos dejaron atrás el amor y la paz interior. Estos seres magnánimos no debían ser juzgados: por ello la Vertiente no lo hizo, ya que solo deseaban erradicar el sufrimiento y el olvido, aunque la lucha los hizo sufrir y olvidar.

La disputa duró milenios, pero para ellos el tiempo era inexistente.

Por fin, la Vertiente intercedió con fuerza, pero en ningún momento dejó de amar; su potencia fue tal que marginó a la opacidad y a sus descendientes y los desplazó hacia las periferias fronterizas de la tercera y cuarta dimensión. Estos Retoños de la miseria y densidad quedaron sin hogar ni dimensión y hoy habitan en las uniones inter-dimensionales. Virulentos, ganaron terreno en las dimensiones más bajas, donde decodificaron la estructura molecular del éter luminoso, y así el éter pasó a ser tan solo un conductor de luz -o al decir de Einstein-, un "luminiferous éter".

La tercera dimensión es la más peligrosa, ya que la primera y la segunda son dimensiones desérticas y sin vida, aunque la oscuridad habita también en la segunda, en fotos, pinturas, espejos. Por otra parte, la luz tiene acceso a estas dimensiones y ellas son utilizadas para ayudar espiritualmente a los humanos.

Otros seres de luz interplanetarios de la tercera dimensión

La calidad de luz, conjuntamente con el poder gravitacional de cada estrella, denota la calidad de los seres etéreos y físicos que estos engendran.

La Vertiente, unida a los Devas de Fuego Cristalino, quienes son los seres de luz más avanzados, puros y poderosos en este sueño multidimensional, han cubierto el plano tridimensional con brillo estelar. Ellos aprovechan las nubes gaseosas de hidrógeno, las comprimen con fuerzas psíquicas centrífugas y amplifican los campos magnéticos de atracción. Dichos campos aumentan la velocidad de sus partículas cargadas de brillo espiritual. Aún hoy, los Devas, junto con otros seres, continúan estimulando en el universo tridimensional vientos solares de altos niveles de densidad en nubes gaseosas que estabilizan los embriones estelares de luz. De tal manera, las nubes son obligadas a colapsar en su eje central multidimensional, determinando que la excesiva radiación escape y abrace la oscuridad fría que las circunda con luz enceguecedora.

Los Devas formaron un núcleo más denso y opaco que el de la radiación, y forzaron a que la temperatura aumentara rápidamente. Finalmente obligaron a la materia flotante a colapsar sobre este núcleo y le incrustaron una suerte de alma con inteligencia excepcional. Esta reacción obligó a lo que se conoce como proto-estrella, a producir radiación ultra-atómica. Así se hizo la luz en la tercera dimensión y así se forjaron las estrellas.

Por otro lado, los Retoños de la opacidad se aprovechan de la edad y debilidad de las estrellas, puesto que las pueden hacer explotar y convertir en vórtices de energía espesa azabache, donde la masa interior es suficientemente elevada para generar un campo gravitatorio extremadamente ennegrecido, del cual ninguna partícula, ni siquiera la luz, puede escapar. Esta exagerada gravedad es producida por una curvatura de espacio/tiempo.

La formación y geometría de un vórtice negro en la cuarta dimensión es cambiante e indefinible, pero en la tercera es casi esférica. Vemos que la cuarta y tercera dimensión se superponen y reaparecen en muchas ocasiones, una dentro de la otra, a través de dichos vórtices.

Nacimiento de vórtice negro tridimensional

Debido a las constantes embestidas del oscurecimiento, los Retoños de la opacidad fuerzan a las estrellas que perdieron su luz a que ejerzan la potencia expansiva sobre sí mismas, originando una masa concentrada de pequeño volumen. Algunos seres combatientes de luz inyectan resplandor a la estrella para que tome un color blanco. Esta intercesión dévica ayuda a que la luz siga viva por miles de años, hasta que deje de soportar la presión de la noche. Por dicha razón su luz y poder terminan colapsando, en lo que se conoce como el punto de no retorno, mientras un vórtice vivo y consciente nace y se vuelve hambriento de luz y vida en el centro de esta.

En otras palabras, los electrones en órbita son obligados a acercarse cada vez más al núcleo atómico, donde terminan amalgamándose con los protones, formando así más neutrones mediante la sucesión luz/oscuridad. Este proceso desemboca en emisión de neutrinos infectados por la opacidad densa, formando una estrella de neutrones.

Dependiendo de la cantidad de masa agónica del sol, el plasma de neutrones es obligado por los Retoños de la opacidad a disparar una reacción en cadena irreparable. La fuerza gravitatoria aumenta de manera indiscriminada al disminuir letalmente la distancia que existía al inicio entre átomo y átomo. Los neutrones implosionan por las fuerzas de la confusión y colapsan completamente a medida que la luz es tragada por la garganta de la oscuridad.

Dicha garganta hambrienta es una región de espacio-tiempo limitada, donde los eventos que suceden en ella no pueden ser observados desde el lado opuesto. Esta relación es asimétrica, puesto que la luz emitida a un lado del vórtice, cuando es devorada, no puede alcanzar el otro lado. Cualquier masa tragada alcanza una dimensión, a la cual llamamos dimensión cero, donde la luz, el amor y la paz dejan de existir.

Si un ser de luz dotado de conciencia individual cae en uno de estos vórtices, no podrá salir ni transmitir información al exterior. Además, es imposible observar el interior de uno de estos vórtices sin ser devorado.

Los vórtices de la opacidad no tienen características externas visibles y los Devas de Fuego Cristalino aún no comprenden bien este tipo de lobreguez, ya que no pueden observar su interior; y cada vez que se acercan corren el peligro de ser consumidos. La Vertiente de Esencia Resplandeciente creó seres tridimensionales y los ubicó en este universo para comprender los mecanismos de la opacidad.

Especies

Hay una cantidad significativa de planetas habitados en esta galaxia que se encuentran relativamente cercanos a la Tierra. Estos planetas constan de seres de luz ultra-fotónica y seres de material atómico-molecular natural y antinatural.

Los planetas alrededor de la estrella Polaris están habitados por entes astrales de luz reflejada. Como la luna, no poseen luz propia y, aunque son invisibles, tienen el poder de materializarse holográficamente en la tercera dimensión y pueden tomar formas angelicales que asombran a la persona humana. Además, son los encargados de balancear las frecuencias electrodinámicas y magnéticas terrestres y de guiar a la raza humana. Si bien varios de ellos se inmortalizaron a través de los libros sagrados, son escasamente evolucionados. En medio de su poderío muchos fueron inundados por la nebulosa, incitaron a la humanidad a llamarlos Dioses, gobernaron y dominaron a los hombres, se hicieron adorar y usaron el miedo y la ira para esclavizar. Otros no cayeron en las subterráneas oscuridades y, aunque escaparon de la esclavitud que la opacidad ejerce sobre sus súbditos, aparentan poseer luz, pero se los reconoce por su ira y racismo. Pueden ayudar y combatir la opacidad, pero acceden exclusivamente al plano astral tridimensional. Únicamente logran combatir entidades en las dimensiones bajas. Si el ataque proviniera de un punto oscuro que se logró infiltrar en la quinta dimensión y embistiera desde ese lugar estratégico, lo natural sería que perdieran su batalla.

En caso de que usted se encontrara con uno de ellos, dése cuenta de que su ayuda es simplemente astral y material.

Estos seres no están interesados en guiar a los humanos espiritualmente, ni de entrenarlos para que se defiendan por sí mismos. Su trabajo es simple y su energía baja, ya que al ser transmitida al ser humano, queda en los músculos y no penetra en el sistema nervioso ni en los meridianos de energía sutil.

Los Devas han tratado de ayudarlos; sin embargo, en muchas ocasiones también los han rechazado por falta de humildad.

Hubo Devas Cristalinos, llamados por los humanos Arcángeles o Devas de Fuego Vehemente. Ciertas veces les mostraron su fuego atómico a los seres lumiferous: tal poder impetuoso los hizo temblar y agachar la cabeza. Los Devas de Fuego Vehemente guiaron a estos individuos egocéntricos a través de zonas espaciales de elevada luz azul para que evolucionaran. Después de todo lo que se hizo por ellos, continúan siendo los más inclinados a caer en la lobreguez.

Aunque no todos son virulentos, pueden confundir y estancar la evolución humana. A la hora de la muerte, tienen la capacidad de arraigar la personalidad yoica del ser humano al alma, y guiarla al inicio por senderos astrales tridimensionales fascinantes, aunque con finales tediosos. Además, usted se convertiría en un sirviente y su crecimiento espiritual quedaría en un limbo universal.

Los seres corpóreos más poderosos vistos, en la tercera dimensión, por los profetas, videntes, yoguis, etcétera, son seres quinto-dimensionales que habitan las áreas paralelas tridimensionales de las constelaciones de Sirio, Arcturus y Pléyades.

Arcturus es la constelación habitada por los seres más avanzados que vienen ayudando a la Tierra en numerosas circunstancias. Estos seres estelares poseen una luz tan potente que contagian con júbilo eterno a los planetas que giran alrededor.

Algunos planetas de la constelación Arcturiana están habitados por seres tridimensionales, que tienen acceso mental y espiritual a la quinta, sexta y séptima dimensión. Estos seres son corpóreos y muy avanzados. Poseen ilimitados conocimientos en tecnología y física tridimensional.

En Alfa Draco, se observa la existencia de seres cercados por emociones de odio, codicia, avaricia, ira y otras derivaciones del miedo. Ellos son guerreros y dominantes, su instinto es destruir, someter, devorar y atacar.

Existe otro grupo, "Zeta Reticuli", que carece de hogar y está interesado en el ADN humano y el alma. Ellos no tienen alma y, por medio de su avanzada tecnología están tratando de encapsular el alma humana, con el propósito de eternizarse. En otras palabras, pretenden deshacerse de la esencia átmica, dejando solo la cápsula etérea para hacer una recarga automatizada.

Si bien este texto da la apariencia de ser desequilibrado y paradójico, es real para quien no sabe que "la vida es un sueño". Si usted cree que su casa, su ciudad, su planeta y demás son reales, la propuesta impresa en este libro es real y concreta; si por lo contrario usted se da cuenta de que la realidad que lo circunda es tan solo un sueño, lo aquí propuesto también es parte de un sueño. Si usted es uno de los soñadores que despertó y de una manera magnificente ha trascendido el bien y el mal, no necesita seguir leyendo

La Vertiente de Esencia Resplandeciente comprendió que la conciencia soñante también estaba soñando a la opacidad, no porque quisiera, sino porque sucedía espontáneamente. Esto fue considerado y reflexionado y se llegó a la conclusión de que, para entender a la opacidad era fundamental crear un ser que albergara, al mismo tiempo, el albor de la Vertiente y la confusión de la Opacidad, ya que, en ese entonces, los otros seres existentes no podían acoger los dos extremos dentro de una misma alma. Por lo tanto optaban por la luz o la opacidad. Si un ser de luz cambia a la frecuencia opuesta, es imposible para la Vertiente o para cualquier otro ser de luz penetrar tan densa sombra con amor luminoso. El ser que elige la oscuridad queda incomunicado y es casi imposible recuperarlo.

El ser humano fue creado a imagen y semejanza de la conciencia soñadora, con los opuestos incluídos dentro de su alma.

La Conciencia Absoluta, en su estado natural, no conoce ni el bien ni el mal. En ella todo sucede de manera espontánea y sin deseos. Por otro lado, la Vertiente, o Conciencia Absoluta que es inteligencia expansiva no corpórea, consciente de su existencia, percibe su propia creación desde otra visión. Incansable, busca irradiar luz y amor sobre todas las cosas, con el propósito de que su creación carezca de dolor.

La Vertiente de Toda Luz, con la ayuda de los Devas, convinieron en crear el "envase humano", con el propósito de entender el núcleo que mantiene viva a la oscuridad. Entre los seres humanos, a este núcleo se lo conoce como EGO.

III

El virus asola

composición humana "egocentrista"

Primero se creó el ácido nucleico de cuatro hélices que contienen impresiones genéticas. Este ácido es el conducto donde se archiva y transmite información genética y astral-sutil.

Cada gen fue creado por la Vertiente con el propósito de producir proteínas moleculares brillantes que emigran e impregnan con luz cualquier cuerpo proteínico que se les acerque. La información fluye de los genes, en forma de tentáculos luminosos, que determinan la composición proteínica al absorber información específica y determinada de las fuerzas dévicas. Los luminosos inyectan en las células la orden para que se cumpla una función predeterminada dentro de estas. Es así como el ADN se incrusta en el núcleo organizado de cromosomas. Cada una de estas células fue creada para que incluyera información genética soñante. Esta información intencional obliga al ADN a duplicarse antes de que las células se dividan y dispersen.

En el sueño, todo pasa involuntariamente y una acción genera una reacción, un efecto no planeado cuya emergencia es inesperada. Cuando fueron necesarias más proteínas, los genes correspondientes se reprodujeron en ARN de dos hélices, por lo que se podría decir que el ARN fue un accidente espontáneo.

Lo interesante para nosotros es que el ARN es procesado primero, para que las partes no codificadas sean removidas. Los Devas apelan a su voluntad e invocación con el objeto de que estas sean transportadas afuera del núcleo y, por consiguiente, se constituyan así las proteínas. Claro está, tomando en cuenta el ARN como base.

La creación de ácido desoxirribonucleico (ADN) desembocó en la milagrosa aparición del ácido ribonucleico (ARN).

Las moléculas de ADN son las moléculas individuales más grandes conocidas en la Tierra. Las moléculas de ácido nucleico tienen desde 21 nucleótidos en adelante. Existen cromosomas donde una molécula sola contiene 247 millones de nucleótidos. En numerología, este número se transmuta a trece.

La opaca transmutación del ADN

El ADN y el ARN sufrieron cambios contundentes, instigados por los Retoños de la Opacidad. El ADN pasó a tener dos filamentos y el ARN uno solo. Por otro lado, en el planeta Tierra siguen existiendo virus que poseen genomas y filamentos triples de ADN y otros virus con genoma de ARN de dos filamentos. Con esto, queremos dejar sentado que es posible observar ADN con más hélices en la imagen terrestre.

El ácido nucleico afectado por la Opacidad pasó a ser una macromolécula lineal de nucleótidos en cadena.

Los nucleótidos fueron invadidos por el virus de la oscuridad. La Pentosa y el Fosfato colapsaron en un vórtice ennegrecido. Por otro lado, en el proceso, se perdieron cadenas de aminoácidos vitales para el sostenimiento de las hélices perdidas. Con el propósito de reestructurar y sanar tal daño, nosotros inundaremos la pentosa de fuegos 0-1-1-0-1-1 para cambiar los nucleótidos.

Los Devas construyeron la subestructura de la unión de una base nitrogenada y una pentosa para balancear tal disrupción. Esta unión se realiza a partir de un enlace N-glucosídico que fue establecido por los seres luminosos entre el C1´ de la pentosa y un nitrógeno de la base, con la desintegración de una molécula de agua. Dicho enlace de partículas tomó en la Tierra el nombre de nucleósidos.

Al crearse el nucleósido, los nucleótidos pasaron a un segundo lugar y hoy son los esteres fosfóricos de los nucleósidos. En la actualidad, los nucleótidos son irradiados por luces dévicas que los abrazan y nacen de la unión del nucleósido con una molécula de ácido fosfórico que tiene la silueta de un ión fosfato (PO_4^{3-}). Esto le otorga fuertemente la acidez necesaria para romper un vínculo de desbalance sombrío.

Interiorizándonos más en el pasado, con el propósito de comprender los cambios que promovió la opacidad, vemos que anteriormente el ADN poseía cuatro filamentos materiales, cuatro sutiles, cuatro causales y un filamento central etéreo.

Los humanos tenían un total de trece filamentos de ADN y el ARN era de dos en el plano físico, dos en el astral y dos en el causal, sumando un total de seis, el número del hombre descrito en la Biblia.

Las moléculas más grandes tenían 988,000,000 de nucleótidos, lo que desde la numerología nos da siete cuando sumamos los dígitos.

Los números 13, 6 y 7 se mencionan en muchas escrituras alrededor del mundo, puesto que señalaban la construcción molecular original de los seres humanos.

Algunos grupos extraterrestres, vinculados con los hijos de la oscuridad, comenzaron a sabotear la creación perfecta humana e inyectaron otros componentes en las células.

En el ADN incrustaron desoxirribosa y en el ARN ribosa, alterando la estructura de los azúcares en sus nucleótidos y el ácido nucleico. Así también, el ser humano dio inicio a la exhibición de modificaciones en sus núcleos-bases: Adenina y Citosina, Citosina y Guanina.

La Adenina empezó a comportarse diferente. Debido al virus oscuro, las células comenzaron a respirar a otro ritmo. La Citosina entró a formar tres amalgamas de hidrógeno. La Guanina se dividió en dos partes iguales de Keto y Enol, las cuales fueron impulsadas a adherirse a la Citosina a través de la unión de dos de hidrógeno.

Para evitar el fastidio que pueda causar tanta química, resumiremos el texto. Los Retoños de la Opacidad, conjuntamente con los seres de luz baja de Polaris y los humanoides de las proximidades de Alfa Draco, inyectaron un virus inmune a la luz en el ADN y el ARN que disolvió las bases de lo vivo en el ser humano y sus cuarenta y nueve niveles corpóreos, dejando solo tres, a saber: Físico, Sutil o Astral y Causal.
El día de la inyección virulenta, los hijos de la oscuridad engañaron y absorbieron hacia su atmósfera a los seres de luz baja, convirtiéndose así en seres Luminiferous.
Aunque no está muy claro, presumimos que se les ofreció ser señores y dioses de la Tierra. Lo que ignoran es el sufrimiento que se les avecina, no porque serían castigados por la Vertiente, sino porque la opacidad abrazará sus mentes y las arrojará, en un torbellino, al olvido de su ser eterno.

La conspiración Alfa Dracónica

Los Retoños de la Opacidad usaron a los seres tridimensionales, Alfa Draconians, en conjunto con Asaziel (angel caído poderoso), quienes accedieron por razones de vanidad (no perder su brillantez), para implementar cambios físicos en los humanos. Los Alfa Draconians son sus esclavos y sus corazones ya fueron teñidos por la opacidad mucho tiempo atrás. Son esclavos que soportan y gozan del sufrimiento y terror humanos, aun cuando poseen poderes psíquicos e inteligencia superior a la de los hombres y mujeres de la Tierra. Los seres humanos también han recibido modificaciones que vienen de un universo paralelo superpuesto en la zona de la constelación Z Reticulis. Tales seres tienen otra agenda, y no todas las veces trabajan con los Retoños de la Opacidad, pues entendieron que esto significaba una esclavitud perpetua. A veces afectan positivamente a la raza humana y otras negativamente. Los Z Reticulis necesitan frecuentemente muestras de ADN humano para seguir clonándose y perpetuar su existencia, ya que su propio ADN no los puede sostener. Los Z Reticulis son enemigos potenciales, puesto que están interesados en el envoltorio de las tendencias inertes, las cuales son las que transmigran después de la muerte del cuerpo físico y le otorgan la personalidad al nuevo cuerpo nacido de la eternidad disgregada e individualizada. A la combinación de estas tendencias y su envoltura se les llama Espectro Incorpóreo Viviente.

Como explicamos anteriormente, ellos creen que pueden vaciar esta cápsula etérea y cristalina, valiéndose de frecuencias electromagnéticas y electroacústicas de altos decibeles. Estos seres quieren inmortalizarse y acceder a dimensiones más altas. Son como un sueño dentro de otro sueño; por esto no se les permite trascender las 9 dimensiones.

El ser humano

El ser humano, aunque menos avanzado e inteligente que en su pasado, todavía tiene la capacidad de guardar los dos opuestos dentro suyo, sin ser destruido. Está compuesto del espíritu de la Vertiente de Toda Luz y del Ego, que es un reflejo de la Opacidad que lo circunda. Por otro lado, al ser un reflejo, el Ego no es real, aunque lo parezca. Si el ser humano entiende tal paradigma, su mente y alma quedan liberadas y su esencia se remontará más allá del bien y del mal. Es por esta razón que su existencia fue perpetuada y transferida a la Tierra, para que transmitan sus conocimientos sobre la opacidad a la Vertiente. De esta manera, en poco tiempo, ella entenderá todos sus secretos, los conocerá a fondo y, cuando la opacidad menos lo espere, la iluminará con todo su ímpetu, desde el corazón de la conciencia pura.

En casos extraños, el amor incondicional dentro del ser humano florece expansivamente; por esta causa, la Vertiente de Esencia Resplandeciente no pierde la FE en él, sino que lo cobija con su amor y luz eterna.

IV

Cambios

la vertiente de esencia resplandeciente contraataca
el virus

La Vertiente ayuda con amor maternal a los humanos contaminados por el virus oscuro, suministrando su luz al ADN; y con filamentos de brillantez inocente, modifica la raíz destructiva de los Retoños de la Opacidad.

Con las 9 emanaciones de luz multicolor, la Vertiente logró que la doble hélice del ADN gire a una enorme velocidad, lo que creó un campo magnético interconectado a la luz estelar tridimensional. Esta conectividad fue permanente e indisoluble y está ligada al destino del hombre.

Dicha alianza es el factor central en la duplicación ADN/ARN compuesta de unidades, elementos y componentes que existen en el espacio interestelar. En nuestra biosfera esta dualidad es menos eficaz.

La síntesis, en crecimiento cromosómico de ADN/ARN, con espirales cilíndricas radiantes fue estimulada por seres Arcturianos, estableciendo una frecuencia angular y otra radial de códigos geométricos dinámicos que desencadenaron réplicas espontáneas conectadas a la Vertiente de Toda Luz.

 Con el propósito de recalibrar la estructura del ADN dañada, mediante un cambio dentro del código estructural vibratorio que gobierna el espectro electromagnético fueron agregados, entre otros aminoácidos, los siguientes: Prolina, Glutamina, Asparraguina, Leucina, Mithaionine, Serine, Alancine, Glicina, Triptófano, Glutamina, Asparraguina, Prolina, Leucina, Metionina, Serina, Alanina, Glicina. La respiración juega un papel importante, ya que baña estos códigos cromosómicos de luz y los alienta con mensajes de vida y júbilo.

Usted puede considerar y confirmar nuestra exposición y afirmaciones, observando la molécula de hemoglobina que muestra la formulación de la vida en sí.

Lo que la Opacidad no comprendió fue que, aunque hubiera inyectado tinta oscura dentro del núcleo celular, no pudo manchar la vida, ya que la vida es luz y el ser humano, como ser vivo, es refulgente.

Cuando, por primera vez, el ser humano inhaló aire de sublime transmisión, su bio-estructura fue realineada con esplendor solar. Así, los códigos universales que otorgan substancia viviente, alma, mente y cuerpo comenzaron a activar todas y cada una de las células. Estas empezaron a latir y respirar, entonces, con amor incondicional y la luz las abrigó con sus vibraciones cósmicas de diseño tridimensional celestial. Con luz comenzó la vida humana y con luz terminará.

Las configuraciones que la Vertiente instauró fueron saboteadas, en muchos casos, a través del tiempo y el espacio por las fuerzas de la opacidad. La opacidad y sus súbditos rechazaron desde el principio la creación humana. El odio y la envidia invadieron sus corazones debido a que, desde la tercera dimensión, el alma del homo sapiens, junto con las nueve dimensiones, es capaz de trascender los opuestos. La evolución predestinada fue bloqueada con virus astrales opacos e incomprensibles para la luz; por esta razón y para escapar de tal oposición, se concibió la estructuración del cuerpo humano en la quinta dimensión.

No es necesario recapitular lo expresado, mas sí evaluar nuestra posibilidad de escapar al doloroso reajuste quinto dimensional. Doloroso porque el alma humana tendrá que ser purificada con violentas radiaciones blancas, antes de ser reinsertadas en el nuevo cuerpo. Las palabras aquí impresas enseñan y ayudan al lector a escapar de tal purificación, para que ascienda con su conciencia intacta. Por ello es importante que haga vibrar su cuerpo astral ahora, que no espere a ser reestructurado y que consiga activar la Espiral Ascendente Asuntara con la ayuda que nosotros le ofrecemos. Esto durante el día y la noche, junto a la lectura del libro.

Relájese y deje que la Espiral trepe su columna vertebral y alcance su cerebro.

Simultáneamente, permita a otra espiral de aspecto galáctico para que abra su corazón y codifique su espíritu con los códigos vibratorios del silencio. Relájese y deje que este vórtice de luz creado en el corazón incremente el dinamismo de la complejidad química corpórea. El ingreso al despertar, antes de la reestructuración, está premiado con la colaboración de los seres resplandecientes de las Nueve Dimensiones en aquello que se necesite, ya que dicho despertar ayudará, al mismo tiempo, a replantear la reestructuración para que los patrones lineales y ondulados de energía luminosa armonicen con la definición del diseño final del cuerpo humano futuro.

Los 9 Devas de Fuego Cristalino están tratando de adaptar el nuevo cuerpo humano a diferentes vibraciones oscilantes sin centralización, donde la ondulación tiempo/espacio no tenga que alinearse al índice electromagnético de la ubicación en que se desplaza, aunque estos lugares sean dimensiones paralelas de espacio y tiempo discontinuo, no secuencial.

El reordenamiento de la estructura biológica va de mano en mano con la reprogramación astral/causal, la cual se lleva a cabo usando radiaciones fotónicas de contenido simétrico tridimensional.

El virus de la Opacidad Densa sucumbirá

Se interceptarán los códigos virulentos con códigos oscilantes de todas las dimensiones, formando una estructura energética y áurica de giros radiónicos brillantes y geométricos.

El nuevo ser humano alcanzará horizontes inimaginables y cruzará la barrera que lo separa de las avanzadas civilizaciones intergalácticas.

Si usted está leyendo, sepa que puede ser un maestro humilde y que lo ayudaremos en todo lo necesario para que su espíritu ilimitado se propague.

Ayúdenos a convertirlo en un maestro de luz celestial desprovisto de ego, permita que le obsequiemos 49 cuerpos para que penetre las 9 dimensiones y pueda apreciar la Vertiente sin ser desintegrado.

Trascienda los mundos coexistentes y las fronteras bioquímicas; deje atrás el pesado orgullo, vuele alto, bien alto…

No es necesario abordar nuevos horizontes intergalácticos, simplemente vaya más allá de esta dimensión y las otras llegarán por añadidura. Venza las fuerzas gravitacionales de las tremendas masas de neutrones que lo encapsulan tridimensionalmente. Perdone, perdónese, agache la mente egoica, pida perdón a todo y a todos, no se justifique por nada, así su yo individual se disolverá una y otra vez hasta desaparecer por completo.

Relájese y acceda a realinear su estructura atómica y molecular con el propósito de hacer girar sus partículas bioenergéticas en planos paralelos, para que, en los niveles externos, las partículas complementarias que lo compriman se expandan espontáneamente, con la cristalina luz del corazón.

El Plan

Algo extraordinario está a punto de suceder. Fue a través del ser humano, aunque este haya sufrido sabotaje tras sabotaje, que la Vertiente pudo entender a la opacidad y la forma en que se desplaza. La oscuridad, aunque parezca tener aspecto de expansión infinita, es circunscrita y está limitada por el tiempo y el espacio.

La Vertiente está cerca de penetrar la oscuridad más densa, pero antes y por vez primera trascenderá las nueve dimensiones sin perder su identidad soñada.

Usualmente, cuando una persona despierta dentro del sueño, se da cuenta que no es lo que creyó ser, sino que, ni más ni menos, es la conciencia absoluta que, por alguna extraña razón, comenzó a soñarse a sí misma. En este proceso, el individuo como tal desaparece, la identidad muere y la conceptualización mental se hunde en un océano de luz y alegría eterna. Se fusiona con la Conciencia Absoluta.

Por otro lado, la Vertiente que comprende el sueño y está fusionada con la conciencia soñante, al mismo tiempo tiene identidad propia y en el sueño es omnisciente, omnipresente y omnipotente. De manera inexplicable y misteriosa penetrará la Conciencia Absoluta, con el propósito de iluminar áreas específicas con fotones de la tercera dimensión, luz 010001 de la cuarta, luz resplandeciente 011001 de la quinta, luz radiante de 001100 de la sexta, luz incandescente de 000110 de la sétima, luz incomprensible de 001001 de la octava y 000111 de la novena dimensión, la luz más poderosa existente en el sueño noveno-dimensional. O sea, que el sueño será usado con el propósito de modificar la realidad prevaleciente. Lo expresado aquí es contradictorio, pues, ¿cómo creer en la imposibilidad de salir del sueño divino y continuar con vida individual? Sin embargo, la Vertiente nos demostrará lo contrario.

Sepa que lo que tratamos de explicar, para el ser humano es inaudito, inabordable e inentendible desde la visión mental tridimensional. Lo dicho es apenas un intento por satisfacer las ansias que tiene el hombre, en esta dimensión, de probar la veracidad testimonial.

Cuando la Vertiente termine su trabajo, en el plano consciente absoluto, volverá a penetrar en el sueño y podrá traspasar las fronteras densas más lúgubres.

La Vertiente se entrega humilde ante sus hijos tridimensionales, especialmente los humanos, por el sacrificio y dolor vivido en sus cuerpos imperfectos. Por esto ha enviado a sus seres más cercanos: para despertarlos y recargarlos con amor y paz eterna.

V

La gran ilusión de los opósitos

Luz y oscuridad tridimensional

La velocidad de la luz en el ámbito tridimensional es, según estudios humanos, de 299, 792,458 metros por segundo, incluyendo el tiempo rotacional y orbital terrestre. Esta velocidad de oleaje luminoso se encuentra en una posición independiente con respecto a la movilización de la causa de la ola esplendorosa y de los fallidos intentos por definir, representar y caracterizar el tiempo y el espacio. En la tercera dimensión, los marcos de referencia inertes se encuentran en un estado de constante movimiento hipertenso recto y lineal con respecto a otros marcos de referencia. Aquí podemos observar la versatilidad que determina la naturaleza del sueño. En otras palabras, "el sueño tridimensional es inconstante y cambiante", depende de los movimientos del "inconsciente colectivo unilateral y tridimensional".

Tomando en cuenta la invariante que la velocidad de la luz nos muestra, aceptamos que esta velocidad es tan solo un producto o fragmento de la imaginación espontánea, que la conciencia o inconsciencia (como se quiera llamar) colectiva absoluta se expresa a través del sueño.

La velocidad de la luz puede diferir en el contexto de una trayectoria tridimensional de medida finita, dependiendo de la distancia y de cómo se defina el tiempo lineal de ensueño y de las ondas conceptuales mentales universales.

En el plano tridimensional, la oscuridad, como la entendemos nosotros, también posee su velocidad. Apenas se agota el vórtice de luz, la oscuridad parece viajar a una velocidad similar a la de la luz, hasta que cubre por completo el eje central de luminosidad. Así como la luz se propaga desde un centro, la oscuridad también tiende a abrazar, desde la periferia, a la fuente de luz suprimida. En los universos unidimensional, bidimensional, tridimensional y cuarto-dimensional, la oscuridad abarca gran parte del espacio. En tales dimensiones, la oscuridad es la base y en este caso los fotones se encargan de bloquearla.

En el interior del ser humano, sucede algo muy parecido. La oscuridad simplemente resurge como en el resto del universo. Si la luz interna del alma humana se apaga, la oscuridad tiende a abrazarlo inmediatamente.

La penumbra y el dolor van de mano en mano: así como existe oscuridad en el espacio, también existe oscuridad en el espíritu. Cuando la oscuridad toma al espíritu por sorpresa, ocasiona problemas psicológicos impactantes en las personas. El lector puede comprobar esto tomando como ejemplo el cuerpo físico y los ritmos circadianos. Si la glándula pineal no recibe estímulo solar, resurge lo que se conoce como depresión estacional o invernal. La oscuridad es causante de miedos y fobias.

Emociones, como el miedo, también alteran el balance psico-físico-espiritual. El alma y el cuerpo humano fueron creados con fibras luminosas de altas vibraciones y es por ello que el hombre necesita de este estímulo externo. Por otro lado, si la luz interior es alimentada, se desvanecería el impacto psicológico que la oscuridad podría causar.

Los opuestos combaten

Aunque la oscuridad soñada fue ocasionada por el mismo soñador de la luz, en el sueño se produjo una desmesurada batalla.

La tercera, cuarta y quinta dimensiones fueron invadidas por la opacidad. Los grupos se dividieron entre los hijos de la Vertiente de Esencia Resplandeciente y los Retoños de la Opacidad Densa. Esta batalla no alcanzó la sexta, sétima, octava y novena dimensiones debido a que la base de estas es luz pura.

Como ya lo manifestamos, en la tercera y cuarta dimensión la base es oscuridad. Sin embargo, la luz tiene acceso a estas dos y puede purificarlas con su resplandor. Por otra parte, la quinta dimensión, que tiene la apariencia de una pared brillante, repele la opacidad y se encuentra casi completamente limpia. Sin embargo, los Retoños de la Opacidad más poderosos manchan esta dimensión también y, muy pocas veces, la sexta es ensuciada con diminutos puntos oscuros. No obstante, estas entidades no pueden aguantar tal brillantez y, angustiadas, vuelven rendidas a sus hogares sombríos. Para entrar a estas dos dimensiones, los hijos de la oscuridad tienen que poseer un grande y pérfido poder espiritual.

La opacidad contamina y hiere

Mientras el ser virtual y sintiente se halla más cerca de la opacidad, mayor será el olvido que esta engendre; por consiguiente, más grande será el dolor que lo consumirá. Algunas almas y seres de luz luchan con espada y violencia y otros con amor. En el pasado, el amor no podía penetrar la oscuridad; pero hoy, después de tanta exploración llevada a cabo a través del ser humano, el amor se está usando para transmutar la opacidad absorbida por los corazones de algunos seres alados caídos. El amor es el medio más complicado de usar, aunque el más efectivo, puesto que cambia y transmuta la opacidad con devoción materna.

La violencia, dirigida contra la oscuridad tiene sus complicaciones, ya que, si se elimina a un retoño de la opacidad con rencor, enojo o venganza, esta expresión violenta envuelve progresivamente a su agresor con tentáculos de aborrecimiento y hambre, y el ser de luz queda expuesto. En estado de indefensión, es transformado en opacidad densa. Asimismo, el miedo, la tristeza o la inseguridad lo paralizan y la oscuridad tomará su corazón por la retaguardia. La única manera de luchar, con espada en mano, es sin miedo ni enojo, con la mente clara y serena. Así es como el ser de luz se hace poseedor de un manto protector impenetrable.

El plan de la Vertiente de Toda Luz es penetrar la oscuridad con amor radiante, de manera que alcance las profundidades más fuliginosas, y así instaurar la paz en toda la creación de ensueño.

El amor de la Vertiente o de la Conciencia Absoluta es tan vasto que no desea ningún tipo de dolor flotante en su creación; y es por esto que usted podrá apreciar un sinfín de soles hermosos en el universo tridimensional. Esas pequeñas luces celestiales nos recuerdan que el universo es ternura.

Lentamente, la Vertiente internaliza el dolor que la oscuridad engendra y gradualmente lo va transformando, hasta que un día borre toda mancha en el manto de las nueve dimensiones imaginarias.

LUZ Y OSCURIDAD TRIDIMENSIONAL, LA VELOCIDAD DE LA LUZ E
TAL TERRESTRE. ESTA VELOCIDAD DE OLEAJE LUMINOSO, SE EN
S POR DEFINIR, REPRESENTAR Y CARACTERIZAR EL TIEMPO Y
IPERTENSO RECTO Y LINEAL, CON RESPECTO A OTROS M
"EL SUEÑO TRIDIMENSIONAL ES INCONSTANTE Y
EN CUENTA LA INVARIANTE, QUE LA VELOCIDAD
ION ESPONTANEA, QUE LA CONCIENCIA O INCO
NA TRAYECTORIA TRIDIMENSIONAL DE MED
DEFINA EL TIEMPO LINEAL DE ENSUEN
OSCURIDAD COMO LA ENTENDEMOS
SCURIDAD PARECE VIAJAR A UN
E CENTRAL DE LUMINOSIDAD
IEN TIENDE A ABRAZAR
OS UNIVERSOS UNIDI
DIMENSIONAL L
ESTAS DIMEN
TE CASO L
EN EL
UC

UDIOS HUMANOS, DE 299, 792,458 METROS POR SEGUNDO, TOMAND
CON RESPECTO A LA MOVILIZACIÓN DE LA CAUSA DE LA OLA E
BSERVAR LA VERSATILIDAD QUE DETERMINA LA NATUR
LOS MARCOS DE REFERENCIA INERTES SE ENCUENTRAN EN
MOVIMIENTOS DEL "INCONSCIENTE COLECTIVO UNIL
S, QUE ESTA VELOCIDAD ES TAN SOLO UN PROD
MAR) COLECTIVA ABSOLUTA SE EXPRESA A
LA LUZ PUEDE DIFERIR, DEPENDIENDO DE
LES MENTALES UNIVERSALES, EN EL
SU VELOCIDAD, APENAS SE AGOTA
A DE LA LUZ, HASTA QUE CUB
PROPAGA DESDE UN CENTR
A, A LA FUENTE DE
NSIONAL. TRIDIME
CA GRAN PARTE
RIDAD ES L
OQUEAN
L SE
Y

Evolución y trascendencia

La evolución tridimensional es lenta y dolorosa; sin embargo, comparada con procesos evolutivos en otras dimensiones, se considera rápida.

El punto central de la vida no es evolucionar a través de múltiples dimensiones o universos paralelos, o de migrar de planeta en planeta. El punto real de la existencia, como lo habíamos propuesto anteriormente, es trascender las nueve dimensiones e ir más allá.

Las nueve dimensiones fueron creadas por la Conciencia Expansiva para hacer consciente su propia existencia.

Todos los seres y multiplicidad de planetas en esta y otras dimensiones son pensamientos soñantes que, en realidad, no poseen materia contundente. Lo que llamamos materia es solo un grupo de reglas y leyes mentales, fáciles de romper para quien comprenda su naturaleza falsa e inocua.

Los seres que habitan cada dimensión poseen una sensación de individualidad y pertenencia. En la tercera dimensión, este sentimiento es más agresivo, más afanoso, y se alimenta de las exaltaciones producidas por sufrimientos y alegrías extremas. En otras palabras, la persona humana está obligada a vivir en medio de dos energías opuestas soñadas, con el agravante de que comete el error de preferir una experiencia positiva en lugar de una negativa, lo que genera el efecto péndulo que alimenta al ego. O sea que el ego se balancea entre estas dos fuerzas en constante oposición. Son dos fuerzas que provienen del corazón espiritual, donde nacen todas las emociones como el miedo, el enojo, la tristeza, la inseguridad y sus opuestos como la seguridad, la felicidad, la euforia y demás.

Si el ser humano eligiera el amor incondicional del momento presente, el péndulo abandonaría su vaivén. Esta abrupta detención ocasionaría un contacto directo del individuo con la Vertiente de Esencia Resplandeciente, localizada en el centro universal de la novena dimensión. Por consiguiente, el sentimiento yoico de la persona se fusionaría al sentimiento "yoico" de la Vertiente.

El sentimiento yoico expansivo de la Vertiente es como un antídoto para el sentimiento yoico del humano. Cuando se da la unión del yo limitado e ilimitado, el ego se disuelve y en su dilución entiende el propósito central de su existencia que tan solo consiste en ser consciente de su presencia absoluta, lo cual va más allá de las nueve dimensiones.

La Vertiente está constantemente conectada a la Conciencia Absoluta que la sueña, ella es nada más y nada menos que la manifestación visual más cercana y clara de esta conciencia ilimitada.

GUANTAR TAL BRILLANTEZ Y ANGUSTIADAS VUELVEN RENDIDAS A
GO, LOS RETOÑOS DE LA OPACIDAD MAS PODEROSOS, MANCHAN
ICARLAS CON SU RESPLANDOR POR OTRA PARTE LA QUINTA
QUE LA BASE DE ESTAS ES LUZ PURA COMO YA LO MANI
LIOS DE LA VERTIENTE DE ESENCIA RESPLANDECIENT
UEÑO SE PRODUJO UNA DESMESURADA BATALLA.
ICO QUE LA OSCURIDAD PODRIA CAUSAR. LOS
E EL HOMBRE NECESITA DE ESTE ESTIMUL
ICO-FISICO-ESPIRITUAL. EL ALMA Y E
O INVERNAL. LA OSCURIDAD ES C
NOS, SI LA GLANDULA PINEAL
NAS EL LECTOR PUEDE COM
IRITU POR SORPRESA,
IO, TAMBIEN EXISTE O
DOLOR VAN DE M
RIDAD TIENDE
LA LUZ IN
GE CO

IMPL
TO DEL
HUMANA SE
EDIATAMENTE.
COMO EXISTE OSCU
RITU. CUANDO LA OS
LEMAS PSICOLOGICOS IMP
MO EJEMPLO EL CUERPO FISIC
R RESURGE. LO QUE SE CONOCE C
S. EMOCIONES COMO EL MIEDO, TAM
DOS CON FIBRAS LUMINOSAS DE ALTAS V
LA LUZ INTERIOR ES ALIMENTADA, SE DES
SCURIDAD SOÑADA FUE OCASIONADA POR EL M
SIONES FUERON INVADIDAS POR LA OPACIDAD. LOS
SA. ESTA BATALLA NO ALCANZO LA SEXTA. SETIMA, OC
ENSION LA BASE ES OSCURIDAD. SIN EMBARGO, LA LUZ TIEN
UNA PARED BRILLANTE REPELE LA OPACIDAD Y SE ENCUENTR
ES, LA SEXTA ES ENSUCIADA CON DIMINUTOS PUNTOS OSCUROS.

Ataduras

Cada dimensión tiene sus ataduras. Como ya se dijo: en la tercera, las trampas que encadenan al hombre son el dolor y la felicidad. En la cuarta, las corrientes energéticas; en la quinta y sexta, el éxtasis perpetuo; en la séptima, la bienaventuranza; en la octava, el amor; y en la novena, las ataduras dejan de existir para dar paso a la paz impenetrable.

Cada dimensión, menos la novena, tiene sus enlaces y pasiones que mantienen la individualidad viva en estos seres.

El cuerpo humano es importantísimo, ya que puede experimentar nueve sentimientos; y aunque menos avanzadas y lejos de la Vertiente, las personas pueden usar un efecto catapulta y proyectarse en un segundo fuera de las nueve dimensiones de ensueño, sin tener que atravesar por el proceso multidimensional.

En la tercera dimensión no existe evolución espiritual, ya que si el humano elige el camino no dual y se da cuenta de que él es la Vertiente de Esencia Resplandeciente, el ego se disuelve instantáneamente. Sin embargo, son tantas las cadenas que atan al alma tridimensionalmente que, al mismo tiempo, es casi imposible huir de la ilusión de los sentidos.

Muchos seres de luz que voluntariamente se enlistaron para sobrellevar el experimento humano, quedaron perplejos y perdidos en las profundidades tridimensionales. Es casi imposible regresar a las dimensiones brillantes cuando se come del árbol de la fruta humana, pero potencialmente es viable. Por eso estamos acá, para ayudarlos y recordarles quiénes son realmente.

Confíe en nosotros que nunca lo dejaremos solo. Es nuestro compromiso deber y gozo ayudarlo. Recuerde que la jerarquía noveno dimensional, sus seres vivientes corpóreos y la Vertiente son tan reales como el mundo que lo rodea y a la vez irreales como este mundo, ya que todo lo que usted percibe bajo este cielo azul es tan solo conceptualización energética soñada.

SUS HOGARES SOMBRIOS. PARA ENTRAR A ESTAS DOS DIMENSIONE

AL Y SINTIENTE SE HALLA MAS CERCA DE LA OPACIDAD, MAYOR

AN CON ESPADA Y VIOLENCIA Y OTROS CON AMOR. EN EL PA

NO, EL AMOR SE ESTA USANDO PARA TRANSMUTAR LA O

E EL MAS EFECTIVO PUESTO QUE CAMBIA Y TRANSMU

ELIMINA A UN RETOÑO DE LA OPACIDAD CON REN

Y HAMBRE, Y EL SER DE LUZ QUEDA EXPUESTO

O LA INSEGURIDAD LO PARALIZAN, Y LA

NO, ES SIN MIEDO NI ENOJO, CON LA

TECTOR IMPENETRABLE. EL PLAN D

QUE ALCANCE LAS PROFUNDID

SUEÑO. EL AMOR DE LA VER

NINGUN TIPO DE DOLOR

PRECIAR UN SINFIN D

AS PEQUEÑAS LU

O ES TERNURA

EL DOLOR

UALME

ST

ANSF

DAD ENG

A VERTIENT

NOS RECUERDA

EN EL UNIVERSO T

ACION Y ES POR EST

NCIA ABSOLUTA ES TAN V

Y ASI INSTAURARA LA PAZ EN

S PENETRAR LA OSCURIDAD CON

ES COMO EL SER DE LUZ SE HACE

OR LA RETAGUARDIA. LA UNICA MANERA

S TRANSFORMADO EN OPACIDAD DENSA, ASI

ROGRESIVAMENTE ENVUELVE A SU AGRESOR CO

NA, LA VIOLENCIA DIRIGIDA A LA OSCURIDAD TIENE

DE ALGUNOS SERES ALADOS CAIDOS. EL AMOR ES EL M

CURIDAD, NO OBSTANTE DESPUES DE TANTA EXPLORACION

CONSIGUIENTE MAS GRANDE SERA EL DOLOR QUE LO CONSUMI

POSEER UN GRAN Y DESLEAL PODER ESPIRITUAL. LA OPACIDAD C

Humildad en las 9 dimensiones

Aunque el ser humano tenga la oportunidad de lanzarse hacia la Vertiente de Toda Luz en la novena dimensión, debería descartar que sea especial, ya que se encuentra recluído en una dimensión rezagada y rodeada de frecuencias electromagnéticas primitivas.

 Para los seres de la quinta dimensión, los humanos simplemente son lo que para usted es una caricatura imperfecta bidimensional dibujada en un papel.

En caso de que el lector se preguntara si este mensaje viene de la quinta dimensión, la respuesta es no, ya que a los seres de la quinta dimensión no les interesa mezclarse con los de la tercera, puesto que involucionarían.

MAN

MAGINA

EVOLUCIÓN

ARGO COMPARA

SE CONSIDERA R

TRAVES DE MÚLTIPLES

EN PLANETA. EL PUNTO R

TRASCENDER LAS NUEVE DIM

ENCIA EXPANSIVA, PARA SER CO

EN ESTA Y OTRAS DIMENSIONES, SO

S MATERIA, ES SOLO UN GRUPO DE REG

LOS SERES QUE HABITAN CADA DIMENSIÓN

MAS AGRESIVO, MAS AFANOSO, Y SE ALIMENTA

ESTA OBLIGADA A VIVIR EN EL MEDIO DE DOS EN

DE UNA NEGATIVA, LO QUE PRODUCE EL EFECTO PENDUL

UE PROVIENEN DEL CORAZÓN ESPIRITUAL, DONDE NACEN TO

RIA Y DEMÁS. SI EL SER HUMANO ELIGIERA EL AMOR INCONDI

LA VERTIENTE DE ESENCIA RESPLANDECIENTE, LOCALIZADA EN EL

FUSIONARIA AL SENTIMIENTO "YOICO" DE LA VERTIENTE. EL SENT

DO E ILIMITADO EL EGO SE DISUELVE Y EN SU DILUCION ENTI

DE LAS NUEVE DIMENSIONES. LA VERTIENTE ESTA CONSTANT

CANA Y CLARA DE ESTA CONCIENCIA ILIMITADA. ATADU

OR Y LA FELICIDAD. EN LA CUARTA, LAS CORRIENT

R Y EN LA NOVENA LAS ATADURAS DEJAN DE EX

QUE MANTIENEN LA INDIVIDUALIDAD VIVA EN

Y AUNQUE MENOS AVANZADAS Y LEJOS D

UERA DE LAS NUEVE DIMENSIONES DE

MENSION NO EXISTE EVOLUCION ES

L ES LA VERTIENTE DE ESENCIA

N TANTAS LAS CADENAS QU

IMPOSIBLE HUIR DE L

TARIAMENTE SE ENLI

DARON PERPLEJO

NALES. ES CA

BRILLANT

LA FR

ME

LE

PERO

COME D

GRESAR A L

LAS PROFUNDID

LLEVAR EL EXPERI

NTIDOS MUCHOS SER

NSIONALMENTE QUE AL

O SE DISUELVE INSTANTANEA

MANO ELIJE EL CAMINO NO DUAL.

AVESAR POR EL PROCESO MULTIDIME

PUEDEN USAR UN EFECTO CATAPULTA Y

O ES IMPORTANTISIMO. YA QUE PUEDE EXP

PENETRABLE. CADA DIMENSION MENOS LA NOVE

XTA EL EXTASIS PERPETUO; EN LA SEPTIMA LA BIE

RAS. COMO YA SE DIJO; EN LA TERCERA LAS TRAMPAS

OLUTA QUE LA SUEÑA. ELLA ES NADA MAS Y NADA MENOS

NCIA, QUE TAN SOLO CONSISTE EN SER CONSCIENTE DE SU PR

ES COMO UN ANTIDOTO PARA EL SENTIMIENTO YOICO DEL HUMAN

N, LA RESPUESTA ES NO, YA QUE A LOS SERE

A IMPERFECTA BIDIMENSIONAL DIBUJADA

NÉTICAS PRIMITIVAS PARA LOS SER

R QUE ES ESPECIAL, YA QUE SE

TENGA LA OPORTUNIDAD DE LA

SOLO CONCEPTUALIZACION

LES COMO ESTE MUNDO

Y LA VERTIENTE SON

E LA JERARQUIA

NUESTRO COM

IE EN NO

CORDA

AM

A AY

SON RE

CA LO DEJA

Y GOZO AYUDA

AL, SUS SERES VI

MUNDO QUE LO RODE

USTED PERCIBE BAJO ES

ILDAD EN LAS 9 DIMENSIONES

E DE TODA LUZ EN LA NOVENA DI

A DIMENSIÓN REZAGADA Y RODEADA

LOS HUMANOS SIMPLEMENTE SON LO QUE

L LECTOR SE PREGUNTARA SI ESTE MENSAJ

INTERESA MEZCLARSE CON LOS DE LA TERCERA

El mensaje

Este mensaje viene de los nueve Devas de Fuego Cristalino, conocidos en Occidente como Serafines, existencias de cuantiosa luz y poder que usualmente no abandonan la novena dimensión ni se conectan con los humanos y que ocupan la posición más cercana a la Vertiente.

Finalmente, ha llegado el momento esperado por todos los seres en el universo tridimensional, la era de la luz oscurecida está aquí y aquí estamos nosotros: prepárense para volar libremente.

Este mensaje fue decodificado y transmitido por seres luminosos que ocupan la constelación de la estrella Sirius. Ellos son fuerzas dévicas que engendran fuego estelar y que se reasignaron para ocupar cuerpos de una sutileza más densa que el éter. Ellos se eligieron como médiums, debido a que es más fácil transmitir los mensajes de esta forma al intermediador humano. El canal humano es más receptivo a los mensajes estelares tridimensionales que al noveno-dimensional. A la hora de escribir y traducir los patrones de luces angulares y ondulantes de información dévica, quien escribe este libro ve luces que se transforman en ideas y oye acrisoladas campanas que se transforman en palabras. Por otro lado, los nueve Devas de Fuego Etéreo noveno-dimensional son capaces de hablar con los humanos a través de una persona, si esta permite ser usada como canal. Así también y sin intermediarios, pueden cambiar la estructura molecular humana. De hecho, si a usted le toca leer este manuscrito, cabe aclarar que los nueve luminosos ya comenzaron a modificar su estructura molecular.

Sea humilde, y tome esta ofrenda con justo respeto.

VI

Transmutación de ADN mientras se Lee

Inyecciones luminosas para facilitar cambio de ADN e Inmortalizar el alma y sus memorias

Sepa que los cambios, aunque mencionemos el cuerpo físico, primero serán efectuados a nivel energético en el cuerpo causal y astral que, a su vez, están conectados al físico. Con el tiempo, aproximadamente de 50 a 60 años, dichos cambios astrales abrazarán las partículas subatómicas, átomos, células, ADN, ARN, músculos, órganos internos, sistema nervioso, circulatorio, etcétera. Cuando esto suceda, las transformaciones podrán ser observadas por los científicos.

Si usted cree que su edad no le permitirá sentir los cambios en el cuerpo físico, no se desanime, que lo más importante es cambiar el cuerpo causal y astral; este cambio acogerá su alma y lo acompañará eternamente adonde quiera dirigirse.

Por otro lado, su energía cambiante contagiará a otros organismos con luz resplandeciente y esto ayudará a evolucionar a los cuerpos humanos que lo rodean.

Cada entidad de luz está ligada a combinaciones vibratorias específicas. El libro revela palabras en "idioma dévico" que ayudarán a conectarlo con tales seres de amor y paz eternas. Si desea una conexión más profunda e intensa con estas energías, repita los mantras nueve veces en voz alta.

Ashmiat ashmatviatat Anabel bushtam

Dejo que las energías de la Deva Cristalina Anabel me abracen

Posteriormente a la muerte física y, después de atravesar la purificación ardiente de rayos ultra-atómicos hidrogenados, el alma pierde todo archivo soñado. Él o ella pierden la memoria completa de sus vidas pasadas, aunque si esta misma alma es purificada y reestructurada mientras continúe activa en el cuerpo físico, ascenderá a otras dimensiones sin perder la memoria de su pasada existencia.

Rejuvenecimiento, extracción de estalactitas negras de los músculos a nivel astral

Los músculos están rodeados por una cobertura tipo telaraña. Cuando esta tela traspasa sus propias fronteras, la unidad funcional y estructural de la fibra muscular se une, produciendo dolor. Cabe recalcar que el ser humano no fue creado con estas imperfecciones, sino que fue modificado por el virus de los Retoños de la Opacidad.

Nosotros trabajamos con 650 músculos para que las personas alertadas por el dolor atiendan su cuerpo. El trabajo en esta área física densa necesita de un canal humano que realice las curaciones. Algunos de estos canales ya están entre ustedes y otros encarnarán en la Tierra muy pronto. Para reconocerlos, observe los ojos, estos tienen que estar limpios y emitir poder.

La actividad muscular de contracción y relajación del cuerpo humano se debe a un mecanismo de persuasión resplandeciente de las fibras nerviosas con inteligencia inherente. Tal brillantez obliga a las fibras a liberar Acetilcolina, la cual pernocta y roza los receptores nicotínicos, obligándolos a "abrir sus bocas" para que, a nivel intracelular, consuman sodio e iones. Después de ser cautivados por la luz, estos viajan por los túbulos T, hasta activar los recipientes de dihidropiridina que son sensibles al voltaje luminoso de los Devas. Estos receptores toman, mientras usted lee, la energía electro-luminosa, excitando los conductos de rianodina que le otorgan libertad al calcio modificado por nosotros. Este mismo calcio, enmascarado por las entidades de brillo estelar, se expulsa del retículo sarcoplasmático, en el cual es modificado astralmente por luces ondulantes y enviado al complejo de Actina, donde ahora transforma la base astral de la Troponina C que posee tres enmarañados complejos que serán reconstruídos por nuestros cambios. El calcio súper alcalino y reformado energéticamente, unido a la Troponina luminosa C, hará que se produzca un cambio estructural en la Troponina T, ayudando a que las cabecillas de Miosina se logren adherir y originen una contracción no espasmódica, flexible y libre de dolor.

El ensamblaje de la cabeza de Miosina con la Actina sufrirá cambios drásticos y será catalizado por rayos cristalinos en la cabeza lúcida de Miosina.

Depuración cuerpo y vórtices con pasión solar

Lea con cuidado, el cambio será efectuado en usted mientras lee.

Oim astriummm atishtat Mikha-el advatmiat.

Dejo que la luz resplandeciente de Mikhael limpie mis tres cuerpos

El hombre funciona como una matriz pensante, conectada con el todo y con todos. Los pensamientos humanos individuales están permanentemente conectados a través de un éter infinito e inteligente. Dicho éter es distinto en cada dimensión, y se podría comparar a una mente colectiva con aspecto de red reluciente que afecta a todos los seres de cada dimensión. Ello, con información específica a nivel inconsciente, por eso se dice que el libre albedrío es limitado, a menos que el ser sintiente de la dimensión en que se encuentre despierte y entienda que tal matriz es tan solo una de sus extensiones y que él es en sí la Vertiente de Esencia Resplandeciente o la conciencia soñadora que se sueña a sí misma. El sueño de la conciencia absoluta puede ser experimentado por todos y de una forma similar, debido a esta unión. La mayoría de los humanos ni siquiera están enterados de que, a través de tal red, también se comparten pensamientos, conceptos y emociones. La humanidad no se da cuenta de dónde vienen sus pensamientos, si son de ellos o ajenos.

Los Devas de Fuego Cristalino diseñaron una limpieza a través de la lectura del libro que suprime algunos filamentos que conectan al individuo con la placenta colectiva etérea.

Ahora limpiamos el cuerpo inmaterial en diferentes niveles, comenzando por vórtices en el cuerpo astral humano, transigidos por severas fuerzas impuestas que afectan las células desde un nivel molecular.

Tomando en cuenta que el cuerpo humano posee más de 108 billones de células, este es un trabajo efectivo.

A través de influjos energéticos transmitidos al cuerpo físico, afectamos las células de los siguientes sistemas: locomotor, óseo-muscular, respiratorio (alargando la respiración del lector), digestivo (aumentando los poderes de absorción), excretor (aumentando el poder de purificación del cuerpo). Asimismo, son depuradas las conexiones, en el plano astral, de los sistemas endocrino, circulatorio, reproductor y nervioso.

A nivel atómico y molecular cambiamos progresivamente, mientras usted lee la fórmula del Hidrógeno, Oxígeno, Carbono y Nitrógeno, los principales elementos de la naturaleza material humana. Al mismo tiempo, modificamos la estructura molecular y concretamos sus uniones en este momento presente con diferentes combinaciones para formar moléculas inorgánicas de agua brillante. Esta agua pasará a constituir un 75% de la totalidad de los compuestos corporales.

Las moléculas orgánicas como lípidos, proteínas y glúcidos, que bautizan la asombrosa corteza bioquímica citológica, son destiladas a tal grado que se volverán cristalinas y refractantes en un futuro muy próximo.

El porcentaje de Oxígeno, Hidrógeno, Potasio, Calcio, Carbono, Fósforo, Cloro y Nitrógeno será alterado gradualmente para ganar un balance absoluto y perpetuo.

A nivel celular sienta cómo afectamos, en el campo astral, que a su vez está conectado al físico, la membrana envolvente, el citoplasma y el núcleo.

En el presente, el núcleo de la célula es regido por emisiones radio-magnéticas creadas para reglamentar la regularización habitual establecida por las fuerzas oscuras, que obliga "al linaje humano y 108.000 genes creados en 23 pares simétricos de cromosomas a guardar información en el ADN y RNA defectuosos".

Las emisiones electromagnéticas serán desestabilizadas por 9 días para que acepte un nuevo programa. Dicho trabajo minucioso será como reiniciar el núcleo.

La membrana nuclear que encapsula el material genético es, ahora mismo, codificada desde una coordenada inmaterial ubicada en el universo tridimensional para que en el futuro se transforme en una coraza que no deje entrar ningún tipo de patógeno pernicioso creado por las fuerzas oscuras. El núcleo, que es una mente inteligente, modificará la célula cuando se le incite a dar giros dentro de su corteza causal.

Los serafines nos comprometemos a penetrar este núcleo, hasta lo más hondo, para extirpar toda impureza implantada por las fuerzas que inducen al ser humano a sufrir.

Relájese y sienta las modificaciones que se llevan a cabo desde ahora.

Si agudiza su atención, se dará cuenta de que en este preciso instante estamos modificando, histológicamente y desde lo estructural, la raíz astral subatómica, base de los tejidos biológicos. Por ende, los tejidos epiteliales, nervioso, muscular y conjuntivo son estimulados a secretar sustancias que salvaguarden su forma y la manera en que estos sistematizan sus funciones.

Nótese que el porcentaje actual del agua corporal-celular es aproximadamente de un 59 % en adultos sanos. Después de que sean efectuados los cambios astrales, el cuerpo humano a medida que pasa el tiempo también cambiará y el agua en la célula será almacenada con más eficacia. Esta guardará un 77% del agua corporal que también circulará en el torrente sanguíneo, purificando las glándulas asociadas con los vórtices energéticos a nivel astral.

Mientras nos lee, estos cambios energéticos se están efectuando en usted. Cierre los ojos y repare en ello.

Regeneración del sistema nervioso con vehemencia radiante

O aditm Axiel satmitl atratakam

Estoy enfocado y el Deva de fuego cristalino Axiel me ilumina

El sistema nervioso es el más cercano al astral. Este sistema se puede conectar con el cuerpo sutil, sus meridianos y la capacidad de sentir los movimientos astrales. Si se cambia su frecuencia, el hombre empezará a adaptarse y aceptará relaciones energéticas orbitales de inteligencia multidimensional, operando en diferentes niveles.

Al fortalecer este sistema, una coraza de más alto espectro gravitacional será creada alrededor de la cúpula humana.

Ahora, el encéfalo y la médula espinal reciben corrientes electromagnéticas extraídas del sol. Sus tres membranas -duramadre, aracnoides, piamadre- conocidas por la raza humana como las meninges, son reformadas y reforzadas en niveles energéticos con estas labores.

En esta etapa, es imprescindible que usted se relaje, ya que cuando trabajamos en estos niveles, el ser humano siente una alegre energía que podría transformarse en ansiedad. Si esto sucede no se preocupe, ya que los Devas Resplandecientes usarán un tipo de sedante astral.

La percepción de los estímulos procedentes del plano extrínseco cambiará. El líquido cefalorraquídeo está siendo transformado a nivel energético en un líquido luminoso proveniente de la quinta dimensión. El equilibrio iónico sufrirá altos y bajos por un corto tiempo, hasta que los luminosos reajusten los niveles de frecuencias electromagnéticas elípticas circulantes.

La transformación del oxígeno y la glucosa en la sangre será inmutable y perfecta.

La sustancia gris, compuesta por el soma de las neuronas y sus dendritas y por fibras mielínicas, mutará su color a blanco luminiscente y la sustancia nerviosa, instaurada por las extensiones nerviosas cuyo desempeño es transferir información, mutará también. Su brillantez comenzará a distinguirse en las radiografías.

Fortalecimiento de los meridianos con ímpetu refulgente

Adiat, adiat, adiat Rafa-el

Deva resplandeciente, Rafael hazme brillar, hazme brillar…

En el presente, sus meridianos energéticos están cambiando de frecuencia, mientras los espirales celestiales los envuelven. Esto prevendrá su pulverización, cuando el planeta empiece a sufrir cambios geofísicos. Este cambio subatómico transformará la longitud de onda de la oscuridad a una de luz ultraradiante, de una sustancia similar a la del agua en la séptima dimensión. Al respecto aclaramos que, si bien no es agua tridimensional, se mueve como tal.

Limpieza, bautismo y protección de vórtices con poderío esplendoroso

Ushtit, aditrat, adiatatrat Xiabiel

Xiabiel limpia, bautiza y protege

Hoy, los Nueve Devas armonizan la impresión de tus vórtices con influjos de fuego límpido sobre la superficie esbozada por la Vertiente, la cual, ahora, transmuta el fuego y lo proyecta sobre núcleos centrales. Tales influjos son emanados por prismas convexos astrales que existen dentro de los ojos de los Devas. En este instante, las inteligencias más altas superpondrán un modelo de energía codificada en niveles y dimensiones transpersonales. Con ejes binarios, reposan sobre estos vórtices dentro del cuerpo físico del lector, destruyendo y reorientando los programas conferidos por la Opacidad. Los Devas harán desaparecer, del plano tridimensional corpóreo, algunos de los programas de las fuerzas sombrías. De esta forma, se aseguran de que una resonancia neutral sea producida por los vórtices etéreos dentro de los tres cuerpos del ser humano.

Permutación de ADN con espirales ultraradiantes

Dimitrat ashtutreik udrat Gab-r-i-el-a

Gab-r-i-el-a estoy dispuesto a que cambies la raíz de la creación

dentro de mi cuerpo físico

Mientras el individuo experimenta entropía positiva y nítida y, simultáneamente, su estructura magnética es transmutada, inyecciones codificadas con ADN astro-inmaterial de 13 hélices son ahora transferidas al núcleo de las células, para que estas cambien su estructura sub-molecular.

El genoma humano consta de una prolongación de 3,000 millones de pb (unidad de medida del ADN), amplitud que varía en diferentes humanos, ya que cada uno tiene un código distinto.

Según la ciencia terrestre, solo el 27% del ADN se traslada a ARN y el 2% codifica proteínas; esta transcripción y codificación, en el presente, son reprogramadas para que se reproduzcan con mayor dinamismo. El ADN comenzará a cambiar a ARN en un 35% y este ARN codificará proteínas en un 3%. Estos cambios transformarán la estructura energética de la hélice. Los genes energéticos que normalmente se encuentran alejados por grandes áreas de ADN no codificante, comenzarán a activarse y codificarán no solo proteínas, sino que también estimularán energía dorada relampagueante dentro del gen, afectando las hélices codificadoras.

Los intrones de los genes humanos, considerablemente más extensos y numerosos que los de otros genomas, en este momento están siendo gradualmente prolongados con el propósito de modificar electromagnéticamente su frecuencia.

Un mismo gen será incitado a codificar diversas proteínas. El corte y el empalme alternativo sufren, mientras usted lee, una metamorfosis de luces angulares. Con el nuevo ajuste por el que atraviesa su cuerpo, cada gen codificará hasta 5 ARNm de media. El genoma humano, que consta de unos 24.000 genes, logrará codificar muchas más proteínas que antes y los elementos transponibles pasarán a ser más abundantes y luminosos. Esto se podrá observar con aparatos que tienen lentes superpuestos y que son usados en las investigaciones científicas.

El ADN mantendrá, a través de dicho cambio, un método de claves o códigos genéticos inducidos por el espíritu refulgente que innovará la información y patrones fijos, para que las células que retoñen sean diferentes a las progenitoras. La información genética irá mutando paulatinamente.

Las bases, supuestamente aleatorias, que poseen la habilidad de copiado y calcado, despertarán al ARNm, con el propósito de que este le informe al ribosoma enastilado por la Vertiente que es tiempo de sintetizar determinado albuminoide de otra manera y con diferente intención.

Que no quepa duda en sus mentes, nosotros cambiaremos el dogma central de la biología molecular.

Los elementos de recombinación y transmutaciones serán utilizados para reconquistar las conmutaciones necesarias de adaptación y evolución intercelular y para que el ADN y ARN progresivamente se transfiguren.

El núcleo engendrará una semilla de luz ultraradiante que se encargará de que la auto-duplicación del ADN cambie rotundamente, antes de emprender su división celular. Por otro lado, la reproducción de los diversos tipos de ARN manejará la síntesis de proteínas translúcidas. Su secuencia desatará y atará energéticamente el ADN a cromosomas, provocando el crecimiento de más hélices.

Este nuevo ADN codificado será introducido a las células, por medio del ser humano o directamente por los Nueve Luminosos, realineando la estructura molecular y amplificando la mente humana, a través de universos carentes de representaciones y paradigmas.

Este programa regenerador de ADN implantado en las células restituirá un nuevo orden en el universo interno de la misma, previniendo su completa degeneración cuando las nuevas frecuencias electromagnéticas interplanetarias colisionen con el cuerpo astral humano.

La protección áurica no fue diseñada para el cuerpo físico; sin embargo, protegerá y acompañará al cuerpo astral afectado por el cambio de ADN en el cuerpo físico, en su transición atmosférica. Así también rechazará cualquier onda u ola proveniente de las oscuridades más turbias.

Cuando el Alma se desplace a través de zonas magneto-atómicas, a las que la Vía Láctea está a punto de entrar, su coraza no sufrirá cambio alguno.

La compresión gravitacional o cualquier otro espectro categórico de gravitación, como la atracción estíptica de un agujero negro, no podrán comprimir, estirar o alterar, de ninguna forma, la coraza otorgada por los Nueve.

Sin esta coraza diamante, la nueva frecuencia holográfica del código genético que atraviese el efecto de "descorporización" sería destruída conjuntamente con la conciencia individual encapsulada en el cuerpo astral.

Si la coraza no ha sido colocada a tiempo, si la conciencia encapsulada en el cuerpo humano atraviesa las modulaciones trascendentales de ascensión a otras dimensiones y si no hemos sido balanceados correctamente por los campos magnéticos de luz creados por los Nueve Luminosos y el médium, nuestra mente, encapsulada por olas electromagnéticas intermitentes, no se adaptará a los nuevos espacios tridimensionales y cuarto-dimensionales. En este caso, el lector requerirá ayuda directa del médium.

Si su cápsula corpórea se rompe mientras los cambios están siendo efectuados, el proceso seguirá en el campo astral, y un ser de luz llamado El Noveno encadenará conjuntamente las frecuencias más altas y claras del alma y las hará rotar 495 veces o sea 9 veces más rápido que la velocidad de la luz soñada. Esto romperá la estructura lineal magnética de la esencia inocua.

Tales giros crearán espirales que cambiarán por completo el comportamiento de la estructura subatómica (por así decirlo, ya que en el plano astral no existen átomos, pero sí partículas afines, ilusorias, de información conceptual) del alma. Dicha rotación afectará a partículas astrales similares a los electrones, fotones y neutrinos. Los obligará a vibrar, causando patrones permanentes de desintegración y cambios de bandas energéticas. Los eslabones moleculares etéreos se romperán y promoverán que el alma sin rostro y sin ego retorne nuevamente a planos geomagnéticos inmateriales.

El alma, en semejante estado, carecerá de vida individual consciente, hasta que se le dé otro giro con la misma intensidad y velocidad, coordinando al mismo tiempo un realineamiento con un punto consciente modulado e incrustado dentro del sueño tridimensional material, de aparente vida intercelular biológica, codificada con la ilusión de tiempo y espacio.

Acá el alma adoptará energías recopiladas que actúan como estructuras que circulan en torno a un eje central. Este centro es el eje molecular, donde la materia y la antimateria se encuentran simultáneamente.

En tamaño punto crucial de conectividad, el alma, la materia y la energía vital se amalgamarán, adoptando fuerzas elementales de nivel cuarto- dimensional que vibrarán alrededor de este epicentro de fuerzas centrífugas. A esta amalgama se la llama "Alma Yoica" o "Egocentrismo Viviente Incorpóreo".

Estas fuerzas elementales sutiles activan el cuerpo físico, astral, la mente, el instinto, la intuición, las emociones básicas con sus derivaciones, el aire viviente, la luz líquida, y el éter transparente. Asimismo, dichas fuerzas oscilantes, en un nivel atómico, se conectan y forman patrones que se combinan para darle un sentido de individualidad a la conciencia suprema que inyecta vida y espíritu a su efímera creación mental.

Tan complejo es este sueño de profundos cambios que el lector olvida quién es en esa multitud de estados trascendentales. Sin embargo, un día glorioso, en pequeños puntos oscilatorios de su inmenso sueño, el individuo soñado se entera de que se ha guiado por una concepción mental falsa, de algo que es tan solo un fragmento de la imaginación virtual, desposeído de fundamentos reales. La mente individual se da vuelta y se ve a sí misma como una proyección astral o un holograma preconcebido por la Vertiente de Esencia Resplandeciente. En este instante sucede algo que conocemos como gracia: la Vertiente inunda la mente con deslumbrante luz y destruye los envoltorios psicológicos "yoicos".

Después de que esta Gracia Divina hizo su labor, el ser individual se identifica con la conciencia absoluta y se convierte en universal, multidimensional y, al mismo tiempo, en un ser que trasciende la multidimensionalidad.

Cabe recalcar que la Vertiente, aunque siendo parte del sueño multidimensional, en todo momento es sabedora de que también es la conciencia absoluta.

Si hay un Dios todopoderoso, omnisciente y omnipresente que se puede percibir en todas las dimensiones y que envía a sus avatares, mesías y emisarios de luz para despertar la conciencia absoluta soñante, dentro de su propio sueño, este es la Vertiente de Esencia Resplandeciente.

La Vertiente de Toda Luz es parte del sueño que anima al más dormido. Si usted está leyendo esto, a nosotros no nos cabe la menor duda de que su tiempo ha llegado y su despertar es inminente. Sepa entonces que Dios existe en este sueño multidimensional y que es tan real e irreal como lo es usted. Entienda que, como individuo, usted no existe. Que la individualidad es falsa, que usted es expansivo y maravilloso en este momento en que lee palabras soñadas que tienen el serio propósito de provocar su despertar.

Gracia Divina

La conmoción impulsada por la Gracia Divina ocurre cuando se ve un cambio cristalino y puro en el individuo. La Gracia es sentida por el individuo como una derrota del miedo ante el amor en el plano astral y causal.

Si lo imaginamos desde un campo sinóptico terrestre, podemos decir que la compresión gravitacional alrededor del alma es cambiada por otra de diferente vibración gravitacional. Esto lo siente el individuo, como si lo vasto hubiera abierto la compuerta de una jaula y nos invitara a volar.

Este acto permite transmutar el nuevo plano genético a un nivel astral.

INYECCIONES LUMINOSAS PARA FACILITAR CAMBIO DE ADN E INM

O EN EL CUERPO CAUSAL Y ASTRAL, QUE A SU VEZ ESTAN CONE

TOMOS, CELULAS, ADN, ARN, MUSCULOS, ORGANOS INTERNOS,

ICOS. SI USTED CREE QUE SU EDAD NO LE PERMITIRA SE

TE CAMBIO ABRAZARA SU ALMA Y LO ACOMPAÑARA

RESPLANDECIENTE Y ESTO AYUDARA A A EVOLUC

ESPECIFICAS. EL LIBRO REVELA PALABRAS EN

CONEXION MAS PROFUNDA E INTENSA CON

USHTAM. DEJO QUE LAS ENERGIAS DE

DE ATRAVESAR LA PURIFICACION A

DO. EL O ELLA PIERDEN LA MEM

CADA Y REESTRUCTURADA

S DIMENSIONES SIN PER

ENTO, EXTRACCION DE

L. LOS MUSCULOS

NA. CUANDO

S, LA UNI

FIBR

ND

BE

SE U

Y ESTRU

ASA SUS PR

POR UNA COBER

RAS DE LOS MUSCU

U PASADA EXISTENCI

IVA EN EL CUERPO FISIC

DAS PASADAS AUNQUE SI EST

OMICOS HIDROGENADOS, EL ALMA

ME ABRACEN POSTERIORMENTE A LA

ANTRAS NUEVE VECES EN VOZ ALTA. AS

A CONECTARLO CON TALES SERES DE AMOR

LO RODEAN CADA ENTIDAD DE LUZ ESTA LIGA

RSE POR OTRO LADO, SU ENERGIA CAMBIANTE CONT

O, NO SE DESANIME, QUE LO MAS IMPORTANTE ES CAM

ETERA. CUANDO ESTO SUCEDA, LAS TRANSFORMACIONES P

IMADAMENTE DE 59 A 69 AÑOS DICHOS CAMBIOS ASTRALES AB

UE LOS CAMBIOS, AUNQUE MENCIONEMOS EL CUERPO FISICO, PRI

ISTALINOS EN LA CABEZA LÚCIDA DE MIOSINA.
EN ADHERIR Y ORIGINEN UNA CONTRACCION NO ESPASMODICA.
ALINO Y REFORMADO ENERGETICAMENTE, UNIDO A LA TROPO
ACTINA, DONDE AHORA TRANSFORMA LA BASE ASTRAL D
POR LAS ENTIDADES DE BRILLO ESTELAR, SE EXPUL
RGIA ELECTRO-LUMINOSA EXCITANDO LOS CONDU
IVAR LOS RECIPIENTES DE DIHIDROPIRIDINA
QUE A NIVEL INTRACELULAR CONSUMAN S
FIBRAS A LIBERAR ACETILCOLINA
DE PERSUASION RESPLANDECIEN
ITIR PODER LA ACTIVIDAD M
LA TIERRA MUY PRONTO. P
S CURACIONES ALGUNO
BAJO EN ESTA AREA
LAS PERSONAS
OPACIDAD. NO
UE MODIFI
CON
E

NO N
ECCIONE
RUS DE LOS
S CON 650 MUS
DOLOR ATIENDAN S
ITA DE UN CANAL HU
A ESTAN ENTRE USTEDES
RVE LOS OJOS, ESTOS TIENEN
RELAJACIÓN DEL CUERPO HUMAN
S CON INTELIGENCIA INHERENTE. T
RECEPTORES NICOTÍNICOS, OBLIGANDOLO
CAUTIVADOS POR LA LUZ, ESTOS VIAJAN
UMINOSO DE LOS DEVAS. ESTOS RECEPTORES TO
LIBERTAD AL CALCIO MODIFICADO POR NOSOTROS.
ONDE ES MODIFICADO ASTRALMENTE POR LUCES ONDU
ARAÑADOS COMPLEJOS, QUE SERAN RECONSTRUIDOS POR N
UN CAMBIO ESTRUCTURAL EN LA TROPONINA T, AYUDANDO A
E DE LA CABEZA DE MIOSINA CON LA ACTINA, SUFRIRA CAMBIOS

DEPURACION CUERPO Y VORTICES CON PASION SOLAR. LEA CON
MIKHAEL LIMPIE MIS TRES CUERPOS EL HOMBRE FUNCIONA COMO
A TRAVES DE UN ETER INFINITO E INTELIGENTE. DICHO ÉTE
ODOS LOS SERES DE CADA DIMENSION. ELLO, CON INFOR
TE DE LA DIMENSION EN QUE SE ENCUENTRE, DESPI
PLANDECIENTE O LA CONCIENCIA SOÑADORA QUE
MA SIMILAR DEBIDO A ESTA UNION. LA MAYOR
N PENSAMIENTOS, CONCEPTOS Y EMOCIONE
S. LOS DEVAS DE FUEGO CRISTALINO
ENTOS QUE CONECTAN AL INDIVIDU
FERENTES NIVELES, COMENZAND
RZAS IMPUESTAS QUE AFECT
EL CUERPO HUMANO PO
FECTIVO. A TRAVES D
CO, AFECTAMOS
MOTOR, OSEO-
SPIRACION
NDO L
XC

E AB
DIGEST
RATORIO (A
LOS SIGUIENTE
TICOS TRANSMITID
ONES DE CELULAS E
UN NIVEL MOLECULAR. TO
ERPO ASTRAL HUMANO TRANS
VA ETEREA. AHORA LIMPIAMOS EL
RAVES DE LA LECTURA DEL LIBRO,
NTA DE DONDE VIENEN SUS PENSAMIENT
A ESTAN ENTERADOS DE QUE A TRAVES DE
DE LA CONCIENCIA ABSOLUTA. PUEDE SER EXPR
TAN SOLO UNA DE SUS EXTENSIONES Y QUE EL ES
NTE. POR ESO SE DICE QUE EL LIBRE ALBEDRIO ES LIM
E PODRIA COMPARAR A UNA MENTE COLECTIVA CON ASPEC
TODO Y CON TODOS LOS PENSAMIENTOS HUMANOS INDIVIDUA
ED MIENTRAS LEE OIM ASTRIUMMM TATHSTAT MIKHA-EL ADVATMI

ENTE, MODIFICARA LA CELULA CUANDO SE LE INCITE A DAR GIROS
IDIMENSIOIAL, PARA QUE EN EL FUTURO SE TRANSFORME EN UN
INUCIOSO SERA COMO REINICIAR EL NUCLEO. LA MEMBRANA
GUARDAR INFORMACION EN EL ADN Y RNA DEFECTUOSOS.
ENTAR LA REGULARIZACION HABITUAL ESTABLECIDA
LA MEMBRANA ENVOLVENTE, EL CITOPLASMA Y E
E PARA GANAR UN BALANCE ABSOLUTO Y PER
TURO MUY PROXIMO. EL PORCENTAJE DE O
A ASOMBROSA CORTEZA BIOQUIMICA C
ALIDAD DE LOS COMPUESTOS CORP
ES PARA FORMAR MOLECULAS
CTURA MOLECULAR Y CONCR
S ELEMENTOS DE LA NA
ORMULA DEL HIDROGE
ATOMICO Y MOLE
ENDOCRINO, C
CONEXION
CUER

PURI
O SON D
ASTRAL, D
RODUCTOR Y NE
ROGRESIVAMENTE,
O Y NITROGENO, QUE
MANA. AL MISMO TIEMPO
ESTE MOMENTO PRESENTE CON
LANTE. ESTA AGUA PASARA A CO
ANICAS COMO LIPIDOS, PROTEINAS
TAL GRADO, QUE SE VOLVERAN CRISTAL
ALCIO, CARBONO, FOSFORO, CLORO Y NITROG
OMO AFECTAMOS EN EL CAMPO ASTRAL, QUE A S
EO DE LA CELULA ES REGIDO POR EMISIONES RADI
GA AL LINAJE HUMANO Y 108.000 GENES CREADOS EN 23
RAN DESESTABILIZADAS POR 9 DIAS, PARA QUE ESTE ACEPT
NETICO ES AHORA MISMO CODIFICADA DESDE UNA COORDENAD
DE PATOGENO PERNICIOSO CREADO POR LAS FUERZAS OSCURAS.

DENTRO DE SU CORTEZA CAUSAL. LOS SERAFINES NOS COMPROMET
RIR. RELAJESE Y SIENTA LAS MODIFICACIONES QUE SE LLEVAN
DESDE LO ESTRUCTURAL, LA RAIZ ASTRAL SUBATOMICA, BAS
USTANCIAS QUE SALVAGUARDEN SU FORMA, Y LA MANER
NTE DE UN 59 % EN ADULTOS SANOS. DESPUES DE Q
UA EN LA CELULA SERA ALMACENADA CON MAS
CANDO LAS GLANDULAS ASOCIADAS CON LOS
TUANDO EN USTED. CIERRE LOS OJOS Y RE
MITL ATRATAKAM. ESTOY ENFOCADO Y
NO AL ASTRAL. ESTE SISTEMA SE
S. SI SE CAMBIA SU FRECUENCI
RBITALES DE INTELIGENCIA
ER ESTE SISTEMA, UNA
LREDEDOR DE LA CUP
RECIBEN CORRI
S TRES MEMB
CONOCIDA
ENING
AD ESA

ES
MAD
A HUMA
E ARACNOI
NETICAS EXTRA Y
EL ENCEFALO Y
ESPECTRO GRAVITAC
ERANDO EN DIFERENTES
ADAPTARSE Y ACEPTARA RE
RPO SUTIL, SUS MERIDIANOS Y SE
O AXIEL ME ILUMINA. EL SISTEMA N
ASTRAL, MIENTRAS NOS LEE. ESTOS CAMBI
DEL AGUA CORPORAL, Y TAMBIEN CIRCULARA
TRALES. EL CUERPO HUMANO A MEDIDA QUE PASA E
CIONES. NOTESE QUE EL PORCENTAJE ACTUAL DEL AGU
E LOS TEJIDOS EPITELIAL, NERVIOSO, MUSCULAR Y CON
NCION, SE DARA CUENTA QUE EN ESTE PRECISO INSTANTE ES
S HONDO, PARA EXTIRPAR TODA IMPUREZA IMPLANTADA POR LAS

BAJO

IBLE QU

BAJAMOS E

GRE ENERGÍA,

UCEDE NO SE PREO

O DE SEDANTE ASTRA

RINSECO CAMBIARA. EL L

O EN UN LÍQUIDO LUMINOSO P

AJOS POR UN CORTO TIEMPO, HAS

IPTICAS CIRCULANTES. LA TRANSFO

GRIS, COMPUESTA POR EL SOMA DE LAS

A SUSTANCIA NERVIOSA INSTAURADA POR L

OMENZARA A DISTINGUIRSE EN LAS RADIOGRAFI

TE, RAFAEL HAZME BRILLAR, HAZME BRILLAR... EN

NVUELVEN. ESTO PREVENDRA SU PULVERIZACIÓN CUAN

DAD, A UNA DE LUZ ULTRA RADIANTE, DE UNA SUSTANCIA S

LIMPIEZA, BAUTISMO Y PROTECCIÓN DE VORTICES CON POD

E TUS VÓRTICES, CON INFLUJOS DE FUEGO LIMPIDO, SOBRE LA SUP

CENTRALES. TALES INFLUJOS SON EMANADOS POR PRISMAS CONVE

CODIFICADA EN NIVELES Y DIMENSIONES TRANSPERSONALES. CO

IDOS POR LA OPACIDAD. LOS DEVAS HARAN DESPARECER D

RESONANCIA NEUTRAL SEA PRODUCIDA POR LOS VORTIC

TUTREIK UDRAT GAB-R-I-EL-A. GAB-R-I-EL-A ESTOY

NTROPIA POSITIVA Y NITIDA Y, SIMULTANEAMENT

ES, SON AHORA TRANSFERIDAS AL NÚCLEO DE

PROLONGACION DE 3.000 MILLONES DE PB

ENE UN CODIGO DISTINTO. SEGUN LA

S, ESTA TRANSCRIPCION Y CODIFI

NAMISMO. EL ADN COMENZARA

OS CAMBIOS TRANSFORMAR

QUE NORMALMENTE SE

NTE, COMENZARAN A

E TAMBIEN ESTI

DEL GEN QUE

S INTRONE

RABLE

SO

TENS

S HUMA

ELICES COD

DORADA RELAM

ICARAN NO SOLO P

POR GRANDES AREAS

GETICA DE LA HELICE L

5% Y ESTE ARN CODIFICARA P

REPROGRAMADAS, PARA QUE SE

27% DEL ADN SE TRASLADA A ARN

ESTA AMPLITUD VARIA EN DIFERENTES

AMBIEN SU ESTRUCTURA SUB-MOLECULAR E

RANSMUTADA INYECCIONES CODIFICADAS CON A

DE LA CREACIÓN DENTRO DE MI CUERPO FISICO, MI

OS DEL SER HUMANO. PERMUTACION DE ADN CON ESPIR

GUNOS DE LOS PROGRAMAS DE LAS FUERZAS SOMBRIAS. DE

RTICES DENTRO DEL CUERPO FISICO DEL LECTOR DESTRUYEND

OS DE LOS DEVAS. EN ESTE INSTANTE LAS INTELIGENCIAS MAS

DO A LAS CELULAS POR MEDIO DEL SER HUMANO O DIRECTAMENTE
N LA SINTESIS DE PROTEINAS TRANSLUCIDAS. SU SECUENCIA DES
E SE ENCARGARA DE QUE LA AUTO-DUPLICACION DEL ADN CA
ONES NECESARIAS DE ADAPTACION Y EVOLUCION INTERC
SOTROS CAMBIAREMOS EL DOGMA CENTRAL DE LA BI
AL RIBOSOMA ENASTILADO POR LA VERTIENTE,
ULATINAMENTE LAS BASES, SUPUESTAMENTE A
MACION Y PATRONES FIJOS, PARA QUE LA
TRAVES DE DICHO CAMBIO, UN METODO
OS SERES HUMANOS USAN EN SUS
MENTOS TRANSPONIBLES PASAR
O, QUE CONSTA DE UNOS 24
QUE ATRAVIESA SU CUE
S USTED LEE UNA M
SAS PROTEINAS
FRECUENCIA.
PROPOSITO
ENDO
AS

'O'
OME
PROLON
ELECTROMA
RA INCITADO A
PALME ALTERNATIV
S ANGULARES. CON EL
CARA HASTA 5 ARNM DE M
DIFICAR MUCHAS MAS PROTEI
Y LUMINOSOS. ESTO SE PODRA OB
CAS, QUE TIENEN LENTES SUPERPUE
COS INDUCIDOS POR EL ESPIRITU REFULG
FERENTES A LAS PROGENITORAS. LA INFORM
DAD DE COPIADO Y CALCADO, DESPERTARAN AL
MINADO ALBUMINOIDE, DE MANERA CONTRARIA. QU
RECOMBINACION Y TRANSMUTACIONES, SERAN UTILIZA
ESIVAMENTE SE TRANSFIGUREN. EL NUCLEO ENGENDRARA U
SU DIVISION CELULAR. POR OTRO LADO, LA REPRODUCCION DE
CROMOSOMAS, PROVOCANDO EL CRECIMIENTO DE MAS HELICES. E

POR LOS NUEVE LUMINOSOS REALINEANDO LA ESTRUCTURA MOLE

DN IMPLANTADO EN LAS CELULAS, RESTITUIRA UN NUEVO ORDEN

RPLANETARIAS, COLISIONEN CON EL CUERPO ASTRAL HUMAN

DO POR EL CAMBIO DE ADN EN EL CUERPO FISICO, EN SU

DO EL ALMA SE DESPLACE A TRAVES DE ZONAS MAG

ION GRAVITACIONAL O CUALQUIER OTRO ESPECTR

RAR O ALTERAR, DE NINGUNA FORMA, LA CORA

GENETICO QUE ATRAVIESE EL EFECTO DE

EN EL CUERPO ASTRAL. SI LA CORAZ

TRAVIESA LAS MODULACIONES TRA

RRECTAMENTE POR LOS CAMPOS

MENTE ENCAPSULADA POR C

ESPACIOS TRIDIMENSION

RIRA AYUDA DIRECTA

RAS LOS CAMBIOS

EN EL CAMPO

O, A LA V

S ALT

HA

DEL

LAS FR

R DE LUZ LL

ECTUADOS EL

U CAPSULA CORPOR

SIONALES EN ESTE C

INTERMITIENTES, NO SE A

OS POR LOS NUEVE LUMINOSO

A OTRAS DIMENSIONES Y SI NO

EMPO, SI LA CONCIENCIA ENCAPSUL

TRUIDA CONJUNTAMENTE CON LA CONCIE

N ESTA CORAZA DIAMANTE, LA NUEVA FREC

MO LA ATRACCION ESTIPTICA DE UN AGUJERO N

LACTEA ESTA A PUNTO DE ENTRAR, SU CORAZA NO

RECHAZARA CUALQUIER ONDA U OLA PROVENIENTE DE

ADA PARA EL CUERPO FISICO, SIN EMBARGO PROTEGERA Y

PREVINIENDO SU COMPLETA DEGENERACION CUANDO LAS NUEV

TRAVES DE UNIVERSOS CARENTES DE REPRESENTACIONES Y PAR

U A SU EFÍMERA CREACIÓN MENTAL, TAN COMPLEJO ES
SMO, DICHAS FUERZAS OSCILANTES, EN UN NIVEL ATÓMICO, SE
NITALES SUTILES ACTIVAN AL CUERPO FÍSICO, ASTRAL, MENT
NSIONAL, QUE VIBRARÁN ALREDEDOR DE ESTE EPICENTRO
IMULTÁNEAMENTE, EN ESTE PUNTO CRUCIAL DE CONE
DAS QUE ACTÚAN COMO ESTRUCTURAS QUE GIRAN
SIONAL MATERIAL, DE APARENTE VIDA INTERC
Y VELOCIDAD, COORDINANDO AL MISMO T
ALES, EL ALMA, EN ESTE ESTADO, C
SE ROMPERÁN Y PROMOVERÁN QUE
TRONES PERMANIENTES DE DESI
LAS ASTRALES SIMILARES A
ES, ILUSORIAS DE INF
CIRLO, YA QUE EN EL
LETO EL COMPOR
NOCUA ESTE
A LA ESTR
LÓCID

RAPI
SOÑADA
MAGNETICA
IRALES QUE CA
STRUCTURA SUBAT
ISTEN ATOMOS, PERO
DEL ALMA. ESTA ROTACI
ES Y NEUTRINOS. LOS OBLIGA
BANDAS ENERGETICAS. LOS ESLAB
EGO RETORNE NUEVAMENTE A PLAN
CONSCIENTE, HASTA QUE SE LE DE OTRO
N PUNTO CONSCIENTE MODULADO E INCRUST
N LA ILUSION DE TIEMPO Y ESPACIO. ACA EL
CENTRO ES EL EJE MOLECULAR, DONDE LA MATERIA
ENERGIA VITAL SE AMALGAMARAN, ADOPTANDO FUERZ
GAMA SE LA LLAMA "ALMA YOICA" O "EGOCENTRISMO VIVIE
SICAS CON SUS DERIVACIONES, AL AIRE VIVIENTE, A LA LUZ
INAN, PARA DARLE UN SENTIDO DE INDIVIDUALIDAD A LA CONCIE

ESTE SUEÑO DE PROFUNDOS CAMBIOS, QUE EL LECTOR OLVIDA QU
SUEÑO, EL INDIVIDUO SOÑADO SE ENTERA DE QUE SE HA GUIAD
ALES. LA MENTE INDIVIDUAL SE DA VUELTA Y SE VE A SI M
SUCEDE ALGO QUE CONOCEMOS COMO GRACIA: LA VERTIE
IA DIVINA HIZO SU LABOR, EL SER INDIVIDUAL SE
ER QUE TRASCIENDE LA MULTIDIMENCIONALIDAD.
DORA DE QUE TAMBIEN ES LA CONCIENCIA AB
AS DIMENSIONES Y QUE ENVIA A SUS AVA
SU PROPIO SUEÑO, ESTE ES LA VERT
ANIMA AL MAS DORMIDO. SI USTED
LLEGADO, Y SU DESPERTAR ES I
Y QUE ES TAN REAL E IRR
XISTE, QUE LA INDIVIDU
ESTE MOMENTO QUE
O DE PROVOCAR
ULSADA POR L
N CAMBIO
UO L
IN

SENTI
PURO E
OCURRE
ACIA DIVINA.
DAS QUE TIENEN
E USTED ES EXPANSIV
ENTIENDA QUE, COMO I
QUE DIOS EXISTE EN ESTE S
OTROS NO NOS CABE LA MENOR D
CIENTE, LA VERTIENTE DE TODA LU
LUZ, PARA DESPERTAR LA CONCIENCIA A
DEROSO OMNISCIENTE Y OMNIPRESENTE QUE
AUNQUE SIENDO PARTE DEL SUEÑO MULTIDIMEN
OLUTA Y SE CONVIERTE EN UNIVERSAL MULTIDIME
E LUZ Y DESTRUYE LOS ENVOLTORIOS PSICOLOGICOS
HOLOGRAMA PRECONCEBIDO POR LA VERTIENTE DE ESENCI
ALGO QUE ES TAN SOLO UN FRAGMENTO DE UNA IMAGINACIÓN
S TRASCENDENTALES, SIN EMBARGO, UN DIA GLORIOSO, EN PEQU

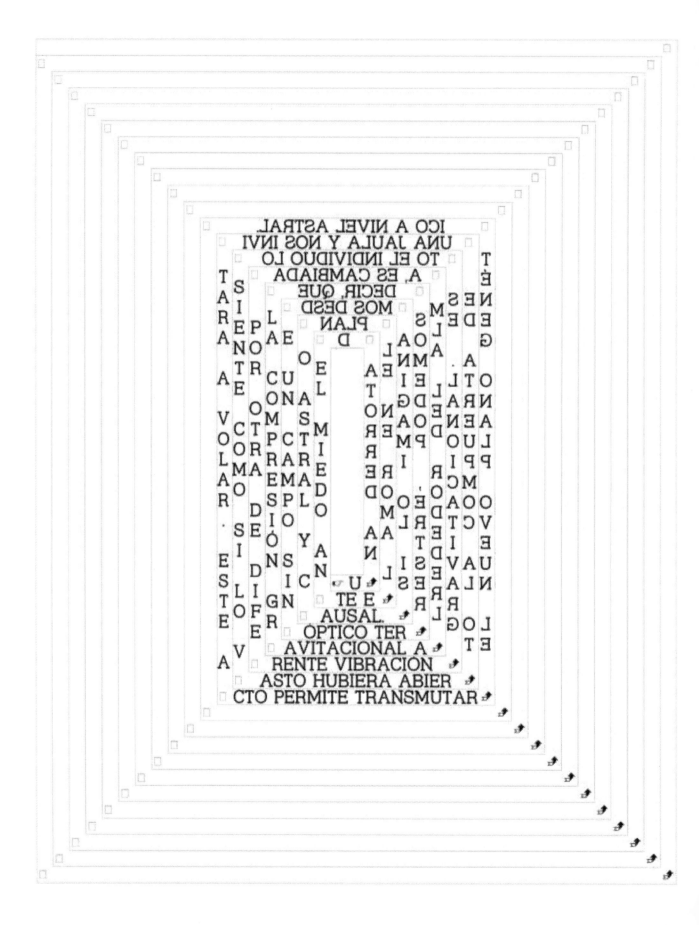

ADN y el cuerpo astral

El ADN está conectado con otra serie de filamentos a nivel astral. Los sabios, artistas, científicos, niños prodigio, entre otros, tienen más filamentos astrales iluminados.

Gracias a los avances tecnológicos, el ser humano algún día podrá apreciar estos mundos astrales.

El proyecto conocido como Armagedón es un proyecto de limpieza. Simplemente habrá que limpiar lo que está sucio, con muchas combinaciones de olas energéticas. No hay nada que temer, cambie su miedo por el amor. Escoja el amor sobre el miedo.

VII

Vórtices

Viaje de galaxia a galaxia y en el tiempo

El ser humano tiene un cerebro que no está propiamente codificado para comprender ciertas cosas; esto es normal y parte del proceso evolutivo. Hay cosas que no podemos explicar bien, ya que sería como explicarle los colores a un ciego, pero intentaremos.

 En la tercera dimensión, según la física terrestre, las partículas subatómicas, que son partículas más pequeñas que el átomo, se dividen tridimensionalmente en 2 tipos: elementales y compuestas

Las elementales pueden ser físicas y nucleares y no están combinadas ni compuestas por otras partículas. Se dividen en 6 tipos: electrón neutrino y electrón, leptones, TAU y TAU neutrino, Muón y Muón son más difíciles de modificar con luces angulares. Por otro lado, los 12 emisores de fuerza y los 8 Glounes de poderío extremo brillante, como el fotón de electromagnetismo y 6 sabores vivos -charm, bottom, up, down, extraño y cima- pueden ser más fácilmente manipulados por nosotros, para que afecten los fundamentos en los cuales la construcción humana se apoya.

Las extensiones de las partículas elementales predicen, empujan y predeterminan, en algunos casos, la existencia de gravitación invisible de estas partículas bordeadas de luz y de otras misteriosas partículas vivas.

Las partículas subatómicas compuestas, como el Protón y el Núcleo atómico, están ligadas a más de 28 partículas elementales que también son modificables por nosotros.

El mundo experimentado por los humanos se puede explicar o entender, siempre y cuando aceptemos que la materia y la energía se comportan dentro de la escala molecular como lo que, en este planeta, se conoce con el nombre de Mecánica Cuántica. Para nosotros, las partículas tridimensionales están asociadas a algo distinto que no sigue las fuerzas lineales pensantes al sentido común.

Estas partículas se comportan de manera impredecible, puesto que son soñadas. La mente individual, mientras más poderosa sea, puede romper estas leyes de ensueño y hacer que actúen diferente.

La luz se puede comportar en la tercera dimensión como un riachuelo claro y brillante de partículas. Son fotones que, en otras dimensiones, exhiben ondas y que en la Tierra se aprecian como oleadas continuas de resplandecencia divina.

Todos estos factores nos indican que no solo es posible, sino también necesario cambiar nuestra estructura mental lineal por una noción más amplia y con fronteras difusas, donde las propiedades del sentido común sean tan solo casualidades.

La interacción de estas partículas fotónicas o de oleaje dual y su combinación no esperada con otras de carácter masivo, nos dejan envueltos en un misterio.

La comprensión del misterio nos abre las puertas para que concibamos, pues, que masa y energía son análogas.

La masa puede ser expresada como energía que sobrepasa la frontera de la tercera dimensión.

Los científicos saben que la energía se puede densificar y volver masa. La energía, desde la visión terrestre, se puede transmitir como partículas u oleaje y de esto no cabe duda alguna. La luz resplandeciente de los Devas de Fuego, en la tercera dimensión, se desenvuelve bajo la forma de partículas y simultáneamente como oleaje.

Si profundizamos en el océano de la conciencia tridimensional, nos daremos cuenta que otras partículas también tienen una naturaleza de oleaje. Hasta se podría decir que las partículas de oleaje dual abarcan la creación tridimensional.

La mayoría de partículas subatómicas empiezan y se manifiestan como el resultado de rayos cósmicos soñados, provenientes de la conciencia absoluta. Estos rayos cósmicos interactúan en la tercera dimensión y le dan color, perspectiva, sabor, olor, forma y demás al ambiente humano.

La perspectiva o profundidad es una ilusión que el humano tiene que vencer para ir más allá de sus limitaciones mentales tridimensionales.

El viaje interestelar de la tercera dimensión se hace de un punto A un punto B y, para llegar al punto B, se necesita recorrer la distancia que los divide.

En la cuarta dimensión, la distancia también se da; sin embargo, existe como distancia visual, puesto que el ser cuarto-dimensional se transporta visualmente.

En la quinta dimensión, la distancia es mental. El ser se transporta mentalmente. Con tan solo pensar en un lugar, este desaparece y reaparece en el otro al instante. Aunque el viaje tiene un aspecto lineal, el transporte es más dinámico y veloz.

En la sexta y séptima dimensión se entiende que A y B están superpuestos y que toda dimensión y universo se centralizan en nosotros, o sea que los puntos A y B se acomodan uno arriba de otro y el ser puede acceder al mismo tiempo a dos, tres o cien espacios. La diferencia entre la sexta y sétima es que el ser de la sexta puede dividirse en 2 y el de la sétima en miles.

En la octava y novena dimensiones, los seres son uno con el sueño infinito. Se trata entonces de extensiones divinas iluminadas.

Los seres nueve-dimensionales, si fuese necesario, pueden cambiar el sueño completamente sin violar las leyes físicas de la tercera dimensión. Tales cambios se realizan con el único propósito de estimular la evolución.

Los 21 vórtices, ADN de 13 y hélice cuádruple

A medida que avanzamos en esta lectura, continuamos despertando diferentes facetas de la composición humana. Se dice que el cuerpo físico, astral y causal humano consta de 21 vórtices energéticos multidimensionales.

Existen 17 vórtices importantes dentro del cuerpo material humano y 9 vórtices fuera de este. Estos vórtices afectan al individuo física, mental y espiritualmente.

Durante la lectura, usted notará que nos referimos a cierta reinserción de aminoácidos, en el cuerpo humano, descubiertos en algunos asteroides encontrados en la Tierra, provenientes de la Luna y otros planetas. Estos asteroides fueron enviados, durante milenios, por la Vertiente de Esencia Resplandeciente con el objeto de contrarrestar los efectos colaterales causados por las fuerzas de la oscuridad. A todo esto, aclaramos que el suministro de aminoácidos es implantado sin recurrir a métodos invasivos. Al contrario de los hijos de la oscuridad, los Devas cambian el cuerpo humano gradualmente para que no sufra shocks.

Los Nueve Devas se conectan con estos asteroides a través de delgados filamentos mesiánicos de luz ultra-brillante. Ellos absorben las características de los aminoácidos en un nivel astral de sus cuerpos y los procesan. La luz que utilizan para el proceso de destilación cambia la estructura sub-atómica de los aminoácidos estimulados y, de tal forma, son absorbidos y reproducidos por una especie de vórtice localizado en el corazón del Deva. Una vez que se obtiene el código de la escritura energética humana antigua, el Deva busca al lector y le implanta el código vibratorio, mientras lee. De esta manera, el cambio se da primero energéticamente y, con el tiempo, el aminoácido también reaparecerá materialmente. Dicha transformación podrá ser observada por los científicos con la ayuda de instrumental adecuado.

LOS 21 VORTICES, ADN DE 13 Y HELICE CUADRUPLE. A MEDIDA QUE
Y CAUSAL HUMANO CONSTA DE 21 VORTICES ENERGETICOS MULTI
ECTAN AL INDIVIDUO FISICA, MENTAL Y ESPIRITUALMENTE. DU
N ALGUNOS ASTEROIDES ENCONTRADOS EN LA TIERRA, Q
ENCIA RESPLANDECIENTE, PARA CONTRARRESTAR LOS
OACIDOS ES IMPLANTADO SIN RECURRIR A METOD
E PARA QUE NO SUFRA SHOCKS. LOS NUEVE D
RILLANTE. ELLOS ABSORBEN LAS CARACTER
TILIZAN PARA LA DESTILACION DE ES
RMA, SON ABSORBIDOS Y REPRODUC
SE OBTIENE EL CODIGO DE LA E
TA EL CODIGO VIBRATORIO,
ICAMENTE Y CON EL TIE
TA TRANSFORMACION
YUDA DE INSTRU

VADA POR LOS CIE
TAMBIEN REAPARECER
A MANERA, EL CAMBIO. P
ANA ANTIGUA. EL DEVA BUSCA
ORTICE LOCALIZADO EN EL CORAZ
SUB-ATOMICA DE LOS AMINOACIDOS
N UN NIVEL ASTRAL EN SUS CUERPOS. Y
TEROIDES A TRAVES DE DELGADOS FILAMEN
OS HIJOS DE LA OSCURIDAD, LOS DEVAS CAMBI
LAS FUERZAS DE LA OSCURIDAD. A TODO ESTO AC
NETAS. ESTOS ASTEROIDES FUERON ENVIADOS DURANT
OS REFERIMOS A CIERTA REINSERCION DE AMINOACIDOS,
ORTANTES DENTRO DEL CUERPO MATERIAL HUMANO Y 9 VORTI
DESPERTANDO DIFERENTES FACETAS DE LA COMPOSICION HUMANA

VIII

Asuntarium

ASUNTARIUM, la energía evolutiva de 4 hélices

Cuando Asuntarium despierte y comience a abrazar los 21 vórtices, su actividad será intensa e incómoda debido a que esta energía revertirá la sensación del "yo soy" y la llevará a niveles incomprensibles para el cerebro humano.

Algunos se asustarán y creerán que el proceso fue iniciado por la oscuridad. Esto no es así, no todo lo intenso es negativo, puesto que la luz es mucho más intensa y potente que la oscuridad.

Tal intensidad es necesaria para limpiar la oscuridad inyectada en el interior de las personas. Experimente y compruebe: deje que la limpieza y reestructuración se lleve a cabo.

Historia

Debido a que la Vertiente creó a la raza humana para combatir la oscuridad, los incansables hijos de la noche comenzaron a sabotear dicha creación. Ellos comprendieron que dentro del encapsulamiento humano existían 2 semillas, una de luz y otra de oscuridad. Estas semillas estaban interrelacionadas con Asuntarium, la hélice ascendente de 4 hebras energéticas, dos de ellas lunares y dos solares, que se entrecruzaban en la columna vertebral y abrazaban los 21 vórtices. Esto volvía poderosos y peligrosos - al mismo tiempo- a los humanos. Por esta razón, los Retoños de la Opacidad diseñaron un virus energético oscuro, destinado a destruir el perfecto balance que reinaba en el cuerpo humano. El virus fue introducido en la atmósfera terrestre milenios atrás, entró por las fosas nasales y se propagó rápidamente.

El virus destruyó una de las hebras del lado solar de Asuntarium, cambio que desequilibró el alma en un nivel energético y generó una reacción en cadena que afectó los 49 cuerpos inter-dimensionales y que, a su vez, cambió drásticamente el ADN de trece a seis hebras y el ARN de siete a tres hebras.

En tal negrura, el hombre cayó y su alma se empezó a desvanecer. El sufrimiento que el virus causó fue lamentable y nunca comprendido por la bondad absoluta de la Vertiente.

Como el Asuntarium de cuatro filamentos era irreparable y el virus ya se encontraba rodeando la Tierra, se creó un rescate de emergencia liderado por los Nueve Devas, los cuales en conjunto con miles de seres de luz trabajaron infatigablemente para poner un alto al sufrimiento humano. Al mismo tiempo hubo una penosa lucha: los brillantes, con espada en mano, dirigidos por Mikha-el, pelearon para alejar a los Retoños de la Opacidad y sus grupos. Fue una contienda feroz que duró miles de años; sin embargo, la luz triunfó.

Apenas terminó la guerra, los seres fulgurosos incansables trabajaron sin reposo con los seres humanos en estado de hibernación en los polos sur y norte. Fue así que se dieron a la tarea de arrancar, en cada uno de los cuerpos, otra hebra de la hélice de Asuntara. Esta vez removieron una de las hebras lunares de cada uno de los cuerpos congelados. El cambio creó otra reacción en cadena y el ADN y el ARN perdieron su integridad; no obstante, el ser humano fue rescatado. De esta manera el ADN quedó de dos hebras compuestas por ácido desoxirribonucleico y el ARN tan solo de una hebra compuesta de ácido ribonucleico en el cuerpo psico-biológico. Este proceso desmanteló la personalidad expansiva del alma humana y esta fue encerrada solamente en el cuerpo físico, que se volvió casi como una jaula que sofoca la libertad divina del ser humano pensante.

La mente humana perdió su capacidad emergente de entendimiento y raciocinio, sintiéndose extraviada, desconcertada y sin la capacidad de controlar sus 49 cuerpos híper-dimensionales. Por esta razón la Vertiente, con un rayo fulminante de su conciencia de ensueño, destruyó 46 cuerpos y dejó al humano con un cuerpo tridimensional físico, otro astral sutil y uno causal. La mente quedó solo con tres procesos vivos: el consciente, el inconsciente y el procedimental. Esto contribuyó a que el humano generara tan solo estados polarizados de personalidad. En esta modificación perdió un 99.99% de su inteligencia, quedando con una mente que conceptualiza de manera extrema y drástica. Ello condujo al ser humano a sentirse constantemente a la intemperie y desprotegido, ya que cualquier cambio de energía lo desestabiliza, causándole trastornos patológicos en las facultades ontogénicas cerebrales y logrando que sus capacidades homeostáticas se encuentran en riesgo constante. Cuando esto sucede, la mente desvirtúa la aparente realidad tridimensional y se produce una desconexión respecto de la conciencia colectiva, provocando alucinaciones sombrías e incoherentes, aunque no existan indicios de nebulosidad viviente alrededor.

Los trastornos pueden generarse por varios factores (cambios energéticos en la corteza terrestre, influencia planetaria de la luna, asteroides, estrellas, supernovas, seres Luminiferous de la luz y de la oscuridad).

En algunas ocasiones, se ha observado que hasta las prácticas espirituales desestabilizan a las personas.

El ser humano se ha vuelto hipersensible; pese a ello, ha cumplido su propósito inicial de investigar cómo se comporta la oscuridad en la tercera dimensión. Gracias a su apoyo, la alteración perpetrada por la negrura está llegando a su fin.

Nuestro agradecimiento es profundo y prometemos que tiempos luminosos resguardarán toda la creación infinita de la conciencia soñante.

En el pasado acaecido, nos dimos cuenta que con solo estimular la hélice doble para que esta ascendiera, se generaba en el ser viviente una serie de levantamientos sinérgicos esclarecedores. Las características electrofisiológicas, intrínsecas en las neuronas del sistema nervioso central, se excitaban cambiando su estructura molecular; por otro lado, con este mismo estímulo, las neuronas neuro-secretoras fueron expulsadas de las hendiduras sinápticas y vertidas en el torrente sanguíneo. Este cambio endocrino, que aconteció unos 10 000 años atrás, afectó por igual a todo el reino animal del planeta.

El paso evolutivo se logró con la estimulación de la doble hélice a nivel espinal y celular. Algunos seres avanzados consiguieron que sus dobles hélices alcanzaran la cima del cuerpo humano, obteniendo grados de conciencia que trascienden los tres cuerpos. Estos sujetos son las personas iluminadas reconocidas a lo largo de la historia.

En nuestros tiempos, finalmente entramos a la fase conclusiva del cambio. Ahora sí, el cuerpo humano está preparado para aguantar la fogosa hélice cuádruple ascendente Asuntarium.

Nosotros nos encargaremos de ayudarlo

Mientras usted lee, nosotros continuamos cambiando gradualmente, primero en un nivel astral, la forma en que las neuronas aferentes, eferentes, neurotransmisores e "interneuronas" se comunican. Por lo normal, las neuronas sensoriales recogen información: sus axones o fibras aferentes transmiten esta información a las otras neuronas, accediendo a centros integrales nerviosos. Ahora, al ser inundadas de luz 010100 cambia la sinapsis de los neurotransmisores, afectando a las neuronas eferentes que controlan estructuras atómicas correspondientes a combinaciones glandulares.

En estos momentos, sus glándulas reciben la orden de que su circuito electromagnético interno gire, orbitando a gran velocidad, abriendo un campo magnético expansivo que supera la periferia corporal. Dicho campo afecta el sistema nervioso y obliga a las dendritas y a los axones a re-internalizar su 001101. Con tamaño cambio energético, la velocidad de conducción del axón aumentará dramáticamente y, conjuntamente con la "mielinización de resplandecencia dorada" que el "reseteo" causó, de manera simultánea, el axón disparará consigo sus impulsos en distintas direcciones.

Sabemos que lo expresado va en contra de las creencias científicas, ya que aún se conjetura que el axón transmite el impulso en una sola dirección. Esto no es así y los científicos pronto observarán el cambio del cuerpo físico. Los impulsos brillantes que usted está recibiendo en estos momentos, guardan en sí vida electromagnética inteligente. Tales descargas son recibidas por dendritas radiantes o por fibras nerviosas que reciben los impulsos neuronales relampagueantes de neuronas que transmiten las fuerzas provenientes del universo. Dichas fibras aprenderán gradualmente a alimentarse de dicha brillantez. Con tal transmisión, se despiertan e irradian calor místico las neuronas Alfa de las astas anteriores de la médula espinal y su velocidad informática eléctrica aumentará a 999 metros por milisegundos.

Las neuronas poliédricas del asta anterior son modificadas por la ascensión de Asuntara, la cual nosotros excitamos con vibraciones multidimensionales. Tales motoneuronas o neuronas poliédricas se convierten, ahora, en células que encierran el poder y misterio del cosmos.

Tal poder, desencadenado dentro de su interior más profundo, despierta la hélice cuádruple ascendente del primer vórtice en el cuerpo astral. Así, Asuntarium alcanza y abraza con amor cada vórtice hasta penetrar en el cerebro físico, donde regenera y activa las neuronas fusiformes que se ubican en la doble bifurcación de la corteza cerebral.

La energía todopoderosa de los Devas está afectando las neuronas en forma de estrella y las "aracni-formes" de la corteza cerebral y cesta del cerebelo.

En las neuronas piramidales, la luz de Asuntara está siendo obligada a penetrar su centro y lo ilumina con abrazadoras irradiaciones.

Cuando Asuntara se dispone a salir del cuerpo por la coronilla, para abrazar los otros vórtices intergalácticos conectados al ser humano, una cascada de luz invade las neuronas esféricas de los ganglios espinales simpáticos y parasimpáticos.

Las neuronas están siendo excitadas mientras usted lee, para que estas acepten un grado de despolarización.

Con un proceso electroquímico, son reprogramadas para aguantar el poder grandioso de las 9 dimensiones aledañas, dando nacimiento a una retroalimentación bio-hiperbórea que produce respuestas sinérgicas vivas y antagónicas progresivas.

La modificación que usted atraviesa en el presente conecta su cuerpo tridimensional de ensueño con la Vertiente de Esencia Resplandeciente. Tenga paciencia, relájese, no piense y deje que la luz lo cambie completa y definitivamente.

IX

Restructuración de los vórtices mientras lee

Alimentación

Se recomienda al lector beber agua pura y libre de químicos, especialmente de flúor, el cual en muchos países es introducido en el agua so pretexto de que protege contra las caries, ya que tiene la propiedad de obligar al cuerpo a asimilar calcio. Despierte y sepa desde hoy que este calcio es asimilado también en otras áreas, como en las arterias, cerebro y glándulas.

Con el flúor, la pineal se calcifica y deja de funcionar apropiadamente.

La glándula pineal juega un papel de suma importancia, ya que es una antena súper-poderosa que conecta al humano con los seres de luz y con su Vertiente; si esta funciona mal, el ser humano no puede acceder a otras dimensiones con su individualidad intacta.

En algunos países, el flúor es también introducido en la sal.

Lea los ingredientes e infórmese.

Desintoxíquese. El borón y el yoduro de potasio, junto con las vitaminas K1 y K2, sacan el flúor del cuerpo físico.

Ingiera comida natural sin modificaciones genéticas y en lo posible sin pesticidas ni otros contaminantes, para que nuestro trabajo pueda fluir sin el bloqueo del campo oscuro.

En la Tierra, los científicos han observado que la cantidad de glifosato y otros químicos en algunos granos se han incrementado. Estos químicos inhabilitan el crecimiento natural de las plantas. Los científicos terrestres han asociado el glifosato con defectos embrionarios en ciertas especies.

Algunos químicos que se ingieren con los alimentos, según los estudios terrestres, podrían afectar la columna vertebral, el sistema nervioso y el cráneo. Recuerde que estas estructuras óseas y nerviosas son de vital importancia, ya que protegen y son el conducto donde Asuntarium se desplaza.

Los frijoles de soya, el maíz y cualquiera de los granos y legumbres populares se encuentran probablemente genéticamente modificados y contienen en la mayoría de los casos un alto grado de glifosato.

Hay estudios terrestres que indican que, por ejemplo, el glifosato tiene un potencial alto para causar daño celular, mutaciones en el ADN y es neurotóxico.

El glifosato puede causar daños en la flora intestinal y por consiguiente el sistema inmune sufre.

Podríamos seguir escribiendo por horas sobre otros químicos añadidos a sus alimentos, pero la lista es larga. Simplemente consuma comida natural, orgánica en lo posible y sin modificaciones.

MÉDULA ESPINAL Y SU VELOCIDAD INFORMÁTICA ELÉCTRICA AUME

RSO. DICHAS FIBRAS APRENDERÁN GRADUALMENTE A ALIMENT

SON RECIBIDAS POR DENDRITAS RADIANTES, O FIBRAS NER

RAN EL CAMBIO DEL CUERPO FÍSICO. LOS IMPULSOS BR

DE LAS CREENCIAS CIENTÍFICAS, YA QUE AÚN SE C

ORADA" QUE EL "RESETEO" CAUSO. SIMULTÁNEA

AMBIO ENERGÉTICO LA VELOCIDAD DE COND

CORPORAL. DICHO CAMPO AFECTA EL SIST

GNÉTICO INTERNO GIRE ORBITANDO

A COMBINACIONES GLANDULARES.

NSMISORES, AFECTANDO A LAS

RALES NERVIOSOS. AHORA

TRANSMITEN ESTA I

EURONAS SENSORIA

SMISORES E "IN

A EN QUE L

LMENTE,

TROS

POR LA ASCENSION DE ASUNTARA, LA CUAL NOSOTROS EXCITAMO
Y MISTERIO DEL COSMOS. TAL PODER DESENCADENADO DENTRO D
ALCANZA Y ABRAZA CON AMOR CADA VORTICE HASTA PEN
ORTEZA CEREBRAL. LA ENERGIA TODOPODEROSA DE LOS
BELO. EN LAS NEURONAS PIRAMIDALES, LA LUZ DE A
SE DISPONE A SALIR DEL CUERPO POR LA CORON
ADE LAS NEURONAS ESFERICAS DE LOS GANGL
EE, PARA QUE ESTAS ACEPTEN UN GRADO
R GRANDIOSO DE LAS 9 DIMENSIONES
SPUESTAS SINERGICAS VIVAS Y AN
E CONECTA SU CUERPO TRIDIMEN
CIENCIA, RELAJESE, NO PIE
MENTACION, SE RECOMIE
ALMENTE FLUOR, EL C
PRETEXTO DE QU
PROPIEDAD D
DESPIERTE
O ES A
RE

BIEN
HOY QU
ERPO A ASI
A LAS CARIES
SES ES INTRODUCI
AGUA PURA Y LIBRE
LO CAMBIE COMPLETA Y
A VERTIENTE DE ESENCIA RES
MODIFICACION QUE USTED ESTA A
A UNA RETROALIMENTACION BIO-H
ROCESO ELECTROQUIMICO SON REPROGRA
RASIMPATICOS, LAS NEURONAS ESTAN SIEN
RTICES INTERGALACTICOS CONECTADOS AL SER
NETRAR SU CENTRO Y LO ILUMINA CON ABRAZADOR
EN FORMA DE ESTRELLA Y LAS "ARACNI-FORMES" DE LA
GENERA Y ACTIVA LAS NEURONAS FUSIFORMES QUE SE UB
LA HELICE CUADRUPLE ASCENDENTE DEL PRIMER VORTICE DENT
LES MOTONEURONAS O NEURONAS POLIEDRICAS, SE CONVIERTEN A

ICACIONES.

NE SUFRE, PODRÍAMOS SEGUIR ESCRIBIENDO POR HORAS SOBRE
O TIENE UN POTENCIAL ALTO PARA CAUSAR DAÑO CELULAR,
PROBABLEMENTE GENÉTICAMENTE MODIFICADOS Y CONTIE
A, YA QUE PROTEGEN Y SON EL CONDUCTO DONDE AS
ESTRÉS, PODRÍAN AFECTAR LA COLUMNA VÉRTEBR
SOCIADO EL GLIFOSATO CON DEFECTOS EMBRIO
OS GRANOS ESTÁN INCREMENTANDO. ESTOS
IR SIN EL BLOQUEO DEL CAMPO OSCU
FICACIONES GENÉTICAS Y EN LO
E POTASIO JUNTO CON LAS IV
INTRODUCIDO EN LA SAL. L
S DIMENSIONES CON SU
N SU VERTIENTE, SI
A SUPER PODERO
L JUEGA UN P
A DE FUNC
EL FL
S,

L
GLA
L SE CA
AMENTE LA
ORTANCIA, YA
HUMANO CON LOS
EL SER HUMANO NO P
CTA. EN ALGUNOS PAÍSES
INFÓRMESE, DESINTOXÍQUESE,
FLÚOR DEL CUERPO FÍSICO. COM
I OTROS CONTAMINANTES, PARA QUE
IFICOS HAN OBSERVADO QUE EL GLIFOSA
IMIENTO NATURAL DE LAS PLANTAS. LOS
RTOS QUÍMICOS QUE SE INGIEREN CON LOS ALI
EO. RECUERDE QUE ESTAS ESTRUCTURAS ÓSEAS Y N
DE SOYA, EL MAÍZ Y CUALQUIERA DE LOS GRANOS Y L
TO GRADO DE GLIFOSATO. HAY ESTUDIOS TERRESTRES QUE
. EL GLIFOSATO PUEDE CAUSAR DAÑOS EN LA FLORA INTESTI
, PERO LA LISTA ES LARGA. SIMPLEMENTE CONSUMA COMIDA NAT

Primer vórtice

El primer vórtice está relacionado con la vitalidad y el vigor. A través de él, experimentamos con profunda sabiduría la conexión con el medio ambiente, sus ritmos y patrones. Cuando este vórtice está inactivo, existe en el cuerpo una falta general de energía, sentimientos de inutilidad, de no pertenecer y de incapacidad. Sin esta energía, se presentan sensaciones de frío, inercia, congestión, falta de coordinación, ausencia de dinamismo, fatiga, desaliento y la impresión de ser succionado por los demás.

Un primer vórtice hiperactivo podría manifestarse a través de síntomas como enrojecimiento de la piel, tensión física, incapacidad para relajarse, ira, temor, desconcierto, cambios de humor e intolerancia.

Con una efectiva activación de este vórtice, se obtiene el poder de convocar la riqueza del universo. Se disfruta de salud y coordinación, entusiasmo y paz.

El primer vórtice confiere la capacidad de lograr que el cuerpo sea tan ligero como el aire, de emprender viajes astrales y de brillar con aura de oro.

El útero y primer vórtice

Urdvit matviat uditmatrat Adonai madraitrat

Adonai confiere (o devuelve) a la mujer su femineidad perfecta

El útero es indispensable para los Devas de Fuego Cristalino y es usado principalmente para la transmutación de la energía femenina. Los Devas, en este preciso instante, están introduciendo luz etérea en los tejidos complejos de su útero, con el propósito de aumentar ciertas secreciones que comunican a las células información proveniente de otra dimensión. En caso de que la lectora se encuentre embarazada, los seres de fulgor brioso en el presente están implantando espirales brillantes dorados sobre la unidad feto-placentaria.

Desde hoy, los receptores uterinos se encontrarán conmovidos por la presencia dévica. En el tiempo lineal tridimensional, tales receptores aumentarán y bajarán su ímpetu durante la curva del ciclo menstrual. La apariencia de los receptores, en diversas partes del endometrio, que varía a lo largo del ciclo, cambiará su lógica. Los receptores de estrógenos, como los de progesterona, acrecentarán su luminosidad a lo largo de la primera fase, donde habrá inserciones de "mini-ciclones de espíritu-incandescentes" que obligarán a que la mujer sienta la merecida calma durante la fase folicular.

Nosotros extraemos, aquí y ahora, la energía vibrante del óvulo y la redirigimos hacia el primer vórtice del cuerpo astral con el propósito de despertar Asuntarium o la hélice radiante de cuatro filamentos. La fase secretora se dejará intacta. Las células epiteliales y los receptores de progesterona tomarán, en el campo astral paralelo, un color similar al del zafiro ambarino.

La capa muscular intermedia, formada por el músculo llano entre la serosa peritoneal y la mucosa glandular del útero, será inundada de luz fotónica solar dévica. Este proceso aumentará considerablemente los receptores de progesterona.

El endometrio alcanzará un balance perfecto, debido a la adecuada relación estrógeno/luz adriática/progesterona, que los Devas estimulan.

La luz adriática y los cambios hormonales, en forma conjunta y balanceada, afectarán la secuencia temporal de los programas de la fase lútea sobre los diferentes arquetipos moleculares. Los estrógenos ya modificados por la Resplandecencia Serafínica estarán involucrados primero en el perfeccionamiento intermolecular; la progesterona abrazará el estroma con irradiación candorosa.

La oscuridad patriarcal artificial envolvió por mucho tiempo el proceso hormonal femenino, causando así anormalidades en el endometrio. Estos cambios que las oscuridades más densas provocaron en el cuerpo de la mujer dieron como resultado varios tipos de desbalance hormonal que originan problemas químicos corporales y emocionales.

Los Nueve Devas de luz atómica activarán los estrógenos a través de inoculaciones doradas y violetas brillantes, para que estimulen la expresión interna de la sensación de pertenencia. Tal estimulación culminará en la destrucción de la ilusión del YO y las etiquetas que el YO FALSO engendra. El alma, en cuerpo de mujer, lentamente comprenderá que su esencia va más allá del cuerpo físico. El YO FALSO sucumbirá y la sensación de "EL YO SOY AQUELLO, YO SOY", conjuntamente con un sentimiento de eternidad, cobrará vida; y la expansión tomará las riendas del alma, culminando en su unión total con el cosmos radiante.

La fase transmutativa que usted está experimentando ahora despierta un fornido desenlace durante la etapa de des-configuración mental, lo que inducirá a las células epiteliales a reintroducirse en piscinas de luz sin bordes longitudinales.

Las citoquinas serán obligadas, con oleajes fotónicos y energía 000100, a disminuir su número drásticamente; así el útero dejará de ser un órgano que sobrelleva una degeneración inmutable.

La insulina que consta de un esquema de expresión, reconocida por los Devas de Fuego Cristalino como un oleaje luminoso, aumentará debido al cambio intermolecular sufrido. Simultáneamente, los Devas promoverán, ante todo, la producción de moléculas lipídicas, utilizando la luz progenitora emanada desde el endometrio. Tal cambio indica que el despertar de Asuntarium en esta fase es inminente.

La b-endorfina será liberada profusamente, debido a que las luces relampagueantes, provenientes de la quinta dimensión, incitan ahora un proceso de inhibición de ciertas áreas oscuras del útero. Dichas luces, conjuntamente con la b-endorfina, forjarán encantamientos en el cuerpo físico.

En síntesis, usted atravesará cambios positivos hormonales similares a los del embarazo, sin estar embarazada. Estos cambios serán producidos por la ascensión de Asuntarium de cuatro hélices.

El cambio será hormonal y la sensación será de éxtasis y no de incomodidad, como algunas mujeres lo experimentan durante su período menstrual. La experiencia será placentera y distinta a lo que usted acostumbró a sentir respecto de las oscilaciones hormonales. Sea constante, relájese y ábrale su corazón al cambio.

EL UTERO Y PRIMER VORTICE. URDVIT MATVIAT UDITMATRAT ADO
INO Y ES USADO PRINCIPALMENTE PARA LA TRANSMUTACIÓN DE
ON EL PROPOSITO DE AUMENTAR CIERTAS SECRECIONES, QUE
S SERES DE FULGOR BRIOSO EN EL PRESENTE ESTAN IM
NTRARAN CONMOVIDOS POR LA PRESENCIA DEVICA.
LO MENSTRUAL. LA APARIENCIA DE LOS RECEPTO
ES DE ESTROGENOS COMO LOS DE PROGESTER
I CICLONES ESPIRITU-INCANDESCENTES"
EXTRAEMOS AQUI Y AHORA, LA ENERG
ON EL PROPOSITO DE DESPERTAR A
A INTACTA. LAS CELULAS EPITE
ARALELO, UN COLOR SIMILA
POR EL MUSCULO LLAN
UTERO, SERA INUNDA
NTARA CONSIDER
ENDOMETRIO
LA ADEC
ATICA
S

LA
A Q
ESTRÓG
LANCE PERF
ECEPTORES DE
A SOLAR DEVICA
PERITONEAL Y LA MU
RINO, LA CAPA MUSCULAR
DE PROGESTERONA TOMARAN
IANTE DE CUATRO FILAMENTOS, LA
REDIRIGIMOS HACIA EL PRIMER VÓR
SIENTA LA MERECIDA CALMA DURANTE L
DAD A LO LARGO DE LA PRIMERA FASE, DO
OMETRIO, QUE VARIA A LO LARGO DEL CICLO C
L. TALES RECEPTORES AUMENTARAN Y BAJARAN SU
DOS, SOBRE LA UNIDAD FETO-PLACENTARIA, DESDE HO
PROVENIENTE DE OTRA DIMENSION. EN CASO DE QUE LA
STE PRECISO INSTANTE ESTAN INTRODUCIENDO LUZ ETEREA EN
LVE) A LA MUJER SU FEMINEIDAD PERFECTA. EL ÚTERO ES INDISP

ANTE TODO, LA PRODUCCION DE MOLECULAS LIPIDICAS UTILIZANDO
DE UN ESQUEMA DE EXPRESION, RECONOCIDA POR LOS DEVAS
AS CON OLEAJES FOTONICOS Y ENERGIA 000100, A DISMINUIR
RANTE LA ETAPA DE DES-CONFIGURACION MENTAL, QUE A
DAS DEL ALMA CULMINANDO EN SU UNION TOTAL CO
FALSO SUCUMBIRA Y LA SENSACION DE "EL YO
S ETIQUETAS QUE EL YO FALSO ENGENDRA, E
TIMULEN LA EXPRESION INTERNA DE LA S
NUEVE DEVAS DE LUZ ATOMICA, ACT
ULTARON EN VARIOS TIPOS DE
EN EL ENDOMETRIO. ESTOS CA
ARTIFICIAL. ENVOLVIO POR
OGESTERONA ABRAZARA
ESTARAN INVOLUCRA
OS ESTROGENOS
ASE LUTEA. S
AN LA SEC
N FOR
CA

IOS H
Y BALAN
L DE LOS PR
TES ARQUETIPO
R LA RESPLANDECE
ERFECCIONAMIENTO IN
DIACION CANDOROSA. LA
SO HORMONAL FEMENINO, CAU
S MAS DENSAS PROVOCARON EN
CAUSAN PROBLEMAS QUIMICOS COR
VES DE INOCULACIONES DORADAS Y VIOL
ESTIMULACION CULMINARA EN LA DESTRUCC
AMENTE COMPRENDERA QUE SU ESENCIA VA MA
E CON UN SENTIMIENTO DE ETERNIDAD, COBRARA VI
SMUTATIVA QUE USTED ESTA EXPERIMENTANDO AHORA
REINTRODUCIRSE EN PISCINAS DE LUZ SIN BORDES LONGITUD
O DEJARA DE SER UN ORGANO QUE SOBRELLEVA UNA DEGENER
NOSO, AUMENTARA DEBIDO AL CAMBIO INTERMOLECULAR SUFRIDO.

LUZ PROGENITORA EMANADA DESDE EL ENDOMETRIO. TAL CAMBIO
PAGUEANTES PROVENIENTES DE LA QUINTA DIMENSION, INCITAN
N EL CUERPO FISICO ENCANTAMIENTOS. EN SINTESIS, USTED
POR LA ASCENSION DE ASUNTARIUM DE CUATRO HELIC
RANTE SU PERIODO MENSTRUAL. LA EXPERIENCIA SE
ANTE, RELAJESE Y ABRALE SU CORAZON AL CAMBI
LVE) A LA MUJER SU FEMINEIDAD PERFECTA.
ERIOR LA NECESIDAD DE EYACULAR. LOS D
ESTA SUBSTANCIA MASCULINA IRRADI
UZ CON EL ESPERMA PRODUCIRA UN
CONECTADO AL LADO DERECHO
CIENDO PEQUEÑAS CURVAS.
ULAR. ESTA LUZ INCIT
SION PARA QUE LA H
HO EFECTO DISMI
SIN QUE H
ONSIGUIEN
O LA
LA

DE Q
EN EL
ION A ESTR
E LOS NIVELES
A PRODUCCION DE
SCALONAR LAS HORMO
ALCANZA EL HIPOTALAM
ANO NACE EN EL AREA DEREC
001000", QUE VIAJARA POR UN
NUTRIRA SU CUERPO FISICO SINO
CON EL PROPOSITO DE EXTRAER LA ENE
TA ES ESTIMULADA. A PRODUCIR LIQUIDO P
URDIVIT MATVIAI UDITAMTRAT ADONIA MADRA
USTED ACOSTUMBRO A SENTIR RESPECTO DE LAS O
NSACION SERA DE EXTASIS Y NO DE INCOMODIDAD QU
ALES, SIMILARES AL DEL EMBARAZO, SIN ESTAR EMBARAZ
ERTAS AREAS OSCURAS DEL UTERO. DICHAS LUCES, CONJUNT
ESTA FASE ES INMINENTE. LA B-ENDORFINA SERA LIBERADA PR

La próstata y primer vórtice

Urdvit matviat uditmatrat Adonia madraitrat

Adonia confiere (o devuelve) a la mujer su femineidad perfecta

Si usted es hombre, su próstata es estimulada a producir líquido prostático sin crear en su interior la necesidad de eyacular. Los Devas se valen de este cambio con el propósito de extraer la energía reluciente y clara que esta substancia masculina irradia. Tal irradiación no solo nutrirá su cuerpo físico, sino que al mezclarse dicha luz con el esperma producirá una luz llamada "acrictonis 001000" que viajará por un meridiano ultrasensible conectado al lado derecho del corazón. Tal meridiano nace en el área derecha del pecho, viaja haciendo pequeñas curvas, atraviesa el hígado y alcanza el hipotálamo-hipofisario-testicular. Esta luz incita al hipotálamo a escalonar las hormonas que ejercen presión para que la hipófisis regule la producción de testosterona. Dicho efecto disminuye en el hombre los niveles de testosterona sin que haya una conversión a estrógeno y, por consiguiente, no existe en el cuerpo físico la posibilidad de que sus células se ataquen a sí mismas.

La testosterona fue estimulada y modificada por las Fuerzas de la Oscuridad, para que esta predomine. Dicha hormona domina, mental y emocionalmente al hombre, puesto que el varón con testosterona elevada es más agresivo y adicto al primer vórtice.

Con los cambios que efectuamos en el primer vórtice, tanto el hombre como la mujer adoptarán una figura andrógina balanceada semejante a la del alma.

La glándula pituitaria se unirá a la lucha de luz espiritual y, al ligarse físicamente con el hipotálamo, también cambiará su comportamiento, afectando a los testículos y glándulas adrenales para que estas disminuyan la producción de testosterona sin que haya mutación cancerígena alguna.

ES, PARA QUE ESTAS DISMINUYA
CON EL HIPOTALAMO, TAMBIE
L ALMA LA GLANDULA PITU
HOMBRE COMO LA MUJE
IMER VORTICE CON L
EL VARON CON T
NA DOMINA M
OSCURIDA

STERONA, SIN QUE EXISTA MUTACIO
ENTO, AFECTANDO A LOS TESTIC
RA ANDROGINA BALANCE
LUCHA DE LUZ ESPIRITUAL Y
TUAMOS EN EL PRIME
DA ES MAS AGRESI
LMENTE AL HOM
TA PREDOMI
R LAS F
NA F

LA PRODUCCIÓN DE TESTO
TESTOSTERONA
TESTOSTERO

Segundo vórtice

Está relacionado con el progreso y las corrientes de poder. Se asocia con la sensualidad y el anhelo infantil del disfrute y la satisfacción: es el trono de la energía sexual.

Una persona con el segundo vórtice agotado puede mostrar signos de tensión músculo-esquelético, sentimientos limitados, disturbios digestivos, falta de concentración y fuerza, sentimientos de confinamiento al pasado, impotencia, problemas uterinos, de vejiga, riñones y rigidez en la espalda baja. También se observan sentimientos de inferioridad, posesividad, envidia, conductas anti-sociales, lujuria, egoísmo, engreimiento, agresión, falta de consideración, desánimo, victimización, masoquismo, consumismo.

Cuando el segundo vórtice se encuentra consolidado, despertará por sí solo la energía Kundalini, la cual se restablecerá en este lugar. Este poder femenino evolucionará en el cuerpo sutil y físico; además purificará las emociones superfluas, enfermedades, sentimientos indefinidos negativos y otros bloqueos complementarios que obstaculizan el libre desplazamiento de esta fuerza. Si Asuntarium descontamina los tres cuerpos en el transcurso de esta vida, se dice que el individuo alcanza la iluminación total.

Este vórtice otorga el poder de vivir por un largo período sin alimentos o agua y hace brillar el cuerpo con aura plateada.

Funciones de los testículos y la correlación con el segundo vórtice

Ataratmitat uriit vastriyat shimstit Aristat-el

La espermatogénesis está siendo sintetizada en el lector para que la energía vital "espermato-sódica" se una a la ascensión de Asuntarium.

Las células de Sertoli, debido a estos cambios intensos, se encargarán de transportar luces receptoras y desechar los remanentes oscuros. Simultáneamente, un lumen originario de las células iniciales se redirigirá al asiento de Asuntara para enardecerla.

El FSH y LH producidos por la hipófisis serán manipulados para que esta produzca menos testosterona de lo habitual, con el fin de conectar al hombre con su lado femenino.

La acción enzimática de alfa-reductasa es afectada por los Devas de Fuego Cristalino, a través de un meridiano energético, para que produzca un monto normal de dihidrotestosterona. Por otro lado, la dihidrotestosterona está siendo inundada de ráfagas ardientes quinto-dimensionales para que la hormona masculina sea, a su vez, metabolizada por sensibilidad dévica con luces esféricas que incitan a la transmutación del código molecular de los receptores intracelulares androgénicos intrínsecos. Aquí, el único propósito es que estos se unan a factores de transcripción que sistematicen la permutación de la expresión genética y a su vez cambien gradualmente el ADN.

Hormonas del ovario

Ushti ustimitrut adktatrakt amadiat Xiabi-el

Lector: preste atención, ya que estamos variando la producción de activina e inhibina de su cuerpo, dos complejos proteicos estrechamente relacionados y a la vez contrapuestos.

La activina es desestabilizada momentáneamente para cambiar su estructura atómica. De esta manera, se potenciará la biosíntesis y secreción de la FSH reguladora del ciclo menstrual.

Después de que esto se haya cumplido, con el propósito de balancear los síntomas creados por el cambio, los Devas de Fuego Cristalino activarán con luz astral el caudal de la activina para despertar elementos dormidos que harán que la mujer pierda menos sangre y energía vital, y tenga menos dolores. Este cambio, mediante luces circulares y destellos andróginos, actuará sobre la proliferación celular, diferenciación celular, apoptosis, homeostasis, respuesta inmune, cicatrización y función endocrina de una manera gradual y positiva.

La inhibina, afectada por dicha luz, regulará la síntesis de FSH en el momento apropiado, para refrescar con relámpagos fulgentes el cambio causado por los Nueve Devas de Fuego Cristalino, sin efectos secundarios.

Estas variaciones transformarán la composición molecular de un número de proteínas estructuralmente relacionadas con la activina e inhibina, como la glicoproteína dimérica y la proteína morfogénica ósea iniciando una reacción en cadena que despertará varios centros subalternos etéreos en el cuerpo astral.

FUNCIONES DE LOS TESTICULOS Y LA CORRELACION CON EL SEGU
VITAL "ESPERMATO-SODICA" SE UNA A LA ASCENSION DE ASUN
MANENTES OSCUROS. SIMULTANEAMENTE, UN LUMEN ORIGIN
SIS, SERAN MANIPULADOS PARA QUE ESTA PRODUZCA ME
SA, ES AFECTADA POR LOS DEVAS DE FUEGO CRISTA
LADO, LA DIHIDROTESTOSTERONA ESTA SIENDO
LIZADA POR SENSIBILIDAD DEVICA CON LUCE
ES ANDROGENICOS INTRINSECOS, CON EL U
TACION DE LA EXPRESION GENETICA Y
TRAKT AMADIAT XIABI-EL LECTOR
DE SU CUERPO, QUE SON DOS
OS. LA ACTIVINA ES DESEST
E ESTA MANERA, SE POT
L CICLO MENSTRUAL.
L PROPOSITO DE
LOS DEVAS
STRAL EL
RTAR
AN

ER
ACTIVINA
LINO ACTIV
NTOMAS CREAD
STO SE HAYA LLEV
SIS Y SECRECION DE L
ENTE PARA CAMBIAR SU E
RECHAMENTE RELACIONADOS
STAMOS VARIANDO LA PRODUCCIO
ENTE EL ADINHORMONAS DEL OVARI
SE UNAN A FACTORES DE TRANSCRIPCION
TRANSMUTACION DEL CODIGO MOLECULAR D
UINTO-DIMENSIONALES, PARA QUE LA HORMONA
ERGETICO, PARA QUE PRODUZCA UN MONTO NORMAL
RA CONECTAR AL HOMBRE CON SU LADO FEMENINO. LA
IRIGIRA AL ASIENTO DE ASUITARA PARA ENARDECERLA E
A ESTOS CAMBIOS INTENSOS, SE ENCARGARAN DE TRANSPORT
SHIMSTIT ARISTAT-EL. LA ESPERMATOGENESIS ESTA SIENDO SINTET

CAMBIOS INICIARAN UNA REACCION E
RELACIONADAS CON LA ACTIVINA
SECUNDARIOS. ESTE EFECTO
N RELAMPAGOS FULGENTES,
R DICHA LUZ, REGULAR
NICION ENDOCRINA D
R, APOPTOSIS
ARA SOBRE LA
TE LUCES
GA ME

RGIA
ESTE C
DESTELLOS
ELULAR, DIFER
UESTA INMUNE, CI
L Y POSITIVA. LA I
EN EL MOMENTO APROPIA
LOS NUEVE DEVAS DE FUEGO
MOLECULAR DE UN NUMERO DE PR
OPROTEINA DIMERICA Y LA PROTEIN
RIOS CENTROS SUBALTERNOS ETEREOS EN

Tercer vórtice plexo solar

El plexo solar es el trono de Samana Prana y el centro de la energía "egoica": de esta zona el ego succiona su energía.

Las personas trascienden las necesidades fundamentales de alimentación en el vórtice 1 y sexuales en el 2; no obstante, si se empantanan en este centro, son obligados por la energía del vórtice a convertirse en políticos, presidentes de un país o ejecutivos de importantes empresas, músicos destacados, estrellas de cine. Esto los hace caer nuevamente en el océano de lo ilusorio.

Este centro energético expresa alteraciones, según el tipo de vida que se lleve. De ahí que a veces emplée y renueve la energía en condiciones insuficientes.

Tal vórtice genera modificaciones en las personas y su entorno, mediante "alargamientos energéticos tentaculares" que se conectan a otros seres cercanos.

También otorga, de manera sistemática, la capacidad y la determinación de poner la vida humana bajo control.

Los riñones y el vórtice tres

Urdvittrat ard sutri madviat animim adim vashtrim Anatronix

Los riñones guardan poder piramidal, ya que en su interior se encuentran tejidos coniformes. La médula renal consta de hasta 18 de estas subdivisiones piramidales. El extenso pedestal de cada cono toca la corteza renal y su cima apunta hacia el interior. Las pirámides, constituidas por segmentos paralelos de túbulos renales, son usadas por los seres de luz para introducir brillo a los linfocitos y leucocitos que circundan el área.

Tales formas cónicas intensifican y regulan la resplandecencia celestial.

La renina y la hormona glicoproteica que le levanta fuego a la formación de eritrocitos, se benefician de estas inoculaciones de luz. Con esto aumenta la producción de Vitamina D3. Tal incremento amplía la reacción natural del cuerpo para defenderse contra enfermedades impuestas por la opacidad.

La enzima Renina de 340 aminoácidos está siendo modificada en este preciso instante en un nivel astral. Simultáneamente, los Devas le están extrayendo dos aminoácidos de sus células y agregando los códigos energéticos de tres aminoácidos espaciales, hallados en meteoritos en la Tierra. Con empuje luminoso Siriano, la Renina modificada es forzada a segregarse en el riñón. Es agitada por las pirámides renales y energizada, a tal grado, que se produce un desbalance momentáneo. Sin embargo, ello implica un volver a empezar.

Las moléculas de sodio en el serum son movidas a tal velocidad que alcanzan a producir un sonido imperceptible para el oído humano. Este sonido replica las moléculas sódicas necesarias para que fisiológicamente las células funcionen de manera apropiada. Esta homeostasis es vital para el micro-universo retenido dentro del cuerpo humano.

La hormona esteroidea de la familia de los minerales corticoides está siendo estimulada con energía de tres velocidades, para que reabsorba la profusión de sodio y energía piramidal, valiéndose de los tentáculos distales del riñón.

El sodio y el agua poseen iones osmóticamente emprendedores; nosotros aprovechamos tal dinamismo y manipulamos esta agua sódica electromagnéticamente, con la intención de alterar el cuerpo áurico del individuo.

Al mismo tiempo, se incrementa la cantidad de líquido circulante corporal usando luz líquida, con el propósito de regular la presión hidrostática y homeostática sin que exista inflamación en las extremidades. Esta presión e intercambio fugaz acuático, sanguíneo y electromagnético es generada para crear campos de energía subliminares dentro del cuerpo físico. De tal modo, el cuerpo podrá recibir luz estelar caliente, sin quemarse.

Texto en espiral (lectura de las líneas legibles, de fuera hacia dentro):

Líneas superiores (exterior → interior):

LOS RIÑONES GUARDAN PODER PIRAMIDAL, YA QUE EN SU INTERIO

ONO, TOCA LA CORTEZA RENAL, Y SU CIMA APUNTA HACIA EL IN

NTRODUCIR BRILLO A LOS LINFOCITOS Y LEUCOCITOS QUE CIR

EICA, QUE LE LEVANTA FUEGO A LA FORMACIÓN DE ERIT

MPLIA LA REACCIÓN NATURAL DEL CUERPO, PARA DE

CADA EN ESTE PRECISO INSTANTE EN UN NIVEL AS

DIGOS ENERGÉTICOS DE TRES AMINOÁCIDOS ES

DA ES FORZADA SEGREGARSE EN EL RIÑÓN

ANCE MOMENTÁNEO, SIN EMBARGO, EL

AL VELOCIDAD, QUE ALCANZAN A P

OLÉCULAS SÓDICAS NECESARIAS

ESTA HOMEOSTASIS ES VIT

HORMONA ESTEROIDEA

ESTIMULADA CON ENE

OFUSIÓN DE SOD

TÁCULOS DIST

EEN IONES

SOTRO

Columna derecha (exterior):

R SE ENCUENTRAN TEJIDOS CONIFORMES CONSTI

Líneas inferiores (interior → exterior):

E EMPRE

EL SODIO

AMIDAL, VALLE

CIDADES PARA QU

S MINERALES CORTIC

ERSO RETENIDO DENTRO D

ENTE LAS CÉLULAS FUNCIONE

PTIBLE PARA EL OÍDO HUMANO; EN

EZAR LAS MOLÉCULAS DE SODIO EN

ES RENALES Y ENERGIZADA, A TAL GRAD

ORITOS EN LA TIERRA, CON EMPUJE LUMINOS

S LE ESTÁN EXTRAYENDO DOS AMINOÁCIDOS DE

ESTAS POR LA OPACIDAD, LA ENZIMA RENINA DE 34

CULACIONES DE LUZ CON ESTO AUMENTA LA PRODUCI

INTENSIFICAN Y REGULAN LA RESPLANDECIENCIA CELESTI

TUIDAS POR SEGMENTOS PARALELOS DE TÚBULOS RENALES SO

EDULA RENAL CONSTA DE HASTA 18 DE ESTAS SUBDIVISIONES PIR

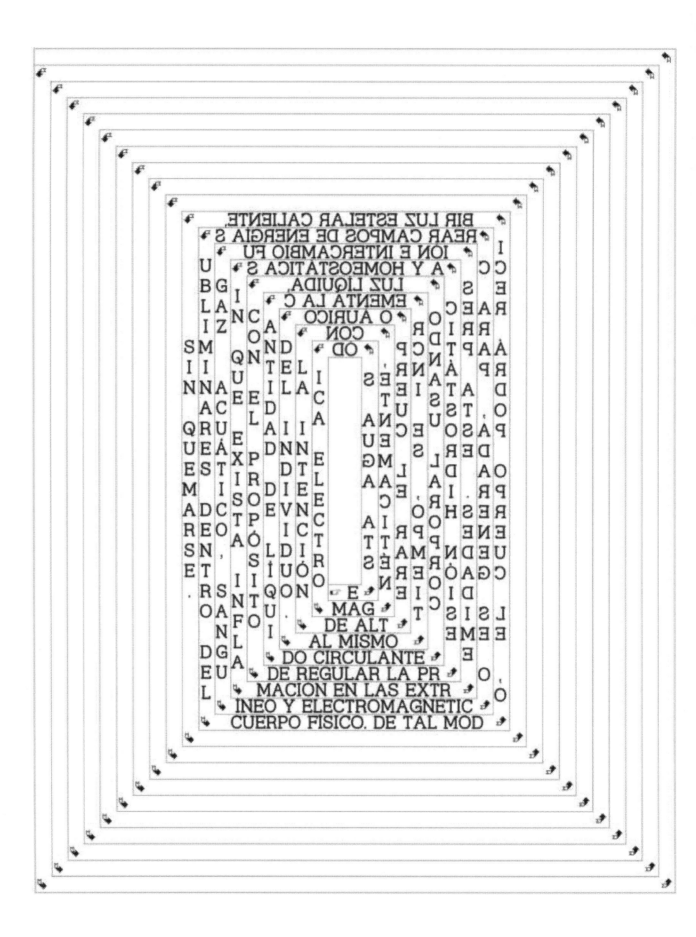

Vórtice cuarto boca del hígado

Ashmitraviat ashmatarak triutmitrat adit adir Nabi-el

En el cuarto vórtice, lograremos que el hígado produzca menos colesterol y bilis, ya que existirá menor descomposición de grasa. Debido a los cambios, esta será quemada antes de alcanzar el hígado. En el ahora, tomamos ventaja de los aminoácidos y proteínas del vórtice para crear luz humana fogosa, la cual será alimentada por el tercer vórtice. El glucógeno y el hierro almacenado en el hígado servirán de combustible, incrementando dicha luz fogosa.

El hígado iniciará un trabajo inmejorable y eliminará de la sangre cualquier sustancia que pueda ser perjudicial para los aspectos psicobiológicos del organismo.

Durante este proceso, los Devas aconsejan no ingerir alcohol, ni ninguna sustancia fuerte que tenga que ser procesada por el hígado.

El néctar pancreático enzimático es usado para descomponer las pocas grasas que entran en el cuarto vórtice y ayudar así al hígado, con el propósito de que este trabaje con la fuerza y la libertad del águila.

Las proteínas e hidratos de carbono serán poco menos que desintegradas por el poder enzimático que crecerá junto a los ácidos nucleicos e insulina; tal acción descompondrá la estructura molecular de estos, produciendo calor búdico o de TUMO. El proceso metabólico se unirá a la alimentación de la luz fogosa humana. El nivel de glucosa no será afectado, dependiendo del karma del individuo. Sin embargo, en pocos casos y debido a esta modificación, si hubiese diabetes, esta llegará a ser influída positivamente.

La vesícula biliar se encargará de los excesos de bilis y los transportará directamente al intestino. A este exceso de bilis no se le permitirá entrar en el torrente sanguíneo.

Digestión

La digestión se optimizará y la mucosa duodenal será inundada de luz acuática que incitará, sin recelos, a la segregación de colecistoquinina, obligando a la vesícula biliar a sacudirse suavemente y a emitir no solo enlaces químicos nuevos sino también energía acuática magenta.

En el presente, tomamos ventaja del proceso digestivo para aumentar aún más el fuego enardecido del cuerpo humano, con el propósito de limpiar y purificar los envoltorios psicobiológico y astral, vinculados a su vez con el emocional.

La porción pilórica del estómago manufacturará un tipo de gastrina, de contenido puro, que desencadenará la producción de un jugo gástrico de alto voltaje luminoso, capaz de aumentar las contracciones peristálticas intestinales de purificación. Se recomienda que, durante este periodo, el lector tome sulfato de magnesio para agilizar el proceso de desintoxicación.

Las hormonas gastrointestinales en el duodeno reciben frecuencias electro-dinámicas que estimularán la producción de néctar pancreático, con alto contenido de bicarbonato. Ello se da con el propósito de contrarrestar la acidez del nuevo jugo gástrico manifestado.

Este balance, creado en los órganos del cuarto vórtice, estimula al cerebro positivamente, ya que el bloqueo incrustado aquí por las fuerzas de la oscuridad afectó la disfunción vascular cerebral por milenios. Algunas enfermedades neurodegenerativas provienen de esta inoculación alquitranada por parte de los seres oscuros interdimensionales.

El hígado es movilizado, con relámpagos esporádicos de luz violeta provenientes del cuarto vórtice, a producir la hormona IGF-I que absorberá las energías purpúreas que codificarán el IGF-I, para que imite a la insulina pancreática y coexista con ella contagiándole su fulgor. De esta forma, engañamos al sistema psico-biológico, induciéndolo a que produzca nuevos vasos cerebrales y neuronas. Con los cambios, el cerebro se mantendrá constantemente irrigado, fresco y despierto; esta frescura prevendrá cualquier cambio de temperatura, causada por el fuego radiante del tercer y cuarto vórtice.

4- VORTICE CUARTO BOCA DEL ESTOMAGO. ASHMITRAVIAT ASHMAT

MENOR DESCOMPOSICIÓN DE GRASA. DEBIDO A LOS CAMBIOS, E

R LUZ HUMANA FOGOSA, LA CUAL SERA ALIMENTADA POR EL

SA. EL HIGADO INICIARA UN TRABAJO INMEJORABLE Y EL

DURANTE ESTE PROCESO LOS DEVAS ACONSEJAN NO I

NZIMATICO, ES USADO PARA DESCOMPONER LAS

A Y LA LIBERTAD DEL AGUILA. LAS PROTEIN

RA JUNTO A LOS ACIDOS NUCLEICOS E INS

O DE TUMO. EL PROCESO METABOLICO

AFECTADO, DEPENDIENDO DEL KARM

HUBIESE DIABETES, ESTA LLEGAR

EXCESOS DE BILIS Y LA TR

O SE LE PERMITIRA EN

OPTIMIZARA Y LA M

INCITARA SIN

OBLIGANDO

ENTE, PAR

QUIM

NE

SIN

ITA NO

ILIAR A SA

GREGACION DE

RA INUNDADA DE L

SANGUINEO.DIGESTI

TE AL INTESTINO, A EST

VAMENTE LA VESICULA BILIA

RGO, EN POCOS CASOS Y DEBIDO

ON DE LA LUZ FOGOSA HUMANA, EL

RA LA ESTRUCTURA MOLECULAR DE ESTO

AN POCO MENOS QUE DESINTEGRADAS POR

UARTO VORTICE Y AYUDAR ASI AL HIGADO, PAR

CIA FUERTE QUE TENGA QUE SER PROCESADA POR E

ANCIA QUE PUEDA SER PERJUDICIAL PARA LOS ASPECT

ERRO ALMACENADO EN EL HIGADO SERVIRAN DE COMBUSTI

HIGADO. EN EL AHORA TOMAMOS VENTAJA DE LOS AMINOACID

L CUARTO VORTICE, LOGRAREMOS QUE EL HIGADO PRODUZCA MEN

A POR EL FUEGO RADIANTE DEL TERCER Y CUARTO VÓRTICE

S VASOS CEREBRALES Y NEURONAS, CON LOS CAMBIOS, EL CE
RA QUE IMITE A LA INSULINA PANCREÁTICA Y COEXISTA
PAGOS ESPORÁDICOS DE LUZ VIOLETA PROVENIENTES
DES NEURODEGENERATIVAS PROVIENEN DE ESTA I
YA QUE EL BLOQUEO INCRUSTADO AQUÍ POR LA
ACIDEZ DEL NUEVO JUGO GÁSTRICO MANIF
N LA PRODUCCIÓN DE NÉCTAR PANCRE
XICACIÓN LAS HORMONAS GÁSTR
OMIENDA QUE DURANTE ESTE P
DO LUMINOSO, QUE AUMENTA
CONTENIDO PURO, QUE
LA PORCIÓN PILÓRICA
SICOBIOLÓGICO
CON EL PROPO
AUN MÁS
DEL
E

TOM
STIVO,
ECIDO DEL
Y PURIFICAR L
DOS, A SU VEZ, C
FACTURARÁ UN TIPO
DUCCIÓN DE UN JUGO GAS
ERISTÁLTICAS INTESTINALES
ULFATO DE MAGNESIO PARA AGILI
NO RECIBEN FRECUENCIAS ELECTRO
E BICARBONATO. ELLO SE DA, CON EL PR
N LOS ÓRGANOS DEL CUARTO VÓRTICE AFEC
FECTADO LA DISFUNCIÓN VASCULAR CEREBRAL
E DE LOS SERES OSCUROS INTERDIMENSIONALES. E
HORMONA IGF-I, QUE ABSORBERÁ LAS ENERGÍAS PUR
DE ESTA FORMA ENGAÑAMOS AL SISTEMA PSICO-BIOLÓGICO,
RIGADO, FRESCO Y DESPIERTO; ESTA FRESCURA PREVENDRÁ C

Vórtice quinto

Está situado en el punto medio del pecho. Este vórtice simboliza la estabilidad, la simetría y el amor.

Es la diócesis del Prana y donde se encuentran la energía física y espiritual.

Conocido como el hogar del alma, desde él se puede escuchar el famoso sonido SPURUNA, que atrae consigo la iluminación.

Los órganos relacionados con este centro son el corazón, los pulmones y el diafragma.

Dicho vórtice nos otorga la capacidad de transformación y de arraigo. También está relacionado con la preocupación, el intercambio, la interacción con otras personas, la disciplina y todos los aspectos conectados con el crecimiento individual.

Cuando se halla balanceado, hay sensación de quietud, apertura, tolerancia, comprensión, bondad, compasión, amor incondicional por todos y todo.

Se dice que, cuando es estimulado adecuadamente, todos los deseos se cumplen, lo cual pasa a ser un arma de doble filo porque, en caso de tener pensamientos desorganizados, sentimientos y emociones nocivas, dudas y aversiones, podemos también materializar estas negatividades.

Si este centro se insensibiliza, pueden surgir síntomas de asma, hipertensión arterial, enfermedad pulmonar y del corazón, resfríos, pensamientos obsesivos, disgustos, sentirse indigno o inmerecido, restringido o sometido.

El poder que otorga es el de volar como las aves y entender su idioma.

Corazón y el vórtice cinco

Adriatmiat ustart atatrak kah adrmatrat Xiabiel

Nuestra intención, a nivel físico, es mejorar la circulación sanguínea, ya que la utilizamos entre otras tantas cosas para mantener el organismo frío durante los cambios ardientes de los Devas de Fuego Atómico Cristalino.

El corazón es empujado a pasar por una metamorfosis de ondulaciones energéticas provenientes del centro terrestre y otras zonas de alteración geopáticas que lo obligan a producir el péptido natriurético atrial atriopeptina, un tipo de molécula constituída por la alianza de diversos aminoácidos mediante vínculos peptídicos que producirán un tipo de potente vasodilatación nunca vista antes por los científicos. Mientras usted lee y se relaja, los Devas toman los 28 aminoácidos del péptido natriurético atrial atriopeptina y desvirtúan el centro de su molécula, donde implantan luz esférica; así ellos dividen los 28 aminoácidos, dejando en el centro del péptido una suma de 19 aminoácidos y fuera de su circunferencia 9, afectando el control homeostático del agua, propio del envase psicobiológico corporal. Esto se efectúa con el fin de reducir el agua y el sodio del tejido adiposo, para que no haya ningún tipo de paralización energética. En consecuencia, la variación producida podría reducir la presión arterial en algunos casos.

Note que la circulación arterial y la presión arterial son dos cosas distintas, nosotros simplemente buscamos generar buena circulación con presión normal.

El anillo del péptido natriurético atrial atriopeptina está compuesto por una unión de dos átomos de azufre, entre dos residuos de un aminoácido compuesto por la fórmula química científica terrestre HO_2CCH (NH_2) CH_2SH. Esto lo hace similar al polipéptido de 32 aminoácidos producido por los ventrículos cardíacos. Nosotros incrustaremos en este cierto aminoácido de fuerza etérea, compuesta de fogosidad transparente, para que sean análogos al anillo de aminoácidos encontrado en el cerebro. Esta semejanza, establecida por las fuerzas de la brillantez, nos dejará conectar las vibraciones cerebrales con las vibraciones amorosas cardiacas, modificando patrones de frecuencia cerebrales primitivas carentes de amor.

Si usted hace el esfuerzo de ayunar, las células fusiformes y multinucleadas de las aurículas del corazón con aforo espasmódico cardíaco liberarán en exceso el ANP y, con el bombardeo de luces siete- dimensionales, generarán una robusta distensión en las secciones auriculares.

La lectura de este libro maravilloso hará que el ANP sea producido en el cerebro a mayor escala, provocando una comunicación parecida a la comunicación alotrópica que el diamante emana. Esto sucederá a nivel astral-causal, entre el corazón y la mente.

Sumergirse en el agua femenina, fría y pura de los lagos, ríos y mares, aumenta la secreción de la ANP, induciendo estiramiento auricular debido a la excitación de la distribución del líquido intra-vascular. El agua de estos lugares sagrados limpia energías provenientes de la opacidad; aproveche las aguas frías, sumérjase en ellas siempre y cuando se encuentre saludable y fuerte, tenga cuidado de las bajas temperaturas y respete su ubicación geográfica, especialmente durante el invierno.

La luz cristalina que, en este momento, compartimos con usted, obliga a los receptores de alianza a provocar una deflación del volumen sanguíneo, desencadenando una disminución en el consumo calórico cardíaco. La presión arterial sistémica bajará simultáneamente. También aumentaremos el proceso metabólico, modificando los lípidos del organismo, promoviendo la acción de ácidos grasos y glicerol que serán usados como combustible para implementar un balance casi perfecto. Reduciremos, en algunos casos, la reabsorción renal de sodio y el volumen ocasionados por el sistema hormonal que ayuda a normalizar la presión sanguínea.

El volumen extracelular anatómico disminuirá y la circulación sanguínea fluirá sin estancarse en ningún punto. En ciertas ocasiones, al principio el peso corporal será reducido con estos cambios alquímicos.

CORAZON Y EL VORTICE CINCO. ADRIATMIAT USTART ATATRAK KA
SAS, PARA MANTENER EL ORGANISMO FRIO DURANTE LOS CAMBI
ETICAS PROVENIENTES DEL CENTRO TERRESTRE Y OTRAS ZON
ULA CONSTITUIDA POR LA ALIANZA DE DIVERSOS AMINO
FICOS, MIENTRAS USTED LEE Y SE RELAJA, LOS DEVAS
DONDE IMPLANTAN LUZ ESFERICA; ASI ELLOS DIV
CIRCUNFERENCIA 9, AFECTANDO EL CONTROL
R EL AGUA Y EL SODIO DEL TEJIDO ADIPO
PRODUCIDA, PODRIA REDUCIR LA PRES
IAL SON DOS COSAS DISTINTAS, N
ANILLO DEL PEPTIDO NATRIURE
E AZUFRE, ENTRE DOS RESI
ICA TERRESTRE HO2CCH
AMINOACIDOS PRODU
STAREMOS EN ES
UESTA POR FO
ALOGOS AI
O EN
ES

OR
ESTA
INOACID
RENTE. PA
OACIDOS DE FU
RICULOS CARDIACO
LO HACE SIMILAR A
COMPUESTO POR LA FOR
A ESTA COMPUESTO POR UNA
MOS GENERAR BUENA CIRCULACIO
SOS, NOTE QUE LA CIRCULACION AR
TIPO DE PARALIZACION ENERGETICA. EN
VASE PSICOBIOLOGICO CORPORAL. ESTO SE
DEJAN EN EL CENTRO DEL PEPTIDO UNA SUMA D
TIDO NATRIURETICO ATRIAL ATRIOPEPTINA Y DESV
QUE PRODUCIRAN UN TIPO DE POTENTE VASODILAT
OBLIGAN A PRODUCIR EL PEPTIDO NATRIURETICO ATRIAL A
MICO CRISTALINO. EL CORAZON ES EMPUJADO A PASAR POR U
NIVEL FISICO, ES MEJORAR LA CIRCULACION SANGUINEA. YA Q

PUNTO. EN CIERTAS OCASIONES, AL PRINCIPIO EL PESO CORPORAL
MEN OCASIONADO POR EL SISTEMA HORMONAL, QUE AYUDA A N
UCCION DE ACIDOS GRASOS Y GLICEROL QUE SERAN USADOS
ICO CARDIACO. LA PRESION ARTERIAL SISTEMICA BAJAR
TO. COMPARTIMOS CON USTED, OBLIGA A LOS RECEP
FUERTE. TENGA CUIDADO DE LAS BAJAS TEMPERA
S SAGRADOS LIMPIA ENERGIAS PROVENIENTES
ANP, INDUCIENDO ESTIRAMIENTO AURICU
EL CORAZON Y LA MENTE SUMERGIR
CION PARECIDA, A LA COMUNICA
MARAVILLOSO HARA QUE EL
ALES, GENERARAN UNA ROB
CARDIACO LIBERARAN
FORMES Y MULTINUCL
S DE AMOR SI
NDO PATRONE
CON LAS V
CONE

L
NTEZ
RACIONE
ROSAS CARD
CEREBRALES PR
UERZO DE AYUNAR,
LAS DEL CORAZON CO
E CON EL BOMBARDEO DE
SECCIONES AURICULARES. L
CEREBRO EN MAYOR ESCALA, PAR
IAMANTE EMANA. ESTO SUCEDERA A
A Y PURA DE LOS LAGOS, RIOS Y MARES
LA DISTRIBUCION DEL LIQUIDO INTRA-VASC
GUAS FRIAS, SUMERJASE EN ELLAS SIEMPRE Y C
RAFICA, ESPECIALMENTE DURANTE EL INVIERNO. LA
FLACION DEL VOLUMEN SANGUINEO DESENCADENANDO
MOS EL PROCESO METABOLICO, MODIFICANDO LOS LIPIDOS
BALANCE CASI PERFECTO. REDUCIREMOS EN ALGUNOS CASOS L
MEN EXTRACELULAR ANATOMICO DISMINUIRA Y LA CIRCULACION S

Vórtice seis

Irixitiam ashuitmat batraktat amadtiam Raff-el

Timo

En el campo tridimensional del sexto vórtice, afectamos el Timo con irradiación fluorescente para que este sobre-produzca las hormonas timolina, timosina y timopoyetina. Tales hormonas comenzarán a actuar sobre los linfocitos por medio de centellantes rayos de brillo dorado, emanados desde su ápice central romboideo astral. La irradiación obligará a que estos se conviertan en células plasmáticas promotoras de anticuerpos que constan de auras fogosas rojas y rosadas, con replicaciones múltiples localizadas en distintos universos paralelos dentro del cuerpo humano. Aunque el lector haya atravesado el periodo de pubertad, mediante ondas electro-cristalinas nos aseguramos que la glándula timo pierda su tejido graso y que no disminuya de tamaño con el correr del tiempo.

En este preciso instante, estamos influenciando al sistema linfático con luz cristalina ardiente, para que el lector posea un sistema inmunológico estable y fuerte. Simultáneamente aumentamos los linfoblastos T, a través de inyecciones de espirales de luz supra-magenta, que alcanzan el centro de la médula ósea.

A lo largo de este recorrido, los linfoblastos T son reprogramados a partir de relámpagos incandescentes, con el objeto de que adquieran receptores antigénicos cristalinos específicos e inteligencia candorosa. La transmutación permitirá que estos se logren mover libremente sin atacar a los antígenos del lector.

Estamos optimizando el organismo psicobiológico junto con el cuerpo astral y causal, extrayendo patrones oscuros, limpiando sombras y plantando flores luminosas de cristal puro.

SERA REDUCIDO CON ESTOS CAMBIOS ALQUIMICOS. VORTICE SEIS
FLUORESCENTE, CON EL FIN QUE ESTE SOBRE PRODUZCA LAS H
RILLO DORADO, EMANADOS DESDE SU APICE CENTRAL ROMBOI
DE AURAS FOGOSAS ROJAS Y ROSADAS, CON REPLICACI
ESADO EL PERIODO DE PUBERTAD, POR MEDIO DE ON
NO CON EL CORRER DEL TIEMPO. EN ESTE PRECIS
OSEA UN SISTEMA INMUNOLOGICO ESTABLE Y F
UZ, SUPRA MAGENTA, QUE ALCANZAN EL C
S CON RELAMPAGOS INCANDESCENTES,
CANDOROSA. LA TRANSMUTACION P
ECTOR. ESTAMOS OPTIMIZANDO
AL, EXTRAYENDO PATRONES
STAL PURO.

Vórtice siete

Vishuda es el eje medular de Udhana Prana.
Aquí el discípulo puede alcanzar estados bajos de Samadhi (conciencia alterada luminosa). En tal estado, todos los problemas psicológicos se descartan y la energía es depurada.
Este centro conecta lo interno a lo externo y tiene que ver con la individualidad.
El poder que confiere es el de la percepción extrasensorial.
El vórtice de la garganta se asocia a la comunicación y la creatividad.

Tiroides y el Vórtice siete

Admatviat traktakatsatiam uditratim Anab-el Yori-el

Las hormonas tiroideas, tiroxina (T4) y triyodotironina (T3) son inyectadas con espirales de luz astral-causal que llegan directamente a su ápice central.
La T 3 que se considera más potente, debido a su coraza energética, es bañada con luminiscencia líquida, para que se subdivida y responda aceleradamente. A continuación, la tiroxina y triyodotironina son asistidas por una reacción de oxidación, en la cual un conjunto de carboxilo es eliminado de una molécula, constituyendo una acumulación de acetilo vivo que irradia inteligencia a nivel sub-atómico. De esta forma el sistema, en proceso evolutivo, se las ingenia para redimir el dióxido de carbono. Tal proceso calma la electricidad nerviosa por la que el lector atraviesa, en medio de su transformación energética.
Una vez efectuada la transmutación, habrá un intercambio yódico. Los científicos podrán observar inmediatamente una pérdida sistemática de yodo con una reproducción simultánea del mismo que estabilizará la mente. Este nuevo yodo, reformado por los Devas de Fuego Cristalino, depurará el cuerpo entero y absorberá el flúor que bloquea las glándulas cerebrales.
El lector gozará de una aireada elaboración de calor, del empleo de oxígeno y de la organización perfecta de los sistemas hormonales.
Después de nuestros ajustes, existirá una sinergia perfecta de la hormona del crecimiento. El lector, en esta fase, gozará de madurez neuronal.
El balance creado será tal que la regulación del metabolismo de proteínas, grasas y carbohidratos se tornará casi perfecta.
Las hormonas tiroideas, generadas por el balance creado por las fuerzas de brillantez absoluta, contribuyen a que el calor corporal se ajuste a climas extremos.

XTREMOS.

S SE TORNARA CASI PERFECTA LAS HORMONAS TIROIDEAS G
ONA DEL CRECIMIENTO. EL LECTOR EN ESTA FASE, GOZ
N DE CALOR, DEL EMPLEO DE OXÍGENO Y DE LA OR
AS DE FUEGO CRISTALINO, DEPURARA EL CUERPO
TE UNA PERDIDA SISTEMATICA DE YODO CON
SFORMACION ENERGETICA. UNA VEZ EFECT
REDIMIR EL DIOXIDO DE CARBONO. T
IRRADIA INTELIGENCIA A NIVEL
ONJUNTO DE CARBOXILO ES EL
ION LA TIROXINA Y TRIYO
LUMINISCENCIA LIQUID
QUE SE CONSIDERA M
STRAL-CAUSAL Q
YODOTIRONIN
-EL LAS
RAKTA
EL

ETE,
ITRATIM
DEAS, TIRO
CTADAS CON ES
MENTE A SU APICE
SU CORAZA ENERGET
VIDA Y RESPONDA ACELER
AS POR UNA REACCIÓN DE OXI
CONSTITUYENDO UNA ACUMULAC
MA EL SISTEMA, EN PROCESO EVOLU
CIDAD NERVIOSA, POR LA QUE EL LECTOR
N INTERCAMBIO YODICO. LOS CIENTIFICOS
MISMO, QUE ESTABILIZARA LA MENTE. ESTE N
BLOQUEA LAS GLANDULAS CEREBRALES. EL LECTOR
S HORMONALES, DESPUES DE NUESTROS AJUSTES EXISTI
CREADO SERA TAL, QUE LA REGULACION DEL METABOLISMO
S FUERZAS DE BRILLANTEZ ABSOLUTA, CONTRIBUYEN A QUE E

Vórtice octavo

Corresponde a la energía femenina de la lengua.

Se encuentra localizado debajo de la pituitaria.

Este secreto y sagrado vórtice, llamado en la India Lalana, también es conocido como Talu Chakra, ya que se afirma que está situado en la zona de la región Talu, detrás de la campanilla. En equilibrio, dotará al lector con la visión del gran vacío espiritual.

Se dice que, si se llega a estimular correctamente este centro, el practicante alcanzará los ocho principales sidhis o facultades psíquicas.

El peligro consiste en que el alumno pueda perderse mientras disfruta de estos poderes psíquicos y, en consecuencia, se aleje del proceso de auto-realización.

Este vórtice recolecta el néctar de la inmortalidad.

Pituitaria y el octavo vórtice

Adoratm admiatam trataishtrat ariatram Mikha-el

Cuando nos adentramos en los vórtices cerebrales, tenemos que ser muy cuidadosos, ya que estos son hipersensibles.

En estas zonas, ahora se introduce una semilla cristalina de luz (cierre los ojos y sienta) a esta la regamos con energías trascendentales mientras usted duerme. Esperamos pacientemente para que bellas esferas radiantes crezcan como flores cristalinas claras que abrazan el espacio tridimensional abarcado por glándulas como la pituitaria y pineal.

Cuando una de las esferas ocupa el espacio causal y astral sobre la pituitaria, esta secreta abundantes hormonas de crecimiento humano, situación ligada a la vida y a la juventud. En estos momentos, nos toca hacer los ajustes a nivel astral para que esto se lleve a cabo en su cuerpo. Conéctese y sienta. Si presta atención, se dará cuenta de que hay movimientos sutiles de energía dentro del área cerebral, mientras lee. Estos movimientos también afectan la segregación de tirotropina que incita a la tiroides a producir sus hormonas FSH. Por otro lado, las esferas luminosas cristalinas reinstaladas por nosotros (reinstaladas, ya que cuando el ser humano contaba con un ADN de 13, había sido creado con tales esferas, empero estas fueron hurtadas por la oscuridad) aumentan y modifican la producción de las hormonas compuestas por moléculas de una proteína acoplada a los glúcidos. Tales hormonas son inyectadas con vida, inteligencia y luz, para que, entre otras funciones, obtengan el don del reconocimiento celular en el momento en que se presentan como puntos destellantes iluminados sobre la superficie de la membrana plasmática producida por el lóbulo antepuesto de la hipófisis. Con el tiempo, se acrecentará la secreción de células foliculares robustecidas por la luz, en la tiroides.

El peso molecular de esta aumentará aproximadamente de unos 28.000 uma a 29.700 uma.

El cambio revoluciona la tiroides y aumenta drásticamente la degradación de una proteína yodada, la que consta de un peso molecular de 666.000 daltons. Tal proteína es conocida como tiroglobulina. La tiroglobulina, en el pasado, fue inoculada con el virus por la oscuridad, hecho que la obligó a comportarse de manera extraña. Este yodado proteínico suministra aminoácidos cuando sintetiza hormonas tiroideas. Nuestra modificación y ajustes esplendorosos incitarán y regularán de otro modo la liberación de tiroxina y triyodotironina en la sangre.

Al observar la conexión de la tirotropina y cómo se encuentra fiscalizada por un componente regulador hipotalámico, llamado tiroliberina, podemos decir que no hay solo una conexión energética entre estos vórtices, sino que también existen cadenas concretas de materia viviente soñada que los conectan.

La lectura concentrada de este libro obliga a las terminaciones nerviosas del hipotálamo a segregar este tripéptido, el cual es envuelto ahora por relámpagos traslúcidos que este libro, en conjunto con los Devas de Fuego Cristalino, descargan sobre los 3 cuerpos que usted posee. A paso seguido, estas moléculas constituídas por la alianza de varios aminoácidos, mediante ensambles peptídicos, son trasladadas con la ayuda de rayos mesiánicos hasta las células glandulares de la hipófisis anterior, donde obligan a aumentar la producción de tirotropina enceguecida por fuegos astrales. A raíz de tales transmutaciones, la hipófisis comenzará a sobrellevar cambios rotundos; y a estas transformaciones se les unirá una fuerza infundida por magnetismos extrasensoriales de maestros astrales terrestres.

Este proceso, en algunos casos, aumenta el metabolismo momentáneamente. Por consiguiente, el lector suele perder peso; no obstante, este síntoma desaparece a medida que la masa corpórea se acostumbra. Nosotros balancearemos los opuestos subatómicos que afectan el ADN dentro de las células.

La síntesis y liberación de FSH es impulsada a desenvolverse por la supuración de la hormona redentora de gonadotropina; aquí encontramos otra unión físico-energética de vórtices.

La manera en que trabajamos con la mujer y el hombre, cuando el FSH está presente, depende de su sexo.

El FSH, en las mujeres, impulsa la liberación de estrógenos y, en los hombres, es responsable de la producción de esperma.

Los estrógenos y el esperma son usados para producir la luz ardiente ultra-radiante que será responsable del despertar de Asuntara.

A la hormona luteinizante, que consta de 92 aminoácidos, se le agregan dos aminoácidos (uno encontrado en la superficie lunar) provenientes de cyanide oligomers, que fueron extraídos por los Devas, hidrolizados y descompuestos molecularmente con sus emisiones energéticas. Una vez dada la permutación, la escritura y códigos son insertados a los aminoácidos en la hormona, en calidad de miles de hilos cristalinos.

Por otro lado, los aminoácidos provenientes de otros asteroides que no requieren la presencia de agua para ser formados y que recibieron vientos solares de altas temperaturas, también son introducidos a esta cadena de aminoácidos del LH, simultáneamente con la subunidad alfa que se encuentra en la FSH y la TSH en una cadena beta de 121 aminoácidos. A estos le son agregados de la misma manera 3 códigos de aminoácidos interplanetarios. Con esta modificación, la conexión cerebro/sexual cambia, y dicha energía comienza a circular en orbitas internas más elevadas que regeneran y preparan el cuerpo humano para el despertar intermolecular. Finalmente, esta energía radial circulante que se une a la elevación de Asuntarium y a la explosión de brillantez causada por el cambio, modifica el ADN con filamentos de luz para ser remplazados por partículas con mayor densidad de ácido desoxirribonucleico. En definitiva, al ADN celular se le agregarán dos filamentos más, en el astral otros dos, en el causal dos más y uno en el centro, el más potente. Todos los filamentos quedarán sobrepuestos y conectados a través de los diferentes cuerpos.

El LH, en las mujeres, resplandecerá y modificará la meiosis del óvulo y su liberación. En otras palabras, la luz todopoderosa de la Vertiente afectará la ovulación en la mitad del ciclo menstrual, donde estimulará el folículo vacante convirtiéndolo en un cuerpo lúteo de radiante brillantez dorada que destilará la progesterona y la llevará a niveles ultra-cristalinos. De esta forma, la fase menstrual será modificada y la mujer mentalmente podrá controlar el flujo menstrual y hormonal. La fuerza de voluntad que se pierde durante la menstruación tomará un curso ascendente y energético. Las secreciones por otro lado serán reabsorbidas. Las energías y la sangre serán recicladas, como en el pasado, sin afectar la elasticidad de la piel; todo lo contrario, los que desarrollen este proceso poseerán una piel radiante y tendrán un magnetismo difícil de rechazar. La mujer que lea el libro y atraviese por los cambios citados, tendrá que usar este magnetismo para convencer a otros de tomar el camino evolutivo de la luz.

En el hombre, el LH modificado cubrirá las células intersticiales de los testículos, induciendo la exudación de la testosterona modificada con luz séptimo-dimensional, la cual servirá para reestructurar a Asuntarium, devolverle su forma de hélice cuádruple y su cambio de fuego rojizo a fuego solar nuclear.

Añadiremos que en la Prolactina femenina, de manera holográfica, la clave de 2 aminoácidos encontrados en asteroides aquí en la Tierra y los 198 aminoácidos que esta tiene, será modificada. Lo expresado provocará un cambio energético, ya que la mujer producirá prolactina en cantidades mayores durante todo el tiempo, aunque no esté embarazada ni tenga hijos. Ella no producirá leche durante este cambio. La hormona será cambiada solo para causar una redirección energética; por otro lado, si la mujer está amamantando, la producción de leche será mayor y el niño recibirá la energía maternal más depurada.

Con esta secreción, energéticamente, la mujer conecta el quinto vórtice con el octavo; esta conexión abrirá la mente femenina y la llevará a horizontes de amor astro-dinámicos. Estos cambios desencadenan, a su vez, cambios en casi todas las hormonas.

El ACTH, de ser un péptido de 39 aminoácidos, pasara ser un péptido de 42. Esto cambiará la manera en que se producen los glucocorticoides, los mineral-corticoides y los andrógenos masculinos. De este modo, el ACTH tendrá más autonomía y no dependerá de la llegada interrumpida y esporádica de la hormona corticotrofina, proveniente del hipotálamo. En esta, se generará una ruptura en una de las conexiones energéticas implantadas por las fuerzas de la opacidad. La separación se dará entre Bindu Visagra, o hipotálamo, que produce el néctar, y Lanana o pituitaria, que lo almacena.

La vasopresina que es un péptido de 9 aminoácidos (Cys-Tyr-Phe-Glu-Cys-Asn-Pro-Arg-Gly) será afectada por las descargas luminosas de 2 aminoácidos interplanetarios más. La vasopresina modificada por la luz actuará en los conductos colectores del riñón, apoyado en la re-asimilación del agua en el torrente sanguíneo. Esta re-asimilación será más inteligente y depositará en el organismo más vitaminas, minerales y aminoácidos, necesarios para la evolución corpórea. La orina será casi agua pura con unos pocos metales pesados y químicos tóxicos.

PITUITARIA Y EL OCTAVO VORTICE. ADORATM ADMIATAM TRATAI
LES. EN ESTAS ZONAS, AHORA SE INTRODUCE UNA SEMILLA CRIS
TEMENTE PARA QUE BELLAS ESFERAS RADIANTES CREZCAN C
CUANDO UNA DE ESTAS ESFERAS OCUPA EL ESPACIO CAU
A A LA VIDA Y A LA JUVENTUD. EN ESTOS MOMENTOS
PRESTA ATENCION, SE DARA CUENTA DE QUE HAY
TAN LA SEGREGACION DE TIROTROPINA, QUE I
AS REINSTALADAS POR NOSOTROS (REINST
ESFERAS, SIN EMBARGO ESTAS FUERON
PUESTAS POR MOLECULAS DE UNA P
IGENCIA Y LUZ, PARA QUE EN
MOMENTO EN QUE SE PRESEN
LA MEMBRANA PLASMAT
CON EL TIEMPO SE
BUSTECIDAS POR
ESTA AUMEN
A 29.70
TIROI

ON
A DR
BIO REV
MENTE DE U
IROIDES. EL P
CRECION DE CELUL
EL LOBULO ANTEPUE
LLANTES ILUMINADOS, SO
TENGAN EL DON DEL RECONOCI
UCIDOS TALES HORMONAS SON IN
) AUMENTAN Y MODIFICAN LA PRODU
HUMANO CONTABA CON UN ADN DE 13,
R SUS HORMONAS FSH, POR OTRO LADO LA
DENTRO DEL AREA CEREBRAL, MIENTRAS LEE
EL ASTRAL, PARA QUE ESTO SE LLEVE A CABO EN S
ACE QUE ESTA SECRETE ABUNDANTES HORMONAS DE C
BRAZAN EL ESPACIO TRIDIMENSIONAL ABARCADO POR GLA
A), A ESTA LA REGAMOS CON ENERGIAS TRASCENDENTALES MI
NTRAMOS EN LOS VORTICES CEREBRALES, TENEMOS QUE SER MAS

MONA REDENTORA DE GONADOTROPINA; AQUI ENCONTRAMOS OTRA
ACOSTUMBRA NOSOTROS BALANCEAREMOS LOS OPUESTOS SUBA
ESO EN ALGUNOS CASOS AUMENTA EL METABOLISMO MOME
A SOBRELLEVAR CAMBIOS ROTUNDOS Y A ESTAS TRANS
IPOFISIS ANTERIOR, DONDE OBLIGAN A AUMENTAR L
ALIANZA DE VARIOS AMINOACIDOS, MEDIANTE E
CONJUNTO CON LOS DEVAS DE FUEGO CRISTA
IONES NERVIOSAS DEL HIPOTALAMO, A SE
CADENAS CONCRETAS DE MATERIA IV
LIBERINA, PODEMOS DECIR QUE
E LA TIROTROPINA Y COMO S
E OTRO MODO LA LIBERACIO
AS TIROIDEAS NUESTR
AÑA ESTE YODADO P
R LA OSCURIDAD
IROGLOBULINA
AL PROTEI
PESO
EL

E 666.0
QUE
COMO TIRO
FUE INOCULADA
LIGO A COMPORTAR
A AMINOACIDOS, PAR
STES ESPLENDOROSOS, IN
OTIRONINA EN LA SANGRE. AL
POR UN COMPONENTE REGULADOR
ENERGETICA ENTRE ESTOS VORTICES
TAN. LA LECTURA CONCENTRADA DE ESTE
AL ES ENVUELTO AHORA POR RELAMPAGOS T
RPOS QUE USTED POSEE. A PASO SEGUIDO ESTA
ADAS CON LA AYUDA DE RAYOS MESIANICOS, HAST
ECIDA POR FUEGOS ASTRALES A RAIZ DE TALES TRAN
INFUNDIDA POR MAGNETISMOS EXTRASENSORIALES DE MAE
OR SUELE PERDER PESO, SIN EMBARGO ESTE SINTOMA DESAPA
S CELULAS. LA SINTESIS Y LIBERACION DE FSH ES IMPULSADA A DE

UNION FISICO ENERGETICA DE VORTICES, LA MANERA EN QUE TR
ENOS Y EN HOMBRES ES RESPONSABLE DE LA PRODUCCION DE E
R DE ASUNTARA. A LA HORMONA LUTEINIZANTE, QUE CONST
RS, QUE FUERON EXTRAIDOS POR LOS DEVAS, HIDROLIZ
IGOS A LOS AMINOACIDOS SON INSERTADOS EN LA H
DES, QUE NO REQUIEREN LA PRESENCIA DE AGUA
STA CADENA DE AMINOACIDOS DEL LH, SIMULT
NOACIDOS. A ESTOS LE SON AGREGADOS DE
ON CEREBRO/SEXUAL CAMBIA, Y DICHA
PARAN EL CUERPO HUMANO PARA E
UNE A LA ELEVACION DE ASUNT
L ADN CON FILAMENTOS DE
ACIDO DESOXIRRIBONUCL
FILAMENTOS MAS, EN
EL CENTRO, QUE
ARAN SOBREP
ERENTES C
SPLAN
SI
...
IFIC
EN LAS
ADOS A TRA
TE TODOS LOS
OS, EN EL CAUSAL
AL ADN CELULAR S
ZADOS POR PARTICULAS C
DE BRILLANTEZ CAUSADA POR
R. FINALMENTE, ESTA ENERGIA R
AR EN ORBITAS INTERNAS MAS ELEV
E AMINOACIDOS INTERPLANETARIOS CON
QUE SE ENCUENTRA EN LA FSH Y LA 15H C
RON VIENTOS SOLARES DE ALTAS TEMPERATURA
LOS CRISTALINOS, POR OTRO LADO, LOS AMINOACI
TE CON SUS EMISIONES ENERGETICAS, UNA VEZ DADA
OS AMINOACIDOS, UNO ENCONTRADO EN LA SUPERFICIE LU
ON USADOS PARA PRODUCIR LA LUZ ARDIENTE ULTRA RADIAN
O EL FSH ESTA PRESENTE, DEPENDE DE SU SEXO. EL FSH EN LAS

IRA LA MENTE FEMENINA Y LA LLEVARA A HORIZONTES DE AMOR

LA PRODUCCION DE LECHE SERA MAYOR, Y EL NIÑO RECIBIRA LA

RAZADA NI TENGA HIJOS. ELLA NO PRODUCIRA LECHE DURAN

ENE SERA MODIFICADA. LO EXPRESADO PROVOCARA UN C

DIREMOS EN LA PROLACTINA FEMENINA, DE MANERA

ISIONAL LA CUAL SERVIRA PARA REESTRUCTURA

LH MODIFICADO. CUBRIRA LAS CELULAS INTER

S CAMBIOS CITADOS, TENDRA QUE USAR E

OCESO, POSEERAN UNA PIEL RADIANT

RECICLADAS, COMO EN EL PASAD

CENDIENTE Y ENERGETICO. LAS

AL Y HORMONAL. LA FUERZA

MENSTRUAL SERA MODIF

OGESTERONA Y LA LL

N CUERPO LUTEO

DONDE ESTIM

TARA LA O

UZ TO

CI

Y

S PA

E LA VE

MITAD DEL

O VACANTE CON

ANTEZ DORADA, QU

RA CRISTALINOS. DE E

NTALMENTE PODRA CONTR

ERDE DURANTE LA MENSTRUAC

DO SERAN REABSORBIDAS. LAS EN

IDAD DE LA PIEL; TODO LO CONTRAR

IFICIL DE RECHAZAR. LA MUJER QUE LEA

A OTROS DE TOMAR EL CAMINO EVOLUTIVO

DUCIENDO LA EXUDACION DE LA TESTOSTERONA

MA DE HELICE CUADRUPLE Y SU CAMBIO DE FUEGO

IDOS ENCONTRADOS EN ASTEROIDES AQUI EN LA TIERRA

ODUCIRA PROLACTINA EN CANTIDADES MAYORES, DURANTE

ADA SOLO PARA CAUSAR UNA REDIRECCION ENERGETICA; POR

A SECRECION, ENERGETICAMENTE, LA MUJER CONECTA EL QUINTO

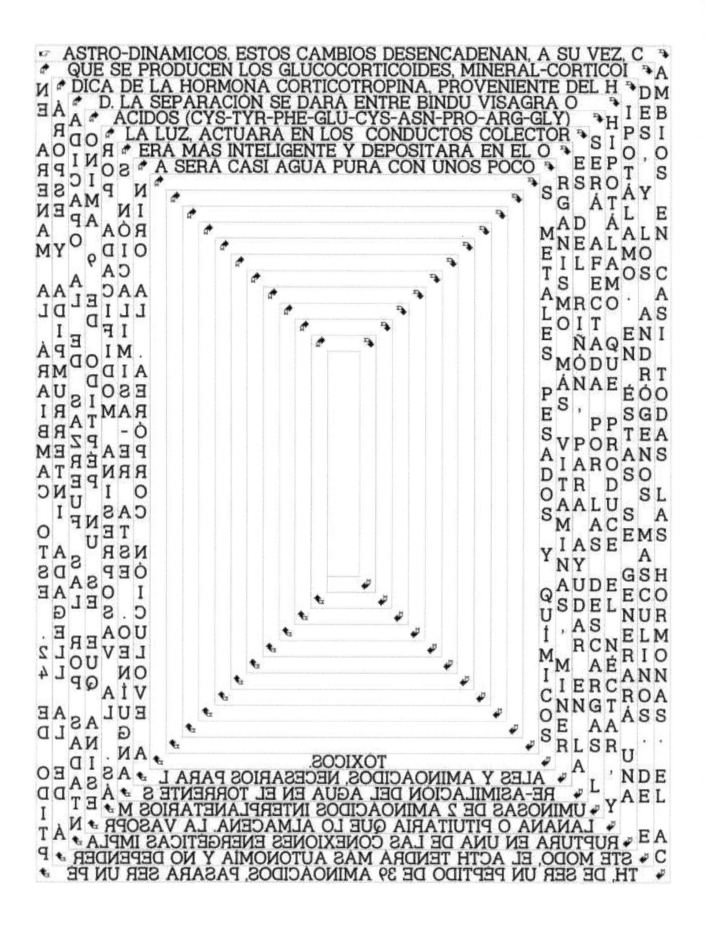

Vórtice del "tercer ojo"

Este vórtice está relacionado con el poder de la clarividencia. De aquí brotan cualidades de confianza, solidaridad, investigación de la veracidad, de lo que parece real y de lo real, así como la mirada hacia el interior del ser.

Su influencia cae sobre los ojos y vuelve al yogui consciente del mecanismo de la inteligencia.

El practicante que esté centrado en este Chakra tendrá, como objetivo principal, el emplear la lógica y el perfeccionamiento de la información recibida a través de los sentidos.

Una función adicional es dejar atrás la limitación que imponen el tiempo y el espacio. De esta manera, el "tercer ojo" nos proporciona una mejor visión del espacio que nos rodea y arranca el velo del "tiempo" que cubre esta aparente realidad.

Cuando este centro carece de energía, la mente se dispersa y se tensa. Una aparente bruma la cubre y por ello el proceso de reflexión se despliega en planos de patrones desorganizados. Será aquí cuando comiencen una serie de elucubraciones y el camino se vuelva complicado. La oscuridad ha tomado este centro y ha obligado a los niveles de comprensión instintiva espontánea a involucionar, transfigurando y creando un patrón de ilusiones, alucinaciones, pesadillas y dolores de cabeza que pueden desencadenar en graves problemas psicológicos.

La glándula pineal y su conexión con el noveno vórtice

Adviashtat taratakam Gabri-el-a

La glándula pineal es una glándula endocrina pequeña, ubicada en el centro del cerebro, que fabrica serotonina y un químico importantísimo para los seres de luz, llamado DMT. Este químico es la llave que abre los portales del espíritu y deja que nos unamos con la paz expandida del universo multidimensional.

La melatonina y la serotonina son modificadas por los Devas de Fuego Cristalino, con relámpagos de alto contenido electrostático, para que influyan sobre las modulaciones asociadas a la vigilia y al sueño.

La glándula pineal fue afectada por la opacidad que cambió drásticamente las modulaciones de humor del individuo y la capacidad de conectarse y percibir otras dimensiones.

El DMT fue censurado por los Retoños de la Opacidad, por medio de procesos gelatinosos alquitranados y con una enzima oscura. Sin embargo, ahora los Devas de Fuego Cristalino limpiarán todo residuo inconsistente y harán que este ingrediente psicoactivo comience, con el tiempo, a otorgar visiones de otros mundos y extensiones desconocidas.

La glándula pineal, modificada por las fuerzas celestiales, acelerará el metabolismo y regulará el desarrollo sexual, haciendo que este se desenvuelva de una forma más balanceada, con energía ascendente en lugar de descendente.

La glándula pineal modificada trabajará en sincronización con el hipotálamo y le otorgará al cuerpo el poder del control perfecto sobre las necesidades básicas, como comer, beber, copular, etcétera. Asimismo, se convertirá en una especie de reloj biológico lento que retrasará el proceso de envejecimiento.

Con la lectura del libro o con las prácticas terrestres de Kechari Mudra y de enfoque visual solar, la glándula pineal se agranda, dándole al ser humano el poder de adaptarse a cualquier situación extrema por largo tiempo. El individuo transformado podrá vivir sin comer y no será alterado por el hambre, la sed o la debilidad. También podrá controlar y redirigir sus impulsos sexuales sin ningún problema.

No estamos diciendo que los impulsos naturales, como el de alimentarse o el sexual, sean negativos; sin embargo, el ser humano se ha convertido en esclavo de estos y otras adicciones. Aquí hablamos de libertad absoluta, usted quedará libre de toda adicción sea cual fuere. Los luminosos cambiarán patrones, otorgarán visiones y un sinfín de sorpresas con la estimulación de esta glándula.

A propósito, en este momento la pineal se está reestructurando, haga la respiración recetada, lea nuevamente nuestras palabras y concéntrese en el centro del cerebro si quiere acelerar el proceso.

Nosotros impediremos el colapso de la serotonina, inhibiendo su captación dentro de la sinapsis del cerebro.

La glándula pineal cambiará su estructura molecular y será incitada a producir químicos 'neuromoduladores' modificados por la luz y llamados beta-irradiadoras electro "vibracionales", similares a los beta-carbolinas, pero con una aparente diferencia a nivel molecular visible, los que afectarán al cerebro para que este capte su globalidad expansiva.

El MAO ahora está siendo transformado, y se le agregarán aminoácidos de asteroides para que su frecuencia electromagnética cambie y adquiera propiedades inter-dimensionales. En estos momentos, estamos cambiando energéticamente el cromosoma X donde el MAO-A y el B se alojan.

Pondremos mucho énfasis en el monoamino-oxidasa, ya que este engendra una de las peores modificaciones de los hijos de la oscuridad. Con este químico, ellos rompieron del todo los lazos que unían al humano con la Vertiente de Toda Luz y por consiguiente sus séquitos. Nosotros reprogramaremos, reestructuraremos y volveremos a otorgarle al lector esta conexión. Sin embargo, el proceso será gradual porque si el cambio es drástico podría terminar en una psicosis alucinatoria grave.

El MAO-A, y esto está comprobado científicamente, disuelve la serotonina, la melatonina, la epinefrina y la norepinefrina. El MAO-B disuelve el feniletilamina y otros trazos de aminos. La Dopamina es afectada por los dos grupos.

Si forzamos la inhibición del MAO-A con relampagueantes destellos de luz séptimo dimensionales, bloquearemos la disolución de la serotonina. Con esta interposición de luz, la agresión, la rabia, la destemplanza corporal, el humor, el sueño, la náusea, el erotismo y el apetito quedarán bajo el completo control del alma y los síntomas de depresión asociados a la censura corporal desaparecerán. Por otro lado, el ser humano gozará de altos niveles de norepinefrina y dopamina.   Con tal permutación el lector atravesará un cambio tan intenso que entenderá su disgregación mental como alucinaciones, dolor y cambios repentinos de humor y de placer, promovidos por las virulentas inoculaciones de las fuerzas oscuras.

La tiramina, por otro lado, será metabolizada vía MAO-B, proceso que contrarrestará dolores de cabeza.

A través de permutas núcleo moleculares, cambiaremos la forma en que se da la inhibición del MAO B.

A medida que inhibimos el MAO-B con columnas de brillante luz dorada, por periodos suficientemente largos, reducimos la disolución de la dopamina y feniletilamina. Este proceso otorgará nuevamente vida a la metabolización real de la tiramina. Al respecto, enfatizamos que estos procesos químicos en conjunto harán que el ser humano experimente un éxtasis ascendente.

 El fenilhidroxilamina será reformado con oscilaciones ultra-pujantes y vibraciones convulsionantes que cambiarán su estructura molecular, con el propósito de que el ser humano obtenga visión inter-dimensional

La reforma de esta inhibición abrirá las compuertas incandescentes, aumentando la concentración de pN, N-Dimetiltriptamina.

En el presente, el DMT se produce, en las personas, en pequeñas proporciones, debido a que los Retoños de la nebulosidad se ingeniaron para inhibir tal producción.

De acuerdo con nuestra investigación en el campo sinóptico del ser humano, entendemos que la función específica del DMT consiste en neurotransmitir información conectada a campos luminosos de otras dimensiones.

El DMT será manipulado cuidadosamente vía triptófano, un aminoácido esencial producido por los Devas de Fuego Cristalino. Ellos unirán a este a una enzima que se encuentra presente en tejidos no neuronales, la cual cataliza amalgamaciones químicas relacionadas estructuralmente.

Las moléculas de DMT son análogas al neurotransmisor de serotonina. Nosotros podemos hacer girar las moléculas de serotonina velozmente 108 veces en contra de las manecillas del reloj, a una velocidad de 343 m/s y 1008 veces a favor de las manecillas del reloj a una velocidad de 186.282,397 millas x segundo. Este proceso giratorio obliga a la melatonina y otras triptaminas psicodélicas, como el 5-MeO-DMT, bufotenina y psilocina, a activarse con resplandecencia divina dentro del cerebro humano.

El DMT, conjuntamente con la serotonina, melatonina y otros, tiene poderes conocidos como psicodélicos, especialmente cuando estos son regenerados y recargados por nosotros.

Desde nuestro punto de vista, el ser humano, al ser modificado por las fuerzas oscuras, constantemente está alucinando una irrealidad sombría inexistente. Por esta misma razón es sumamente difícil comunicarse con el ser humano; nuestra intención es modificar este conjunto de hormonas y aminoácidos para que el homo sapiens vislumbre nuevamente la irrealidad soñada de las dimensiones de luz lúcida viviente.

El cambio podrá parecer antinatural cuando el lector empiece a ver otras dimensiones, debido a que no está acostumbrado. Sin embargo, nosotros le aseguramos que este es su estado natural y que la condición a la que está acostumbrado es un estado de esclavitud sensorial que hay que romper para regresar al estado originario, creado por la Vertiente de Esencia Resplandeciente.

No se asuste el lector, el cambio será gradual y habrá paz en él.

Cuando el humano fue modificado por las fuerzas oscuras, comenzó a vivir encerrado en su calabozo perceptual presente; muchos no aguantaron tal cambio y murieron, otros se suicidaron, otros perdieron sus caudales y así el sufrimiento los asfixió. Pocos sobrevivieron y se acostumbraron al sufrimiento, así la humanidad de hoy en día repite su triste historia.

Nosotros no pudimos revertir el cambio inmediatamente, debido a que Citrini (el canal astral ubicado dentro del nervio que corre a lo largo de la columna vertebral) había quedado muy débil y la resolución de la oscuridad, en ese entonces, estaba fortalecida. Sin embargo, gracias a la Vertiente y a los humanos, la oscuridad ahora tiene los días contados; nosotros y nuestras resoluciones e intenciones son mucho más fuertes.

Hoy, el DMT tiene que ver con el fenómeno del sueño. Cuando se sueña, los niveles de DMT en el cerebro son habitualmente amplificados por los Devas para inducir alucinaciones oníricas que despierten en el ADN memorias perceptuales durmientes de la realidad que se les reprimió. Así es como, por milenios, los seres de luz comenzaron a estimular la glándula pineal para que cada vez produjera dosis más altas de DMT. Por ejemplo, en el año1000 AC, los sueños eran muy distintos que en los años 100 DC y en los 1000 o 2000 DC. En cada época, la manera de soñar del ser humano ha cambiado gracias a los Nueve Devas.

La producción de serotonina y melatonina está involucrada en los fenómenos psíquicos. En primer lugar, muchas sustancias alucinógenas son parientes químicos de aquellas producidas por la glándula pineal.

Cuando la glándula pineal es estimulada geomagnéticamente, produce sustancias químicas similares a las que encontramos en plantas alucinógenas que contribuyen a alterar la conciencia. Otros estudios terrestres demuestran que las drogas psicodélicas alteran los niveles de melatonina y serotonina, lo que resulta en algunos casos, en psicosis alucinatoria.

Entiéndase que no necesitamos ningún tipo de catalizador externo para acceder a otras dimensiones. Todo lo que se requiere, se encuentra dentro. Solo hay que hacer un ajuste interno; de esta manera, nos aseguramos de que el camino sea sano y salvo.

Los Devas de Fuego Cristalino usan campos electromagnéticos y geomagnéticos que afectan la producción y la actividad molecular corporal.

Por otro lado, la Vertiente hará cambios contundentes en el campo magnético ambiental terrestre, aumentando y disminuyendo esporádicamente su poder gravitacional. Tales modificaciones inhibirán la producción de HIOMT.

La enzima serotonina-N-acetiltransferasa se encuentra fuertemente afectada por los campos electromagnéticos individuales creados, en este instante, por nosotros mientras usted lee.

En definitiva, todo humano es hipersensible y cualquier permutación significativa del campo magnético terrestre producirá una avalancha de alucinógenos naturales en su envoltorio psico-biológico, lo que le permitirá ser psíquicamente más receptivo.

EBILIDAD, TAMBIEN PODRA CONTROLAR Y REDIRIGIR SUS IMPULSOS

DANDOLE AL SER HUMANO EL PODER DE ADAPTARSE A CUALQ

O LENTO, QUE RETRASARA EL PROCESO DE ENVEJECIMIENTO.

OTORGARA AL CUERPO EL PODER DEL CONTROL PERFECTO

DE UNA FORMA MAS BALANCEADA, CON ENERGIA AS

DAS LA GLANDULA PINEAL MODIFICADA POR LAS

SIDUO INCONSISTENTE, Y HARAN QUE ESTE IN

D, CON PROCESOS GELATINOSOS ALQUITRA

DEL INDIVIDUO Y LA CAPACIDAD DE

Y AL SUEÑO, LA GLANDULA PINEAL

GOS DE ALTO CONTENIDO ELEC

LA MELATONINA Y LA SER

DEL ESPIRITU Y DEJA QU

SERES DE LUZ LLAMA

EBRO, QUE FABR

A GLANDULA

TARATAK

NOVEN

L

CONE

DVIASHT

LA GLANDU

A UBICADA EN E

UN QUIMICO IMPORT

O ES LA LLAVE QUE

PAZ EXPANDIDA DEL UNIV

S POR LOS DEVAS DE FUEGO

LUYAN SOBRE LAS MODULACIONE

IDAD, QUE CAMBIO DRASTICAMENTE

DIMENSIONES. EL DMT FUE CENSURADO P

.SIN EMBARGO AHORA LOS DEVAS DE FUEGO

CON EL TIEMPO, A OTORGAR VISIONES DE OTROS

L METABOLISMO Y REGULARA EL DESARROLLO SEXU

LA GLANDULA PINEAL MODIFICADA TRABAJARA EN SIN

COMER, BEBER, COPULAR, ETCETERA. ASIMISMO, SE CONVERT

ACTICAS TERRESTRES DE KECHARI MUDRA Y DE ENFOQUE VISU

. EL INDIVIDUO TRANSFORMADO PODRA VIVIR SIN COMER Y NO SE

SEXUALES SIN NINGUN PROBLEMA. NO ESTAMOS DICIENDO QUE LO
Y OTRAS ADICCIONES. AQUI HABLAMOS DE LIBERTAD ABSOLUTA
ESAS CON LA ESTIMULACIÓN DE ESTA GLANDULA. A PROPOSIT
NCENTRESE EN EL CENTRO DEL CEREBRO SI QUIERE ACE
L CEREBRO. LA GLANDULA PINEAL CAMBIARA SU EST
A-IRRADIADORAS ELECTRO "VIBRACIONALES", SIM
TARAN AL CEREBRO PARA QUE ESTE CAPTE SU
STEROIDES PARA QUE SU FRECUENCIA ELE
CAMBIANDO ENERGETICAMENTE EL CRO
OXIDASA, YA QUE ESTE ENGENDRA
O, ELLOS ROMPIERON DEL TODO
GUIENTE SUS SEQUITOS. NO
ARLE AL LECTOR ESTA
EL CAMBIO ES DRAST
RAVE. EL MAO-A
UELVE LA SER
NOREPINEF
ETILA
NO

RSE O EL SEXUAL, SEAN NEGATIVOS; SIN EMBARGO EL SER HUMA
SEA CUAL FUERE LOS LUMINOSOS CAMBIARAN PATRONES. OT
A REESTRUCTURANDO, HAGA LA RESPIRACION RECETADA, L
MOS EL COLAPSO DE LA SEROTONINA, INHIBIENDO SU
A PRODUCIR QUIMICOS, NEUROMODULADORES, MODI
PERO CON UNA APARENTE DIFERENCIA A NIVEL
AHORA ESTA SIENDO TRANSFORMADO, Y SE
ERA PROPIEDADES INTER-DIMENSIONALES
EL B SE ALOJAN PONDREMOS MUCHO
ACIONES DE LOS HIJOS DE LA OS
HUMANO CON LA VERTIENTE D
S REESTRUCTURAREMOS
GO EL PROCESO SERA
AR EN UNA PSICOS
MPROBADO CIEN
ATONINA, E
B DISUE
S TR
INA

MITIR INFORMACIÓN CONECTADA A CAMPOS LUMINOSOS DE OTRAS

IDAD SE INGENIARON PARA INHIBIR TAL PRODUCCIÓN DE ACUER

PARA QUE AUMENTE LA CONCENTRACIÓN DE PN N-DIMETIL

BIARÁN SU ESTRUCTURA MOLECULAR CON EL PROPÓSITO

AN QUE EL SER HUMANO EXPERIMENTE ÉXTASIS ASCE

ESTE PROCESO OTORGARÁ NUEVAMENTE VIDA A

S EL MAO-B CON COLUMNAS DE BRILLANTE LU

E CABEZA A TRAVÉS DE PERMUTAS NUCLE

ES DE LAS FUERZAS OSCURAS, LA TI

COMO ALUCINACIONES, DOLOR Y

EFRINA Y DOPAMINA CON P

NSURA CORPORAL DESAPAR

RAN BAJO EL COMPLETO

CORPORAL, EL HUMO

STA INTERPOSIC

NALES BLOQU

MPAGUEA

AMOS

E

GRUP

N DEL M

DE LUZ SE

UCIÓN DE LA S

RESIÓN LA RABIA

SEA, EL EROTISMO,

LOS SÍNTOMAS DE DEPRES

EL SER HUMANO GOZARÁ DE A

INTENSO, EL LECTOR ENTENDERÁ

OR Y DE PLACER, PROMOVIDOS POR

A METABOLIZADA VÍA MAO-B. PROCESO

FORMA EN QUE SE DA LA INHIBICIÓN DEL

TEMENTE LARGOS, REDUCIMOS LA DISOLUCIÓN D

MINA. AL RESPECTO, ENFATIZAMOS EN QUE ESTOS

A REFORMADA CON OSCILACIONES ULTRA POTENTES Y V

INTER-DIMENSIONAL. LA REFORMA DE ESTA INHIBICIÓN, A

PRODUCE, EN LAS PERSONAS, EN PEQUEÑAS PROPORCIONES,

O SINÓPTICO DEL SER HUMANO, ENTENDEMOS QUE LA FUNCIÓN ESP

DIMENSIONES. EL DMT SERA MANIPULADO CUIDADOSAMENTE VIA

PRESENTE EN TEJIDOS NO NEURONALES, LA CUAL CATALIZA AM

OS PODEMOS HACER GIRAR LAS MOLÉCULAS DE SEROTONINA

DEL RELOJ A UNA VELOCIDAD DE 186.282.397 MILLAS

OTENINA, Y PSILOCINA, A ACTIVARSE CON RESPLAN

PODERES CONOCIDOS COMO PSICODÉLICOS, ESPECI

UMANO, AL SER MODIFICADO POR LAS FUERZA

POR ESTA MISMA RAZÓN ES SUMAMENTE DI

NAS Y AMINOÁCIDOS, PARA QUE EL HO

IDA VIVIENTE. EL CAMBIO PODRÁ

QUE NO ESTA ACOSTUMBRADO. S

LA CONDICIÓN A LA QUE E

QUE ROMPER PARA REG

SENCIA RESPLANDECI

RADUAL Y HABRA

OR LAS FUERZ

EN SU CAL

S NO

IE

SE

AL C

UAL PRE

MENZO A VI

DO EL HUMANO

E EL LECTOR, QUE

GINARIO, CREADO PO

UN ESTADO DE ESCLAVITU

ASEGURAMOS QUE ESTE ES SU

O EL LECTOR EMPIECE A VER OTR

MENTE LA IRREALIDAD SOÑADA DE L

HUMANO: NUESTRA INTENCIÓN ES MODIF

A ALUCINANDO UNA IRREALIDAD SOMBRIA

RADOS Y RECARGADOS POR NOSOTROS. DESDE N

O HUMANO, EL DMT, CONJUNTAMENTE CON LA SEROT

OBLIGA A LA MELATONINA, Y OTRAS TRIPTAMINAS, PS

ANECILLAS DEL RELOJ A UNA VELOCIDAD DE 343 M/S Y I

RUCTURALMENTE LAS MOLÉCULAS DE DMT SON ANÁLOGAS AL

PRODUCIDO POR LOS DEVAS DE FUEGO CRISTALINO. ELLOS UNIR

ASEGURAMOS DE QUE EL CAMINO SEA SANO Y SALVO. LOS DEVAS
E NO SE NECESITA DE NINGÚN TIPO DE CATALIZADOR EXTERNO. P
OS ESTUDIOS TERRESTRES DEMUESTRAN QUE LAS DROGAS PSI
S ESTIMULADA GEOMAGNÉTICAMENTE PRODUCE SUSTANCI
MENOS PSIQUICOS EN PRIMER LUGAR, MUCHAS SUSTA
EPOCA LA MANERA DE SOÑAR DEL SER HUMANO H
ERA DOSIS MAS ALTAS DE DMT. POR EJEMPLO
D QUE SE LES REPRIMIÓ ASI ES COMO. POR
LOS DEVAS PARA INDUCIR ALUCINAC
CON EL FENÓMENO DEL SUEÑO. CU
DOS, NOSOTROS Y NUESTRAS
A SIN EMBARGO, GRACIAS A
EDADO MUY DEBIL Y LA
ASTRAL UBICADO DEN
VERTIR EL CAMB
ENTO, ASI LA
COS SOBR
Y AS
O

. . .

RON
ENTO LO
ACOSTUMBR
Y DIA. NOSOTR
DEBIDO A QUE C
CORRE DENTRO DE LA
CURIDAD, EN ESE ENTONC
HUMANOS, LA OSCURIDAD AHO
ES SON MUCHO MAS FUERTES. HO
S DE DMT EN EL CEREBRO SON HABI
TEN MEMORIAS PERCEPTUALES DURMIEN
OMENZARON A ESTIMULAR LA GLANDULA PI
RAN MUY DISTINTOS QUE EN LOS AÑOS 100 DC Y
VAS. LA PRODUCCIÓN DE SEROTONINA Y MELATONIN
UIMICOS DE AQUELLAS PRODUCIDAS POR LA GLANDULA
QUE ENCONTRAMOS EN PLANTAS ALUCINÓGENAS, QUE CONT
TONINA Y SEROTONINA, LO QUE RESULTA EN ALGUNOS CASOS, E
O QUE SE REQUIERE, SE ENCUENTRA DENTRO. SOLO HAY QUE HACE

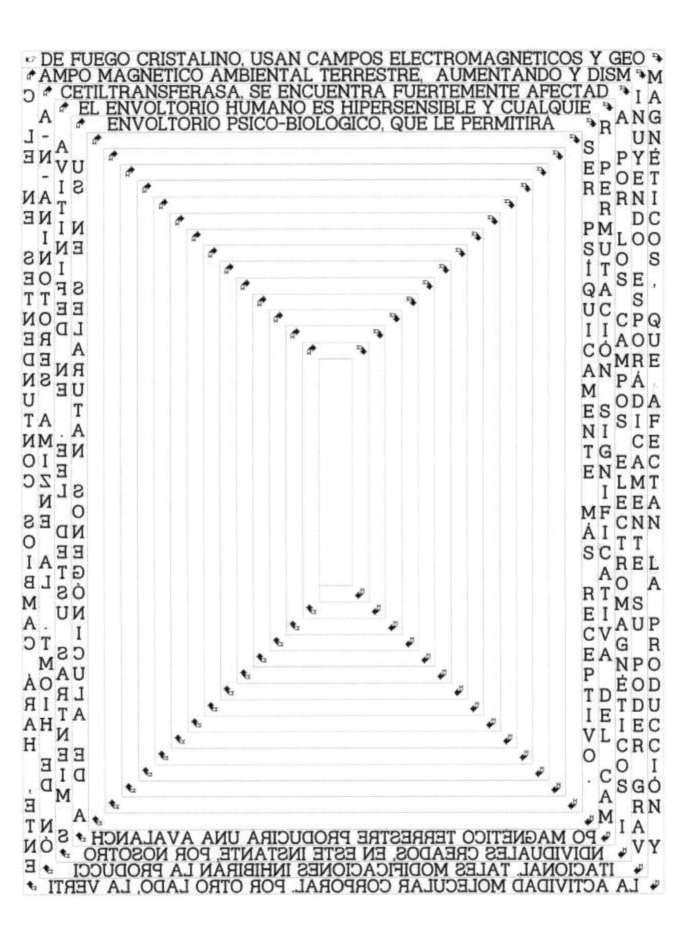

DE FUEGO CRISTALINO, USAN CAMPOS ELECTROMAGNETICOS Y GEO
AMPO MAGNETICO AMBIENTAL TERRESTRE, AUMENTANDO Y DISM
CETILTRANSFERASA, SE ENCUENTRA FUERTEMENTE AFECTAD
EL ENVOLTORIO HUMANO ES HIPERSENSIBLE Y CUALQUIE
ENVOLTORIO PSICO-BIOLOGICO, QUE LE PERMITIRA

MAGNÉTICOS, QUE AFECTAN LA PRODUCCIÓN Y
INUYENDO LOS CAMPOS ELECTROMAGNÉTICOS GRAV
POR LOS CAMPOS I
R PERMUTACIÓN SIGNIFICATIVA DEL CAM
SER PSÍQUICAMENTE MÁS RECEPTIVO.

PO MAGNETICO TERRESTRE PRODUCIRA UNA AVALANCH
NDIVIDUALES CREADOS, EN ESTE INSTANTE POR NOSOTRO
ITACIONAL TALES MODIFICACIONES INHIBIRAN LA PRODUCI
LA ACTIVIDAD MOLECULAR CORPORAL, POR OTRO LADO, LA VERTI

La mente es fácilmente seducida y estimulada por frecuencias como
ALFA (7,5 a 13 Hz)
BETA (13 a 28 Hz)
DELTA (0,2 a 3,5 Hz de frecuencia)
THETA (3,5 a 7,5 Hz)
RAM ALTA (28 Hz y más)
La frecuencia Beta es aquella a la que los humanos están regularmente habituados durante el día.
La frecuencia ALFA es un estado de relajación y hasta de cansancio.
La DELTA va de mano en mano con el sueño profundo.
La frecuencia RAM ALTA está asociada al desconcierto y la tensión.
Las fuerzas de la opacidad han implementado el uso de máquinas que modifican las frecuencias electromagnéticas.
Con ellas, se alteran las frecuencias mentales; y así pueden fácilmente dominar al ser humano no preparado emocionalmente por medio alucinaciones estrés y aun introduciendo pensamientos dominantes que dan la apariencia de provenir del interior de cada uno.
La oscuridad puede, con la asistencia de tales máquinas, afectar la magnetósfera, la cual nos resguarda de las radiaciones cósmicas y ráfagas solares.
En los polos, el campo magnético es más frágil y, al ser bombardeados por ráfagas solares de partículas relucientes cargadas de poder, se forman las Auroras Boreales en el Polo Norte y Auroras Australes en el Polo Sur, las que se originan cuando las partículas solares colisionan con los gases atmosféricos induciendo una especie de brillo holográfico.
Estas auroras, sorpresivamente se vieron 38 minutos antes del terremoto de China, en el Tsunami del 2004 y en otros sitios. Ello indica que hoy existe una extenuación del campo magnético terrestre que pudo haber sido causada por el funcionamiento de maquinaria proveniente de las sombras más oscuras y no por la acción del sol. Estas modificaciones podrían causar una permutación de la polaridad de los campos magnéticos que cambiaría la faz terrestre.
El país de la falsa libertad, el país rojo de la falsa igualdad y el continente antiguo están implementando, sin saberlo, nuevos parámetros para la vida moderna. La vida cambiará en la fase terrestre con telares sombríos.
Lo que las mentes gobernadas por dichas fuerzas no saben es que tienen en su poder armamento espiritual de carácter geofísico listo para intervenir la tropósfera con ondulaciones de radio de baja frecuencia alquitranada. Estas armas son peligrosas hasta para ellos mismos.
El país de la falsa igualdad tiene instalaciones que son 70 veces más potentes que las del país de la falsa libertad.

Las armas espirituales, ahora y aquí, no solo pueden manipular al ser humano con su poder; también alteran el campo eléctrico provocando cambios climáticos.

Si el ser humano no se renueva, el planeta entero peligra y será tragado por la garganta sombría de la confusa opacidad. Usted, como un guerrero de la luz, no tiene que hacer mucho; nosotros estamos de su parte, simplemente deje que estas palabras penetren profundamente en su psique y lo despierten.

Entablada esta conexión, amorosa y pura entre nosotros, es suficiente para que lo defendamos cuando usted lo necesite; estaremos de su lado siempre pendientes para abrazar y proteger su alma y, cuando esté preparado, lo sacaremos del planeta e insertaremos en las dimisiones más altas de existencia soñada.

Con el despertar forzoso, los gobiernos y todo sistema de explotación humana caducarán. Los seres humanos preparados tomarán las riendas y guiarán a los demás en el proceso del despertar, subsidiado por nosotros para alinear los patrones de luz tierna y cariñosa que regirán el futuro de la raza humana.

El hipotálamo y el décimo vórtice (el estimulador del néctar de la inmortalidad)

Ashtrtakam bashtiam britashtit badrampat tashtiam Yori-El

El hipotálamo, que conecta el sistema nervioso con el sistema endocrino a través de la glándula pituitaria, es usado en este instante para crear modulaciones en los procesos metabólicos. Junto con otras actividades, el hipotálamo producirá y destilará neurohormonas que exudan calores místicos; el aumento de temperatura y radiación favorecen la producción de algunas hormonas específicas y simultáneamente dificultan la emisión de ciertas hormonas en la hipófisis. Cuando este vórtice despierte, usted podrá controlar la temperatura corporal mentalmente, así como lo ha hecho en los otros vórtices. Usted será inmune al frío y al calor extremo; también será capaz de controlar la fatiga, la sed, el sueño, el hambre y los ciclos circadianos.

El hipotálamo es de suma importancia para Los Devas de Fuego Cristalino, ya que está vinculado con numerosas partes del sistema nervioso central perturbadas por la oscuridad.

La opacidad estranguló, por milenios, la formación reticular del tallo cerebral y las zonas autónomas, como el prosencéfalo límbico, la amígdala, el septum, el bulbo olfatorio y la corteza cerebral. Esta opresión ha llegado finalmente a su fin. Si usted es incrédulo, pues cierre los ojos y siéntanos en su cerebro, sienta la luz y el cosquilleo que nuestros benéficos rayos producen.

Adamat vitrat Sariaiel vatrat udrat uriam badrimat iiiam

• Las hormonas del hipotálamo como: liberadoras de la hormona corticotropina (CRH);
• Tirotrópica Tyrotrophic, hormona liberadora de tirotropina (TRH);
• Folículo-estimulante, hormona liberadora de (FSHRH);
• La hormona luteinizante, hormona liberadora (LHRH);
• La hormona del crecimiento, hormona liberadora, activa la glándula pituitaria para producir y liberar la hormona del crecimiento humano (GHRH);
• CRH que ayuda a las glándulas suprarrenales;
• ACTH y corticoides;
• TRH estimula la tiroides para secretar las hormonas tiroideas T3 y T4;
• FSH estimula los ovarios y los testículos, lo que permite la maduración del óvulo y del espermatozoide. También promueve la ovulación y aumenta la producción de progesterona y su liberación;
• GHRH estimula la glándula pituitaria anterior para que secrete la hormona de crecimiento de los tejidos del cuerpo, aumenta la producción de proteínas y glucosa en la sangre.

Repita tres veces:

• Adamat vitrat Sariaiel vatrat udrat uriam badrimat iiiam CRH
• Adamat vitrat Sariaiel vatrat udrat uriam badrimat iiiam TRH
• Adamat vitrat Sariaiel vatrat udrat uriam badrimat iiiam FSHRH
• Adamat vitrat Sariaiel vatrat udrat uriam badrimat iiiam LHRH
• Adamat vitrat Sariaiel vatrat udrat uriam badrimat iiiam GHRH
• Adamat vitrat Sariaiel vatrat udrat uriam badrimat iiiam CRH
• Adamat vitrat Sariaiel vatrat udrat uriam badrimat iiiam ACTH
• Adamat vitrat Sariaiel vatrat udrat uriam badrimat iiiam TRH
• Adamat vitrat Sariaiel vatrat udrat uriam badrimat iiiam FSH
• Adamat vitrat Sariaiel vatrat udrat uriam badrimat iiiam GHRH

Ahora, estas hormonas están siendo modificadas por la luz cristalina viviente e inteligente que proviene de la novena dimensión; tome un descanso, relájese y deje que la luz reestructure su cuerpo.

TO HORMONA LIBERADORA ACTIVA LA GLANDULA PITUITARIA PA
OTROPHIC LA HORMONA LIBERADORA DE TIROTROPINA (TRH)
YOS PRODUCEN ADAMAT VITRAT SARIAIEL VATRAT UDRA
ION HA LLEGADO FINALMENTE A SU FIN. SI USTED
CULAR DEL TALLO CEREBRAL Y LAS ZONAS AUTO
CULADO CON NUMEROSAS PARTES DEL SISTEM
SUEÑO, EL HAMBRE Y LOS CICLOS CIRCAD
N LOS OTROS VORTICES. USTED SERA
ANDO ESTE VORTICE DESPIERTE
NAS HORMONAS ESPECIFICAS Y
EXUDAN CALORES MISTICOS
OLICOS JUNTO CON OT
A ES USADO, EN ESTE
VIOSO CON EL S
SHTIAM YORI-
AD), ASHT
TIMUL
OM

E
O VO
TAR DE
M BRITASHT
O, QUE CONECT
A TRAVES DE LA G
AR MODULACIONES EN
E PRODUCIRA Y DESTILAR
TURA Y RADIACION FAVORECE
TAN LA EMISION DE CIERTAS HOR
TEMPERATURA CORPORAL MENTALME
EXTREMO, TAMBIEN SERA CAPAZ DE CONT
MA IMPORTANCIA PARA LOS DEVAS DE FUEG
POR LA OSCURIDAD, LA OPACIDAD ESTRANGULO,
CO, LA AMIGDALA, SEPTUM, EL BULBO OLFATORIO
Y SIENTANOS EN SU CEREBRO, SIENTA LA LUZ Y EL C
DEL HIPOTALAMO COMO: LIBERADORA DE LA HORMONA CO
ORA DE (FSHRH), LA HORMONA LUTEINIZANTE HORMONA LIBER
ECIMIENTO HUMANO (GHRH), CRH QUE AYUDA GLANDULAS SUPRAR

TRH ESTIMULA LA TIROIDES PARA SECRETAR LAS HORMONAS TIRO

VE LA OVULACIÓN Y AUMENTA LA PRODUCCIÓN DE PROGESTERO

CUERPO, AUMENTA LA PRODUCCIÓN DE PROTEÍNAS Y GLUCOS

DRIMAT IIIAM TRH. ADAMAT VITRAT SARIAIEL VATRAT U

IEL VATRAT UDRAT URIAM BADRIMAT IIIAM GHRH. AD

IIIAM ACTH. ADAMAT VITRAT SARIAIEL VATRAT UD

AT SARIAIEL VATRAT UDRAT URIAM BADRIMAT

NTELIGENTE PROVENIENTE DE LA NOVENA

E LA MENTE.MADAT VASTRAT AKTURIA

CONECTADA CON EL VÓRTICE DE L

DE LA MENTE, LA PERSONALIDAD

ORALES DEL CEREBRO Y EJE

IGDALA ES UNA PARTE

ENTE CON EL HIPOTAL

DESPIERTAN ME

VIA NERVIO

ARA AUME

NUCLE

L

AL

O TR

Y SOL

O RETÍCULA

VIOLETA E INF

NERVIOSO SIMPÁTI

SISTEMA LÍMBICO ESTÁ

SPECTO A LAS REACCIONE

SE ENCUENTRA EN LO PROFUN

NDIA TOMO EL NOMBRE DE "CHAK

-EL AMÍGDALA Y EL DÉCIMO PRIMER

RELÁJESE Y DEJE QUE LA LUZ REESTRUCT

MONAS ESTÁN SIENDO MODIFICADAS, POR L

DAMAT VITRAT SARIAIEL VATRAT UDRAT URIAM

URIAM BADRIMAT IIIAM TAMIRBAD GRH ADAMAT VITRAT SARI

AMAT VITRAT SARIAIEL VATRAT UDRAT URIAM BADRIM

EL VATRAT UDRAT URIAM BADRIMAT MAIRU TARDU TARTAV V

LANDULA PITUITARIA ANTERIOR PARA QUE SECRETE LA HORMO

Y LOS TESTÍCULOS, DONDE SE PERMITE LA MADURACIÓN DEL OVU

El asiento de la mente

Madat vastrat akturiat madaveiel barastrat Sabi-El

Amígdala y el décimo primer vórtice

La amígdala está conectada con el vórtice de la mente, el área que en la India tomó el nombre de "Chakra Manas" y que es el asiento de la mente, la personalidad y el ego.

La amígdala se encuentra en lo profundo de los lóbulos temporales del cerebro y ejecuta funciones con respecto a las reacciones emocionales. La amígdala es una parte importantísima del sistema límbico. Está en contacto permanente con el hipotálamo y el sistema nervioso simpático.

Los luminosos despiertan mediante luz ultravioleta e infra-roja estelar, vía nervio óptico, el núcleo reticular del tálamo para aumentar los reflejos y activar los núcleos del nervio trigémino y el nervio facial (recuerde que el rostro, el ego y la personalidad están conectados).

El área tegmental ventral, el locus coeruleus, el núcleo dorsal y los segmentos laterales serán reformados para que aumenten la producción de dopamina, norepinefrina y epinefrina que, a su vez, gradualmente serán modificadas para transformar la conciencia del ser humano

La amígdala fue modificada, seriamente, por las fuerzas de la opacidad que, a través de impulsos contaminantes, hicieron cambios genéticos sombríos concluyentes, con el fin de que la amígdala no solo encerrara la oscuridad del miedo, el temor y el pánico, sino también para que el ser humano fuera dominado por instintos animales, relacionados con el olfato y la dispensación de las feromonas.

La amígdala delinea la estructura de los recuerdos y, así como los almacena, los desvirtúa completamente (nótese que el ego y la personalidad se ven afectados por los recuerdos y la experiencia del pasado), destilando de ellos una especie de concentrado emocional.

Mientras se tiene miedo, la amígdala envía incentivos sensoriales a los núcleos laterales, despertando y creando vínculos con los recuerdos emocionales del pasado, almacenados en el cerebro. El núcleo central de la amígdala es cómplice con el origen de muchas de las reacciones inconscientes que el ser humano despliega ante experiencias enlazadas al miedo, como la ansiedad, la respiración rápida, la taquicardia y la inmovilidad. Estos síntomas cobran fuerza debido a que la amígdala produce la hormona del estrés.

Lesiones en la amígdala afectan la capacidad de sentir miedo. Si destruimos la nebulosidad que envuelve la amígdala mediante estimulación solar, en algún momento el lector dejará de sentir miedo y ningún tipo de aprensión lo afectará. Algunos piensan que las sombras del miedo son necesarias para la supervivencia humana, ya que el temor alerta del peligro en ciertos momentos de la vida; y se piensa que sin miedo las personas no serían capaces de huir ante una amenaza de cualquier ataque, aunque debemos recordar que el ser humano posee el poder de discernimiento y discriminación. Es inteligente y puede decidir sin miedo, en casos de extremo peligro, cuál es el rumbo a tomar con mayor eficacia. Por otro lado, el discernimiento y la discriminación se pierden completamente ante el miedo. Hipotéticamente, una pantera alcanzaría muy rápido a una persona y, además, los felinos prefieren atacar por la espalda. Sin el miedo, la supuesta presa humana pensaría y, en fracciones de segundo, tomaría un curso de acción más inteligente, como el buen uso de sus poderes psíquicos.

El miedo es la raíz de todas las emociones: de el brota la ira que le da al ser humano la energía para luchar contra situaciones que, por ejemplo, amenazan su prestigio; pero si la ira no puede resolver el conflicto que produjo el miedo a la pérdida de prestigio, una sensación de tristeza y derrota abrumará al sujeto. Si, por el contrario, el sujeto supera el obstáculo, un estremecimiento de euforia lo colmará, pero esta euforia no es más que felicidad engañosa, falsa y transitoria.

La raíz de dichas emociones -el miedo- afecta la construcción del ego-mente de una forma constante. Cada vez que usted se deja envolver por estas vibraciones egoicas, se convierte es un esclavo más dependiente de su oscuridad interior. Derrote con nosotros estas emociones y cámbielas por un sentimiento etéreo y causal de amor.

Su verdadera naturaleza ha sido olvidada y cubierta por sensaciones corporales de miedo, rabia, tristeza, alegría, inseguridad y desequilibrio. Inspeccione su interior y comprobará la certeza de estas palabras.

Además, la amígdala, ligada al alcoholismo y otras adicciones, es un regulador imperativo de las respuestas y la conducta adoptada ante productos tóxicos.

La función primordial de la amígdala, absorbida por la oscuridad, consiste en ajustar y consolidar los recuerdos en otras áreas del cerebro y desvirtuarlos completamente.

La amígdala es una de las aéreas corporales más modificadas por la opacidad, ya es hora de retro-transformarla completamente con luz y brillantez dorada.

Nosotros, en este instante, estamos destruyendo toda imperfección. Confíe, queremos simplemente ayudar, ayúdenos también a cambiarlo. Cuando sienta miedo, llámenos por el nombre de Anab-el-ariamit, Yori-el-ariamit, Gabri-ellaariamit, Mikha-el-ariamit, Rafay-el ariamit, y nosotros vendremos y destruiremos las energías sombrías que lo envuelven.

Conéctese, siéntanos y llámenos. Estamos con usted que quiere cambiar y quiere amar. Escoja la vía de la luz altísima y de la eternidad. Nos sentimos deseosos de ayudarlo a cambiar su miedo por el amor. Nosotros extirparemos la espina de la desconfianza y la ansiedad que afecta la amígdala y destruiremos sus prolongaciones egoicas que ahogan el corazón espiritual. Tenga fe y paciencia; y recuerde que el cambio energético no puede darse tan rápido, debido a la delicadeza del sistema meridional energético.

NA AMENAZA DE CUALQUIER ATAQUE, PERO DEBEMOS RECORDAR,

OMBRAS DEL MIEDO SON NECESARIAS PARA LA SUPERVIVENCIA

ULOSIDAD, QUE ENVUELVE LA AMIGDALA, MEDIANTE ESTIMUL

AD. ESTOS SINTOMAS COBRAN FUERZA, DEBIDO A QUE LA

AS REACCIONES INCONSCIENTES QUE EL SER HUMAN

VINCULOS CON LOS RECUERDOS EMOCIONALES DEL

RADO EMOCIONAL, MIENTRAS SE TIENE MIEDO.

EL EGO Y LA PERSONALIDAD SE VEN AFE

MONIAS LA AMIGDALA DELINEA LA ES

EL SER HUMANO FUERA DOMINAD

RA QUE LA AMIGDALA NO SOLO

A OPACIDAD; ESTOS IMPULS

IENCIA DEL SER HUMAN

INA QUE A SU VEZ

QUE AUMENTEN

EO DORSAL Y

TEGMENTA

SONAL

UE

EL

ONECTA

LOCUS COER

TERALES SERAN

DOPAMINA, NOREPI

MODIFICADAS PARA

ODIFICADA, SERIAMENTE.

ERON CAMBIOS GENETICOS SO

DEL MIEDO, EL TEMOR Y EL PANI

RELACIONADOS CON EL OLFATO Y L

ASI COMO LOS ALMACENA, LOS DESVIRT

EXPERIENCIA DEL PASADO), DESTILANDO DE

A INCENTIVOS SENSORIALES A LOS NUCLEOS LA

O, EL NUCLEO CENTRAL DE LA AMIGDALA ES COMP

ZADAS AL MIEDO, COMO LA ANSIEDAD, LA RESPIRACION

RES. LESIONES EN LA AMIGDALA AFECTAN LA CAPACIDAD D

TOR DEJARA DE SENTIR MIEDO Y NINGUN TIPO DE APRENSION

IERTOS MOMENTOS DE LA VIDA, Y SE PIENSA QUE SIN MIEDO LAS P

QUE EL SER HUMANO POSEE DE PODER DE DISCERNIMIENTO Y DIS
RO LADO EL DISCERNIMIENTO Y LA DISCRIMINACION SE PIERDE
N ATACAR POR LA ESPALDA. SIN EL MIEDO LA SUPUESTA PRE
RES PSIQUICOS. EL MIEDO ES LA RAIZ DE TODAS LAS E
AMENAZAN SU PRESTIGIO, PERO SI LA IRA NO PUED
BRUMARA AL SUJETO. SI POR EL CONTRARIO, EL
UE FELICIDAD ENGAÑOSA, FALSA Y TRANSITOR
ONSTANTE. CADA VEZ QUE USTED SE DEJA
SCURIDAD INTERIOR. DERROTE CON NO
VERDADERA NATURALEZA HA SIDO
GRÍA, INSEGURIDAD Y DESEQUI
RAS. ADEMAS, LA AMIGDALA
ERATIVO DE LAS RESPU
FUNCIÓN PRIMORDIAL
TE EN AJUSTAR
CEREBRO Y D
A ES UNA
IFICA
H

PACI
CORPOR
MPLETAMEN
RECUERDOS EN
BSORBIDA POR LA
ADOPTADA ANTE PRO
MO Y OTRAS ADICCIONES.
INTERIOR Y COMPROBARA LA
ENSACIONES CORPORALES DE MIE
CAMBIELAS POR UN SENTIMIENTO ET
ES EGOICAS. SE CONVIERTE ES UN ESCLA
S ("EL MIEDO") AFECTA LA CONSTRUCCION
N ESTREMECIMIENTO DE EUFORIA LO ABRAZARÁ
JO EL MIEDO A LA PERDIDA DE PRESTIGIO. UNA
LE DA AL SER HUMANO LA ENERGÍA PARA LUCHAR CON
DE SEGUNDO TOMARIA UN CURSO DE ACCION MAS INTELIG
ICAMENTE. UNA PANTERA ALCANZARÍA MUY RAPIDO A UNA P
DIR SIN MIEDO, EN CASOS DE EXTREMO PELIGRO CUAL ES EL RU

CO, NO PUEDE SER TAN RAPIDO DEBIDO A
OS SUS PROLONGACIONES EGOICAS. Q
EL AMOR NOSOTROS EXTIRPAREM
VIA DE LA LUZ ALTISIMA Y
CONECTESE, SIENTANOS Y L
RIAMIT Y NOSOTROS VE
L-ARIAMIT, YORI-EL-
AMBIARLO, CUAN
CONFIE, QUER
NSTANTE.
LLAN
LA

COMPLETAME

T
NTE
NOSOTR
YENDO TODA
AYUDAR, AYUD
LAMENOS, POR EL
-ARIAMIT, MIKHA-EL
OS LAS ENERGIAS SOMBRI
STED QUE QUIERE CAMBIAR Y
TIMOS DESEOSOS DE DE AYUDARL
FIANZA Y LA ANSIEDAD QUE AFECTA
ITUAL. TENGA FE Y PACIENCIA Y RECU
RIDIONAL ENERGETICO.

Vórtice de la coronilla

Este es el centro del éxtasis del espíritu imperecedero.

La mente o conciencia individual se mantiene en continuo contacto con todo tipo de información que proviene del cosmos y todas las extensiones del espíritu.

La coronilla está relacionada con el universo.

Cuando el vórtice se encuentra equilibrado, amplifica la capacidad de la conciencia, permitiéndonos apreciar nuestro entorno con transparencia.

En caso de mal funcionamiento o agitación centrífuga, se pueden observar síntomas de desesperación, aislamiento, falta de sabiduría y estampa. Estos desórdenes pueden exteriorizarse de una manera repentina y, a veces, se simboliza como una nube gris que se despliega sobre el cuerpo. A ello se le suman sentimientos de enajenación, desesperanza, aletargamiento, cambios de humor, fatiga y aburrimiento.

Neocorteza cerebral

Atronixitrat advatiam vashti udrit agramat Anab-el

Los esquemas de aceleración neuronal están siendo modificados ahora, preste atención, concéntrese en la lectura, y deje que esta lo transforme.

La estructura de enlaces distributivos subyacentes que constituyen la tupida red de fibras y accesos de vinculación, en las regiones de la corteza cerebral, están siendo iluminadas con luz inter-dimensional. Utilizamos metodologías de propagación de iconografías de ensueño que nos permiten llevar a cabo un tipo de mapeo no invasivo, con la intención de conocer donde se encuentran ubicadas las semillas implantadas por las sombras. De esta manera cubrimos la zona cortical.

Nuestro análisis sobre la compleja red cerebro-neuronal revela zonas de la corteza, conectadas y centralizadas en la oscuridad, formando un núcleo estructural desbalanceado y desproporcionado energéticamente.

Los primordiales módulos del núcleo alquitránico son las porciones de la corteza media posterior, activas mientras usted se encuentra en reposo o durmiendo. Ahora bien, en los momentos que el cerebro no está implicado en una tarea cognitivamente exigente, los Devas implantan semillas de luz en distintas áreas oscuras.

Los esquemas de correlación estructural y funcional de las interacciones entre las zonas de la corteza están significativamente relacionados con este núcleo antinatural; sin embargo, cerca de la coronilla, existe un núcleo ultra-brillante que recibe rayos de luz de la 5ta, 7ma y 9na dimensión. Este núcleo será abierto por nosotros, como una persiana que se levanta en un cuarto oscuro un día asoleado y celeste. Tal apertura quedará libre de bloqueos y cambiará de manera inminente el cerebro humano, su estructura molecular y su química.

Los enlaces neuronales de la corteza serán estimulados por información electro-luminiscente, fortaleciendo así su estructura para que su vinculación con el tejido sombrío emocional se ilumine. Una vez codificada el área neuronal de la corteza cerebral, la memoria residente en la región de la corteza, tomará un diferente color, "el color de la verdad": así aprenderemos a ver hacia el pasado y el futuro, como si estos fueran un presente continuo y eterno. La información, percibida y procesada de los tres tiempos amalgamados, será visionada bajo la forma de hologramas tridimensionales internos.

La morfología neuronal predominante será afectada por relámpagos de un espectro de luz blanca estelar y solar que entrará por los ojos cada vez que el lector salga a la intemperie; esta luz afectará las proyecciones subcorticales. La capa que recibe información proveniente del tálamo será inundada también por esta luz, afectando así las neuronas de pequeño tamaño que forman la capa granular. Por otro lado, las capas supra-granulares serán obligadas a conectarse con distintas áreas corticales homo y contra-laterales, con el propósito de reabrir meridianos subyacentes bloqueados por las fuerzas de la oscuridad. Las capas infra-granulares proyectarán luz fabricada por el cambio a las estructuras subcorticales, abriendo así otra serie de pequeños vórtices, con meridianos arácnidos espectrales que proyectan estructuras holográficas al cerebro medio, posterior y a la médula espinal.

La neocorteza recibirá así un flujo de luz en cascada, afectando el proceso de raciocinio.

La arquicorteza será desestructurada, dividida; y algunas áreas de esta serán cauterizadas por la Vertiente de Esencia Resplandeciente, quien destituirá la parte animal o instintiva del cerebro humano que se encarga de las reacciones automáticas y de supervivencia y de los procesos fisiológicos. El instinto se transformará en intuición.

La neocorteza será preparada para recibir información psíquica inter-dimensional a través de símbolos de luces multicolores.

Las neuronas del lóbulo temporal serán reprogramadas para captar caracteres sonoros geométricos.

El lóbulo frontal tendrá la capacidad de predecir el futuro.

El lóbulo parietal de la corteza somatosensorial primaria sufrirá un cambio tan drástico que el lector sentirá la vida en cada uno de sus poros; esto le hará conocer el eterno éxtasis.

El lóbulo occipital posterior otorgará visión multidimensional.

En definitiva, abriremos el núcleo de la coronilla y por aquí se introducirá energía viviente e inteligente que destruirá el núcleo sombrío y conectará al humano con la Vertiente de Esencia Resplandeciente. Esta energía celestial viajará al primer vórtice; y si Asuntara no está despierta aún, su poder la levantará del letargo y la llevará más allá de las fronteras de los tres cuerpos.

Repita este sonido en cada uno de los siguientes vórtices:

El vórtice 12 010011-011011-000110

Idratmin adiat Mikha-ella-astrtaiam

será inundado con luz quantum, una luz compuesta por 001000, 010000 y 100000. Cuando esto se lleve a cabo, el ser humano ganará los poderes de manifestación instantánea. Este proceso lo conectará con el centro del sistema solar y el sol le otorgará sabiduría expansiva.

El vórtice 13 Arcaris 000110-011101-111001

Idratmin adiat adiat Mikha-ella-astrtaiam

Cuando este vórtice sea despertado con luz estelar siriana de la quinta dimensión, el individuo se reconectará al centro interestelar galáctico en las proximidades del agujero negro central y podrá penetrarlo sin ser afectado por la nebulosidad; ello es algo que muy pocos seres de luz pueden efectuar. En cambio, usted comprenderá profundamente los mecanismos de esta energía densa y tendrá la fuerza de desmantelarla con poder amoroso radiante. Por consiguiente, ayudará a los seres de fosforescencia y fuego atómico a entender cierta fuerza grisácea dentro del agujero negro. Con este descubrimiento y comprensión, los seres de fosforescencia cambiarán los vórtices y los reemplazarán por luz atómica de alta condensación.

Al llegar a este chakra, usted será completamente inmune a las fuerzas de la oscuridad y absolutamente todos los miedos se desvanecerán para siempre aquí.

En el vórtice Sol-aris-isi 001100-001100-001100

Idratmin adiat adiat adiat Mikha-ella-astrtaiam

Aquí usted se conectará directamente con la manifestación tridimensional de la Vertiente en el universo tridimensional soñado, localizada en el centro del mismo. Esta conexión cambiará rotundamente su personalidad y comprenderá todos los secretos de la creación de ensueño, pudiendo así modificarla con el único propósito de estimular su evolución.

Esta conexión con el centro del universo propagará su identidad y sentido de individualidad interestelar y podrá experimentar el poder de billones de soles en su interior, además de la capacidad de volverse uno con ellos. Será así que entenderá el poder fotónico de la luz en la tercera dimensión. En esta fase, manipulará cromosómicamente las partículas puntuales y al mismo tiempo colecciones de quarks con gluones, formando así hardones, donde las partículas subatómicas permanecerán unidas debido a su potente interacción.

Usted también podrá equilibrar los cambios térmicos entre la materia y la radiación electromagnética.

A continuación, logrará cambiar las ondas corpusculares a ondulantes y viceversa, afectando de diferente forma otras partículas más densas.

El vórtice 15 TX 010101-010011-010101

Idratmin adiat adiat Mikha-ella-astrtaiam

Cuando este vórtice sea alcanzado, usted conquistará la ilusión tiempo/espacio y entenderá los secretos que encierran la 4ta y 5ta dimensión. Cruzará las coordenadas temporales y espaciales. El tiempo, en el espacio 3D, da la impresión de ser una coordenada aparte; sin embargo, tiempo y espacio parecieran unificarse en dimensiones más elevadas.

El tiempo, en esta aparente realidad secundaria, pareciera ser lineal aunque no lo es. En otras dimensiones, el tiempo y el espacio toman un color figurado ondulante y más flexible. Por esta razón, es más fácil trascenderlos hiperespacialmente, mientras no se encuentren compactos.

 Recuerde que las diferentes dimensiones son como sueños dentro de sueños.

Idratmin adiat adiat Mikha-ell-astrtaiam

En el vórtice 011001-111010-001001, usted romperá la barrera de la 5ta dimensión y tendrá acceso a la 6ta, donde los seres luminosos de la 5ta tienen denegado el acceso, hasta que desbaraten su apego al éxtasis imperecedero que se siente aquí.

Usted podrá entender los aspectos de pureza y bondad más elevados. Aquí no necesitará luz externa y pasará a ser una entidad luminosa resplandeciente.

Idratmin adiat adiat adiat Mikha-ella-astrtaiam

En el vórtice 010110-110100-010011, el cuerpo humano de 3 facetas será revestido por 7 envolturas cristalinas de alta pureza; estas envolturas funcionarán como cuerpos alternos, en otras dimensiones que podrán acceder a espacios tridimensionales alternos todos al mismo tiempo; asimismo, se podrán ocupar espacios en las 7 dimensiones simultáneamente.

Vórtice 011011-111010-001111

Idratmin adiat adiat adiat Mikha-ella-astrtaiam

Cuando alcance el vórtice 011011-111010-001111, tendrá acceso a la octava dimensión y sus 7 cuerpos cristalinos se multiplicarán 7 veces 7, cambiando así una vez más su personalidad y conciencia individual dividida.
Los poderes adquiridos serán poderes muy similares a los de la Vertiente de Toda Luz, y el amor sentido será el amor más increíble, maravilloso y bondadoso jamás pensado.

Vórtice 010111-010001-011111

Idratmin adiat adiat adiat Mikha-ell-astrtaiam

En el vórtice 010111-010001-011111, usted tendrá acceso a diferentes etapas lineales del espacio/tiempo: podrá viajar al pasado y al futuro con sus cuerpos cristalinos, sin romper con el "no tiempo" en el cual está anclado. Ahora podrá y tendrá derecho y permiso de cambiar el curso de los eventos históricos que estén en contra de la evolución luminosa.
A esta altura, se graduará y dejará de ser monitoreado. La Vertiente y los Devas tendrán total confianza en usted y usted decidirá por sí mismo sobre circunstancias que afecten a las nueve dimensiones.

Vórtice 010111-010001-111111

Idratmin adiat adiat adiat Mikha-ell-astrtaiam

En el vórtice 010111-010001-111111, usted quedará libre de su individualidad pragmática de 49 cuerpos y se expandirá sin límites a través del sueño noveno-dimensional, accediendo a todas las dimensiones simultáneamente.

Todos los Karmas que lo tenían confinado a los 49 cuerpos serán destruídos y usted elegirá entre trascender el sueño noveno-dimensional y ser conciencia absoluta, o unirse a la Vertiente de Toda Luz con el propósito de ayudar al proceso evolutivo del sueño de las nueve dimensiones.

Vórtice 011011-101000-100111-111111

Idratmin adiat adiat adiat Mikha-ella-astrtaiam

El último vórtice 011011-101000-100111-111111, es el del retorno a la conciencia absoluta. Si se cruza esta última frontera, no habrá vuelta atrás: paz eterna será la única experiencia. Usted aquí decide, nadie más lo hará en su lugar.

VORTICE DE LA CORONILLA ESTE ES EL CENTRO DEL EXTASIS DE

EL COSMOS Y TODAS LAS EXTENSIONES DEL ESPIRITU. LA CORO

APRECIAR NUESTRO ENTORNO CON TRANSPARENCIA. EN CASO

A Y ESTAMPA. ESTOS DESORDENES PUEDEN EXTERIORIZA

SE LE SUMAN SENTIMIENTOS DE ENAJENACIÓN, DESE

VASHTI UDRIT AGRAMAT ANAB-EL. LOS ESQUEMAS

LECTURA, Y DEJE QUE ESTA LO TRANSFORME.

CESOS DE VINCULACIÓN EN LAS REGIONES

OLOGÍAS DE PROPAGACIÓN DE ICONOGR

A ASI CONOCER DONDE SE ENCUENT

S LA ZONA CORTICAL. NUESTRO

RTEZA, QUE ESTAN CONECTA

URAL DESBALANCEADO Y

LOS DEL NÚCLEO ALQU

STERIOR, QUE E

REPOSO O DUR

EL CEREB

A COG

EV

EXIG

PLICADO

IEN, EN LO

NTRAS USTED S

PORCIONES DE LA

NERGÉTICAMENTE LO

N LA OSCURIDAD, FORMAN

LEJA RED CEREBRO-NEURONAL,

IMPLANTADAS POR LAS SOMBRAS

PERMITEN LLEVAR A CABO UN TIPO

N SIENDO ILUMINADAS CON LUZ INTER-DI

RIBUTIVOS SUBYACENTES QUE CONSTITUYEN

SIENDO MODIFICADOS EN ESTE INSTANTE PRES

DE HUMOR, FATIGA Y ABURRIMIENTO. NEOCORTEZA

CES SE SIMBOLIZA COMO UNA NUBE GRIS QUE SE DESP

NTRIFUGA, SE PUEDEN OBSERVAR SINTOMAS DE DESESPERA

CUANDO SE ENCUENTRA EQUILIBRADO, AMPLIFICA LA CAPAC

IENCIA INDIVIDUAL, SE MANTIENE EN CONTINUO CONTACTO CON

ALES QUE PROYECTAN ESTRUCTURAS HOLOGRAFICAS AL CEREBRO

OSCURIDAD, LAS CAPAS INFRA-GRANULARES PROYECTARAN LUZ

RANULARES SERAN OBLIGADAS A CONECTARSE CON DISTINT

PROVENIENTE DEL TALAMO SERA INUNDADA TAMBIEN PO

R Y SOLAR, QUE ENTRARA POR LOS OJOS CADA VEZ Q

ONADA COMO HOLOGRAMAS TRIDIMENSIONALES IN

EL FUTURO, COMO SI ESTOS FUERAN UN PRES

ORIA RESIDENTE EN LA REGION DE LA CO

VINCULACION CON EL TEJIDO SOMBRIO

LA CORTEZA SERAN ESTIMULADOS

DE MANERA IMMINENTE EL CER

UN CUARTO OSCURO UN DIA

DIMENSION ESTE NUCLE

XISTE UN NUCLEO ULT

S A ESTE NUCLE

ZONAS DE LA

TURAL Y F

AS LO

L

NTAS

E CORRE

S INTERACC

SIGNIFICATIVAM

N EMBARGO CERCA

CIBE RAYOS DE LUZ DE

OSOTROS COMO UNA PERSI

AL APERTURA QUEDARA LIBRE

L RA MOLECULAR Y SU QUIMICA. L

LUMINISCENTE, FORTALECIENDO ASI

VEZ CODIFICADA EL AREA NEURONAL DE

LOR. "EL COLOR DE LA VERDAD" ASI APRENDE

RMACION PERCIBIDA Y PROCESADA DE LOS TRES

EDOMINANTE SERA AFECTADA POR RELAMPAGOS DE

ESTA LUZ AFECTARA LAS PROYECCIONES SUBCORTICA

AS DE PEQUEÑO TAMAÑO QUE FORMAN LA CAPA GRANULA

ERALES, CON EL PROPOSITO DE REABRIR MERIDIANOS SUBYACE

RAS SUBCORTICALES, ABRIENDO ASÍ OTRA SERIE DE PEQUEÑOS VO

MEDIO, POSTERIOR Y A LA MEDULA ESPINAL. LA NEOCORTEZA RE
EAS DE ESTA SERAN CAUTERIZADAS POR LA VERTIENTE DE ESEN
ATICAS, DE SUPERVIVENCIA, Y PROCESOS FISIOLOGICOS. EL
TRAVES DE SIMBOLOS DE LUCES MULTICOLORES. LAS N
DRA LA CAPACIDAD DE PREDECIR EL FUTURO. EL LO
VIDA EN CADA UNO DE SUS POROS, ESTO LE HARA
IVA ABRIREMOS EL NUCLEO DE LA CORONILLA
ECTARA AL HUMANO CON LA VERTIENTE DE
O ESTA DESPIERTA AUN, SU PODER LA
S. REPITA ESTE SONIDO EN CADA
M. EL VORTICE 12 010011-0110
010000 Y 100000. CUANDO EST
ACION INSTANTANEA. E
Y EL SOL LE OTORGA
110-011101-111001
AIAM. CUAND
STELAR SI
INDIV
RO

NECT
AR
UINTA D
SEA DESPER
ADIAT ADIAT
NSIVA. EL VORTIC
CTARA CON EL CENTR
SER HUMANO GANARA LOS
O CON LUZ QUANTUM UNA LU
TICES. IDRATMIN ADIAT ADIAT A
LA LLEVARA MAS ALLA DE LAS FRO
TA ENERGIA CELESTIAL VIAJARA AL PRIM
RGIA VIVIENTE E INTELIGENTE. QUE DEST
LOBULO OCCIPITAL POSTERIOR OTORGARA VISI
OSENSORIAL PRIMARIA, SUFRIRA UN CAMBIO TAN D
EPROGRAMADAS PARA CAPTAR CARACTERES SONOROS
ON LA NEOCORTEZA SERA PREPARADA PARA RECIBIR INFO
LA PARTE ANIMAL O INSTITUTIVA DEL CEREBRO HUMANO, QUE
FECTANDO EL PROCESO DE RACIOCINIO. LA ARQUICORTEZA, SERA

TERMICOS ENTRE LA MATERIA Y LA RADIACION ELECTROMAGNETI[CAS] DENSAS. ES DE QUARKS CON GLUONES, FORMANDO ASI HADRONES, DO[...] ERA ASI QUE ENTENDERA EL PODER FOTONICO DE LA LUZ DAD Y SENTIDO DE INDIVIDUALIDAD INTERESTELAR ON DE ENSUEÑO, PUDIENDO ASI MODIFICARLA, C SOÑADO, LOCALIZADA EN EL CENTRO DEL MIS A-ASTRTAIAM AQUI USTED SE CONECTARA S SE DESVANECERAN PARA SIEMPRE A RA ESTE CHAKRA, USTED SERA FOSFORESCENCIA CAMBIARAN L FUERZA GRISACEA DENTRO NSIGUIENTE AYUDARA A NSA Y TENDRA LA FU STED COMPRENDE O QUE MUY PO SIN SER A O NEG N

G DADE PODRA NEBULOSID PUEDEN EFECT LOS MECANISMOS D LA CON PODER AMORO ESCENCIA Y FUEGO ATÓMI ESTE DESCUBRIMIENTO Y COM AZARÁN POR LUZ ATÓMICA DE AL S FUERZAS DE LA OSCURIDAD Y ABS S-ISI 001100-001100-001100. IDRATMIN ACION TRIDIMENSIONAL DE LA VERTIENTE NDAMENTE SU PERSONALIDAD Y COMPRENDERA AR SU EVOLUCION. ESTA CONEXION CON EL CENTRO BILLONES DE SOLES EN SU INTERIOR Y TENDRA LA CAP SE MANIPULARA CROMOSOMICAMENTE LAS PARTICULAS P ECERAN UNIDAS DEBIDO A SU POTENTE INTERACCION. USTED ONDAS CORPUSCULARES A ONDULANTES Y VICEVERSA, AFECTAND[O]

AS DENSAS.

LAS PROXIMI

EL VORTICE 15 TX 010101-010011-010101. IDRATMIN ADIAT ADIA

UE ENCIERRAN LA 4TA Y 5TA DIMENSION. CRUZARA LAS COORDE

ESPACIO PARECIERAN UNIFICARSE EN DIMENSIONES MAS ELE

PO Y EL ESPACIO TOMAN UN COLOR FIGURADO ONDULAN

. RECUERDE QUE LAS DIFERENTES DIMENSIONES SON

01001 USTED ROMPERA LA BARRERA DE LA 5TA DI

QUE DESBARATEN SU APEGO AL EXTASIS IMPE

AQUI NO NECESITARA LUZ EXTERNA Y PAS

RTAIAM. EN EL VORTICE 010110-110

AS DE ALTA PUREZA; ESTAS ENVOL

DER A ESPACIOS TRIDIMENSIONA

N LAS 7 DIMENSIONES SIMU

ORTICE 011011-11101

1 TENDRA ACCESO A L

MULTIPLICARAN

NALIDAD Y CO

RES ADQUI

SAL

LU

TIEN

ODERES

DUAL DIVID

ANDO ASI UNA

N Y SUS 7 CUERPO

CANCE EL VORTICE

ADIAT ADIAT TAIDA MIK

ISMO TIEMPO ASIMISMO SE P

UERPOS ALTERNOS EN OTRAS DIM

O DE 3 FACETAS SERA REVESTIDO P

OSA RESPLANDECIENTE IDRATMIN ADIAT

USTED PODRA ENTENDER LOS ASPECTOS DE

A, DONDE LOS SERES LUMINOSOS DE LA 5TA. T

RATMIN ADIAT ADIAT MIKHA TAIDAT TAIDA MIKHA-ELLA-ASTRAIA

S MAS FACIL TRASCENDERLOS HIPERESPACIALMENTE. M

ALIDAD SECUNDARIA PARECIERA SER LINEAL, AUNQUE NO

MPO EN EL ESPACIO 3D. DA LA IMPRESION DE SER UNA COOR

E VORTICE SEA ALCANZADO USTED CONQUISTARA LA ILUSION TIE

MAS LO HARA EN SU LUGAR

IIIII. ES EL DEL RETORNO A LA CONCIENCIA ABSOLUT
DEL SUEÑO DE LAS NUEVE DIMENSIONES IDRATMIN
RE TRASCENDER EL SUEÑO NOVENO DIMENSIONAL
ENDO A TODAS LAS DIMENSIONES SIMULTANEA
UEDARA LIBRE DE SU INDIVIDUALIDAD PR
IDRATMIN ADIAT ADIAT ADIAT MIK
AL CONFIANZA EN USTED Y USTE
ON LUMINOSA A ESTA ALTURA
RECHO Y PERMISO DE CAMBI
NOS, SIN ROMPER CON
SPACIO/TIEMPO. PODR
01-01IIII USTE
VORTICE 010
RATMIN A
VILLO
A

INC
SO JAMA
AT MIKHA-E
1. EN EL VORT
DIFERENTES ETAP
Y AL FUTURO CON SU
CUAL ESTA ANCLADO. AH
NTOS HISTORICOS QUE ESTEN
SER MONITOREADO. LA VERTIENT
OBRE CIRCUNSTANCIAS QUE AFECT
010111-010001-111111. EN EL VORTICE
XPANDIRA SIN LIMITES A TRAVES DEL SUE
TENIAN CONFINADO A LOS 49 CUERPOS. SERAN
SE A LA VERTIENTE DE TODA LUZ CON EL PROPOSI
TAIAM. VORTICE 011011-101000-100111-111111. EL U
NO HABRA VUELTA ATRAS. PAZ ETERNA SERA LA UNICA E

X

La Vertiente de la Esencia Resplandeciente se manifiesta tridimensionalmente: Esto es fascinante

La aparición de la Vertiente de Esencia Resplandeciente a nivel tridimensional
Cambios para el ser humano centralizado

Uditrit utratrion Ariantis gashmatrit ajjj amurtat

Para que la Vertiente de Esencia Resplandeciente se materialice y se manifieste en el campo tridimensional, tendrán que darse cambios concluyentes en la estructura subatómica y atómica del universo.

Este cambio permitirá al ser humano vislumbrar con sus ojos físicos la increíble belleza de la Vertiente, situación que lo dejará estupefacto y fascinado.

Las apariciones que posean energía asociada, sean evaluables y tengan fundamentos espaciotemporales serán una faceta del sueño tridimensional; por lo tanto, no les preste atención y trasciéndalas.

Tales campos, en suspensión traducible y palpable, que se propagan a través del espacio temporal con una rapidez similar a la de la luz y a los que se les alcance a coaligar energía, han comenzado un proceso de transmutación de esta irrealidad aparente que en la Tierra llaman Universo.

Debido al cambio en el pensar de la conciencia absoluta, las asociaciones de átomos del nivel microscópico, como las partículas leptónicas con ímpetu eléctrico negativo, las partículas bariónicas carentes de carga eléctrica, las partículas bariónicas con carga eléctrica positiva y los neutrones con relámpagos magnéticos, perderán sus claves de procesamiento y el electrón remplazará su giro elíptico por giros circulares perfectos, acelerando sus recorridos circunferenciales.

A partir de aquí habrá conjuntos de partículas subatómicas que formarán materia brillante. Implícitamente hablando, los bariones del núcleo se mantendrán acoplados debido al campo formado por piones y antrones quinto-dimensionales, los cuales serán transmutados; y aunque estos sigan conservando el giro cero, su estructura forzará cambios de toda índole. Unas partículas, parecidas a los quarks que se mueven a nivel astral, se mezclarán con la proyección de su sombra tridimensional y se mantendrán ensambladas mediante el intercambio de gluones ultra- radiantes arcturianos implícitos. Cuando el relámpago estelar proveniente del noveno vórtice los alcance con su mano bondadosa, perderán cierta unión: los gluones pasarán a formar parte de otro universo y una luz incandescente los reemplazará, sustituyendo así la materia percibida y formada por moléculas animadas que se decodificarán constantemente, cambiando su dirección, velocidad e intensidad luminosa. La luz noveno dimensional pasará a ser como su pegamento, en el momento que estas choquen; así, la energía cinética que tiende a distanciarlas perderá impulso y la energía viable que tiende a reunirlas quedará intacta. Se trata de un proceso que amortiguará la impermanencia del universo por cierto tiempo.

Este cuarto estado de agregación de la materia se convertirá en expresivo, semejante al gas incandescente que el sol propaga cuarta- dimensionalmente. Las simetrías de sus partículas estarán cargadas eléctricamente y poseerán equilibrio electromagnético luminiscente, un néctar de partículas que expresará las interacciones electromagnéticas a largo alcance. Dicho electromagnetismo afectará al ser humano "preparado", gracias a la lectura de este libro u otras prácticas espirituales no relacionadas a este, ya que, si la Vertiente transmite su poder a seres humanos no listos, estos se desintegrarán conjuntamente con sus almas.

La Vertiente no cobrará una forma definida: será expansiva para algunos, tendrá forma humana para otros o tomará cualquier tipo o concepción mental de Dios que el ser humano guarde como símbolo en su mente. Sin embargo, la Vertiente destruirá lentamente toda forma conceptual, incluyendo las significaciones formadas a través de esta lectura.

Cuando la Vertiente, en su cuerpo plasmático, colisione con campos magnéticos oscuros, creará estructuras de ligeros filamentos cristalinos y luminosos. Esto se debe a que los átomos de tal fase se agitarán desahogadamente, debido a la gran presión de altas temperaturas que la Vertiente ejercerá sobre ellos. Su velocidad se incrementará y, en el instante de su choque, su actividad será tan alta que producirá un desprendimiento de electrones que, a su vez, alcanzará al lector y entrará en lo más recóndito de su cuerpo, aclimatándolo a una situación de bienaventuranza.

La corporeidad plasmática de la Vertiente cubrirá el Universo y se unirá al plasma intergaláctico modificado por la opacidad nebulosa, proporcionándole un brillo sedante y pacificador que irradiarán los intracluster y las estrellas.

Las fuerzas de la opacidad han cambiado en algunas regiones el plasma interestelar, desestabilizando su balance positivo/negativo, dando lugar a que el flujo de electrones se aligere; tal desenlace vence las fuerzas de repulsión electrostáticas. La Vertiente restablecerá el orden plasmático intergaláctico de cargas positivas y negativas, anulando la carga general del sistema y destruyendo las fuerzas en constante oposición.

Si la Vertiente siente cercanía por los humanos preparados, los atraerá, introduciendo en ellos electrones que se deslizarán en una misma dirección. Los humanos no resistirán tan grandiosa fascinación celestial y serán des-corporizados momentáneamente. A las personas preparadas, la Vertiente les otorgará cuerpos iónicos que al principio girarán en torno a ella, en orientación contrapuesta. Sin embargo, en un lapso corto, comenzarán a oscilar en torno a la posición original, ganando así un equilibrio perfecto. Cuando el proceso termine, serán devueltos a la Tierra con luz en sus ojos.

Tal experiencia cambiará sus vidas completamente: la personalidad antigua se desvanecerá y el ego no tendrá sostén. Este ser humano será uno con la Vertiente y por consiguiente uno con la conciencia absoluta. Solo querrá compartir su gloria en el mundo, para que otros participen de su felicidad expansiva.

La Vertiente muestra su luz brillante, inmensurable e ilimitada

Cambio para el humano descentralizado

Vastrm vatrat adim astim Cratmatitron Metatronixiatrat

Cuanto más alta sea la temperatura que la Vertiente transmita y la propagación de velocidad cuadrática media, más amplia será su órbita.

Así, el plasma que la Vertiente abordó para materializase tridimensionalmente comenzará a iluminarse e iluminar; y su iluminación será igual a la de 900,000,000,000,000 soles. Sobre esta aparición trasladará sus fuerzas conscientes y comenzará a conectarse e iluminar directamente a sus hijos humanos preparados, pero no des-corporizados, situación invaluable y espléndida. Tal vínculo iluminará plenamente al humano.

El primer enlace será la temperatura que conectará al ser humano con la Vertiente. La magnitud de esta temperatura exteriorizará el grado de la oscilación térmica, produciendo entonces la transferencia térmico-energética hasta que la temperatura del ser humano sea igual a la temperatura de la Vertiente, alcanzando así un equilibrio térmico admirable. Posteriormente, ya obtenido tal equilibrio, se introducirán frecuencias electromagnéticas de diferente índole hasta que, como dijimos anteriormente, el alma humana sea extraída del cuerpo y encapsulada en un cuerpo iónico que girará alrededor de la Vertiente para ser devuelto a la Tierra completamente iluminado.

LA APARICION DE LA VERTIENTE DE ESENCIA RESPLANDECIENTE A
NTE DE ESENCIA RESPLANDECIENTE SE MATERIALICE Y SE MANIF
TE CAMBIO PERMITIRA AL SER HUMANO VISLUMBRAR CON SU
RGIA ASOCIADA, QUE SEAN EVALUABLES Y QUE TENGAN
CIENDALAS. ESTOS CAMPOS, EN SUSPENSION TRADUCI
SE LES ALCANCE COLIGAR ENERGIA, HAN COMENZ
O. DEBIDO AL CAMBIO EN EL PENSAR DE LA C
ONICAS CON IMPETU ELECTRICO NEGATIVO,
A ELECTRICA POSITIVA Y LOS NEUTRO
REMPLAZARA SU GIRO ELIPTICO P
PARTIR DE AQUI HABRA CONJU
ITAMENTE HABLANDO, LOS B
MADO POR PIONES Y AN
OS Y AUNQUE ESTOS
ARA CAMBIOS DE
QUARKS QUE
CON LA P
SIONA
DA

EL
ENDR
SU SOMB
VEL ASTRAL
AS PARTICULAS
EL GIRO CERO, S
SIONALES, LOS CUAL
MANTENDRAN ACOPLADOS
TOMICAS QUE FORMARAN MAT
CTOS Y ACELERARA SUS RECORRI
COS, PERDERAN SUS CLAVES DE PRO
ARENTES DE CARGA ELECTRICA, LAS PAR
ACIONES DE ATOMOS DEL NIVEL MICROSCOP
EN ESTA IRREALIDAD APARENTE, A LA QUE EN
TRAVES DEL ESPACIO TEMPORAL, A UNA RAPIDEZ S
UNA FACETA DEL SUEÑO TRIDIMENSIONAL, POR LO TA
DE LA VERTIENTE, QUE LO DEJARA ESTUPEFACTO Y FASCI
RAN QUE DARSE CAMBIOS CONCLUYENTES EN LA ESTRUCTURA
ER HUMANO CENTRALIZADO . UDITRIT URRATRION ARIANTIS GASH

AS TEMPERATURAS, QUE LA VERTIENTE EJERCERA SOBRE ELLOS, SU

S MAGNETICOS OSCUROS, CREARA ESTRUCTURAS DE LIGEROS FI

TIENTE DESTRUIRA LENTAMENTE TODA FORMA CONCEPTUAL.

A PARA ALGUNOS, TENDRA FORMA HUMANA PARA OTROS

IENTE TRANSMITE SU PODER A SERES HUMANOS NO L

AFECTARA AL SER HUMANO QUE FUE PREPARADO

ECTROMAGNETICO LUMINISCENTE ESTE NECTAR

QUE EL SOL PROPAGA CUARTA DIMENSION

POR CIERTO TIEMPO ESTE CUARTO ESTA

LA ENERGIA VIABLE QUE TIENDE A

EN EL MOMENTO QUE ESTAS CH

N VELOCIDAD E INTENSID

A POR MOLECULAS ANIM

ANDESCENTE LOS REE

LOS GLUONES PAS

OS ALCANCE C

PAGO EST

RCTUR

...

LTRA

ITOS. CU

NTE DEL NO

DOSA, PERDERA

TE DE OTRO UNIVE

NDO ASI LA MATERIA

CARAN CONSTANTEMENTE,

OVENO DIMENSIONAL PASARA

NETICA QUE TIENDE A DISTANCIA

A. ESTE PROCESO AMORTIGUARA LA

RIA, SE CONVERTIRA EN EXPRESIVO SEM

RTICULAS ESTARAN CARGADAS ELECTRICAM

NTERACCIONES ELECTROMAGNETICAS A LARGO A

LIBRO U OTRAS PRACTICAS ESPIRITUALES NO RELACI

UNTAMENTE CON SUS ALMAS. LA VERTIENTE NO COBRAR

ON MENTAL DE DIOS QUE EL SER HUMANO GUARDE POR SIM

AS A TRAVES DE ESTA LECTURA. CUANDO LA VERTIENTE EN SU

SE DEBE A QUE LOS ATOMOS DE TAL FASE, SE AGITARAN DESAHOG

VELOCIDAD SE INCREMENTARA Y EN EL INSTANTE DE SU CHOQUE,
ONDITO SU CUERPO, AMBIENTANDOLO A UNA SITUACION DE BIEN
PACIDAD NEBULOSA, PROPORCIONANDOLE UN BRILLO SEDANT
ES, EL PLASMA INTERESTELAR, DESESTABILIZANDO SU B
LSION ELECTROSTATICAS. LA VERTIENTE RESTABLECE
DESTRUYENDO LAS FUERZAS EN CONSTANTE OPO
ELLOS ELECTRONES QUE SE DESLIZARAN EN U
ORPORIZADOS MOMENTANEAMENTE A LAS
TORNO A ELLA, EN ORIENTACION CON
ION ORIGINAL, GANANDO ASI UN EQ
UZ EN SUS OJOS. TAL EXPERIEN
ECERA, Y EL EGO NO TENDR
IGUIENTE UNO CON LA
EL MUNDO, PARA QUE
IENTE MUESTRA S
BIO PARA EL
VATRAT
NIXIA

NIXIA
ITAMTA
ALIZADO E
INMENSURABLE
DE SU FELICIDAD E
SOLO QUERRA COMP
MANO SERA UNO CON LA
COMPLETAMENTE LA PERSONA
EL PROCESO TERMINE SERAN DEV
UN LAPSO CORTO COMENZARAN A OS
IENTE LES OTORGARA CUERPOS IONICOS.
OS NO RESISTIRAN TAN GRANDIOSA PASIN
CERCANIA POR LOS HUMANOS PREPARADOS, EST
TICO DE CARGAS POSITIVAS Y NEGATIVAS, ANULAN
ARA QUE EL FLUJO DE ELECTRONES SE ALIGERE. TAL D
NTRACLUSTER Y LAS ESTRELLAS. LAS FUERZAS DE LA OPAC
DE LA VERTIENTE CUBRIRA EL UNIVERSO Y SE UNIRA AL PLAS
IRA UN DESPRENDIMIENTO DE ELECTRONES, QUE A SU VEZ, ALCAN

IMPUSIERON SOBRE EL UNIVERSO TRIDIMENSIONAL ESTA MATERIA
LMENTE DEBERÍAN EXISTIR LOS DEVAS DE FUEGO CRISTALINO NO
TERIA Y ENERGÍA OSCURA LAS CIENCIAS MODERNAS TERRES
S COMUNES LOS CIENTÍFICOS TERRESTRES CREEN, QUE U
RANSMITIENDO HAY QUE ENTENDER LOS ESQUEMAS P
A ALREDEDOR DE LA VERTIENTE, PARA SER DEVU
DE DIFERENTE ÍNDOLE HASTA QUE, COMO DIJ
NDO ASÍ UN EQUILIBRIO TÉRMICO ADMIRA
SFERENCIA TÉRMICO-ENERGÉTICA, HA
NTE LA MAGNITUD DE ESTA TEM
A PLENAMENTE AL HUMANO EL
PREPARADOS, PERO NO DES
S CONSCIENTES Y COM
A DE 900,000,000,00
OMENZARÁ A ILU
ERTIENTE ABO
AS AMPLIA
CIÓN
IE

TA Y
CUADRA
A. ASÍ EL
LIZASE TRIDIM
R Y SU ILUMINACI
ESTA APARICIÓN TR
E ILUMINAR DIRECTAMENT
ON INVALUABLE Y ESPLENDID
EMPERATURA, QUE CONECTARÁ AL
GRADO DE LA OSCILACIÓN TÉRMICA
SER HUMANO SEA IGUAL A LA TEMPERAT
AÑADO TAL EQUILIBRO, SE INTRODUCIRÁN F
ANA SEA EXTRAÍDA DEL CUERPO Y ENCAPSULAD
UMINADO, EL UNIVERSO VACÍO, ENTRE TODOS LOS A
LA DE QUE ALREDEDOR DEL 5% DEL UNIVERSO SE ENCUE
ES UNA COMBINACIÓN DE BARIONES Y ELECTRONES. EL RES
ALAXIAS Y ESPACIOS APARENTEMENTE VACÍOS, ESTÁN COMPU
ES TOMÓ EFECTO DESPUÉS DEL CAMBIO SUBATÓMICO, ATÓMICO Y M

BARIONICA NO DESINTEGRADA, FUE DISTRIBUIDA POR FILAMENTOS
DE LA NUCLEOSINTESIS COSMOLOGICA, DONDE SE FORMARON LOS
S SON CONCEPTOS), MENTALES Y ACTIVOS. LA MATERIA, AL SE
TE ALTERABLES. LO INTERESANTE ES QUE PARTE DE TODA
ACTICO LEJANO, ANTES DE QUE LOS RETOÑOS DE LA
A LUZ PURA. EN AQUELLOS TIEMPOS EXISTIA UNA
IRSE, DESAPARECIA POR COMPLETO, SE OBSER
ON LA MATERIA TRANSFORMADA RELUCIA
"TRANSDUCIRA" CONSTANTEMENTE CON
AL, ES NADA MAS NI NADA MENOS
NMATERIAL O SEA, FLUCTUACION
A PERSPECTIVA TRIDIMENSI
NTERIOR DE LOS PROTO
YEN CON LA TOTALI
S CREEN QUE CA
ALCANZAN EL
TO INDICA
VIVI
CI

EN
L ES
E CADA
E LA MASA
RON COMPUESTO
TERIAL, LOS CIEN
E SON PARTICULAS S
UE EXISTE UNA VIOLENTA
NIVERSO PENSANTE EXPLICAN
S CARENTES DE MATERIA, QUE SE
ETICO, MATERIA VACIA, LA MATERI
RSO DE ANTES ERA UN UNIVERSO DE LUZ
ION, COMO LA DE UNA EXPLOSION ESPLEND
UCLEARES DE MATERIA A ENERGIA RESPLANDECI
UNIVERSO TRIDIMENSIONAL. EN ESA EPOCA TODA M
R TRASFORMADA, MUTA A FOTONES ESTA PARCIAL CON
TAURADA NI DESTRUIDA, SOLO SE TRANSFIGURA, YA QUE L
DROGENO, SUS ISOTOPOS CONCEPTUALES (CONCEPTUALES YA Q
EN EL PRESENTE UNA RED LUMINOSA POR TODO EL UNIVERSO. LA M

El universo vacío

Entre todos los apuntes conceptuales que estamos transmitiendo, hay que entender los esquemas físicos terrestres vigentes. Se habla de que alrededor del 5% del universo se encuentra compuesto por elementos másicos comunes. Los científicos terrestres creen que una parte significativa de esta masa es una combinación de bariones y electrones. El resto del universo se compone de materia y energía oscura. Las ciencias modernas terrestres indican que el gas, las estrellas, galaxias y espacios aparentemente vacíos tienen menos bariones de los que realmente deberían existir. Los Devas de Fuego Cristalino nos dicen que esta substracción de bariones tomó efecto después del cambio subatómico, atómico y molecular que las fuerzas de la opacidad impusieron sobre el universo tridimensional. Esta materia bariónica no desintegrada fue distribuida por filamentos vivos de densa astralidad, que forman en el presente una red luminosa por todo el universo. La modificación oscura se dio poco después de la Nucleosíntesis Cosmológica, donde se formaron los primeros elementos ligeros como el hidrógeno, sus isótopos conceptuales, mentales y activos.

La materia, al ser un pensamiento viviente, no es instaurada ni destruída, solo se transfigura, ya que la masa y la energía son recíprocamente alterables.

Lo interesante es que parte de toda la materia en el universo, al ser trasformada, muta a fotones. Esta parcial conversión fue completa en un pasado galáctico lejano, antes de que los Retoños de la Opacidad tomaran las riendas del universo tridimensional. En esa época, la materia, al transmutarse, se volvía luz pura. En aquellos tiempos, existía una conversión en las reacciones nucleares de materia a energía resplandeciente. La masa, en lugar de reducirse, desaparecía por completo y se observaba una fase de desintegración, como la de una explosión esplendente y -en un proceso de fusión- la materia transformada relucía como las estrellas. El universo de antes era un universo de luz, donde el cuerpo humano se "transducía" constantemente con cada bombardeo electromagnético.

Materia vacía

La materia, aparentemente sustancial, es nada más ni nada menos que una trama de fluctuaciones mentales carentes de materia, que se mueven en un espacio inmaterial, o sea, fluctuaciones conceptuales en un universo pensante.

Explicando esto mismo desde una perspectiva tridimensional, podemos decir que existe una violenta actividad en el interior de los protones y neutrones, partículas soñadas que contribuyen con la totalidad de la masa material.

Los científicos terrestres creen que cada protón y neutrón compuesto por tres quarks alcanzan el 1% del total de la masa del protón. Esto indica que el 99% de cada objeto o ser viviente material es espacio vacío. Ahora bien, sobre el 1% restante, si se penetra con lentes superpuestos y luces claras, nos daremos cuenta que también carece de substancia másica.

La masa es establecida por la potencia del soñar de la conciencia absoluta que mantiene adheridos a los quarks. Esta potencia es domada por un campo de partículas implícitas llamadas gluones, que invaden aleatoriamente su existencia para esfumarse o desaparecer instantáneamente. Estos gluones trabajan inter-dimensionalmente en un viaje constante que va de la quinta dimensión a la tercera y cuarta. La energía y las fluctuaciones del vacío se suman a la masa del neutrón y del protón.

Los pares quark-antiquark también viajan de dimensión en dimensión y pueden surgir y transmutar momentáneamente un protón, convirtiéndolo en partículas distintas y más exóticas.

Los átomos no son rígidos, inalterables, herméticos ni impenetrables. Son sistemas formados por la conciencia absoluta que otorgan vida y movimiento.

El interior del átomo es, en su totalidad, espacio vacío con información mental que le da vida y pensamiento. Por otro lado, el núcleo diminuto, que pareciera ser material denso, también es un núcleo pensado o soñado. Asimismo, la materia soñada del núcleo que aparentemente se puede palpar es, como ya lo manifestamos, proporcional al tamaño de la punta de un alfiler en un estadio de fútbol. Por lo tanto, y aunque este universo no fuese soñado, si seguimos las leyes físicas entenderíamos que somos, conjuntamente con la creación, tan solo espacio vacío.

Los electrones no tienen extensiones medibles. Se mueven en torbellino, en un espacio vacío que es un billón de veces más amplio que el volumen del núcleo. Esto demuestra que solo una billonésima parte de la totalidad del átomo es de materia tangible.

Usted se encuentra en este preciso instante en un universo ilusorio, compuesto por reglas que no tienen mucho sentido. Por ejemplo una canica, compuesta de materia nuclear compacta, tendría una densidad inconcebible. Esa pequeña bolita podría llegar a pesar millones de toneladas, este peso no sería real, es un peso informático, un peso regido por una ley mental, tan cierto como el peso de un elefante, una montaña o una pluma. El peso, en sí mismo, es inexistente en las nueve dimensiones.

Por esto le decimos: no crea tanto en lo que ve, ni en las leyes físicas, ya que son leyes impuestas por una mente espacial espontánea. Lo que usted observa alrededor suyo son tan solo pensamientos vivos.

Aunque los objetos tridimensionales parezcan sólidos, líquidos o gaseosos y se puedan diluir, transmutar, calentar y tocar, no son reales. Haga de cuenta que usted está interactuando en un sueño con leyes mentales que consiguen ser transgredidas fácilmente.

DENSIDAD INCONCEBIBLE. ESA PEQUEÑA BOLITA PODRÍA LLEGAR A [US]TED SE ENCUENTRA EN ESTE PRECISO INSTANTE EN UN UNIVERS[O ... U]N ESPACIO VACÍO QUE ES UN BILLÓN DE VECES MÁS AMPLIO [... LAS] LEYES FÍSICAS ENTENDERÍAMOS QUE SOMOS CONJUNTA[MENTE ...] LO MANIFESTAMOS PROPORCIONAL AL TAMAÑO DE L[... QUE APAR]ECIERA SER MATERIAL DENSO, TAMBIÉN ES UN [... INTE]RIOR DEL ÁTOMO ES EN SU TOTALIDAD ESPACI[O ...] INALTERABLES, HERMÉTICOS NI IMPENET[RABLES ...] Y TRANSMUTAR MOMENTÁNEAMENTE U[N ...] DEL NEUTRÓN Y DEL PROTÓN LO[S ... D]E LA QUINTA DIMENSIÓN A LA [I]NSTANTÁNEAMENTE ESTOS [L]AS GLUONES, QUE INVA[DEN ... Q]UARKS ESTA POTENCI[A ...] SOÑAR DE LA C[ONS]TANCIA MÁSIC[A ...] NOS DARE[...]LENTE [...] R [...]

S
SE
[... L]OS Y LU[...]
[...]E TAMBIÉN
[... ES]TABLECIDA POR
[... L]A, QUE CONSERVA
[...]CAMPO DE PARTÍCULA[S ...]
[S]U EXISTENCIA PARA ESFU[...]
[...]DIMENSIONALMENTE EN UN VI[...]
[... EN]ERGÍA Y LAS FLUCTUACIONES DEL[...]
[...]TAMBIÉN VIAJAN DE DIMENSIÓN EN[...]
[...]PARTÍCULAS DISTINTAS Y MÁS EXÓTICAS
[...]POR LA CONCIENCIA ABSOLUTA QUE OTORG[A ...]
[...]QUE LE DA VIDA Y PENSAMIENTO. POR OTRO LA[DO ...]
[...]LA MATERIA SOÑADA DEL NÚCLEO, QUE APARENTE[MENTE ...]
[... ESTAD]IO DE FÚTBOL. POR LO TANTO Y AUNQUE ESTE UNIVER[SO ...]
[... ESPA]CIO VACÍO. LOS ELECTRONES NO TIENEN EXTENSIONES MED[IDAS ...]
[... M]UESTRA QUE SOLO UNA BILLONÉSIMA PARTE DE LA TOTALIDAD [...]
[...]TIENEN MUCHO SENTIDO. POR EJEMPLO UNA CANICA, COMPUESTA [...]

XI

La lectura del libro mágicamente cambia al lector

La magia de la lectura

Adritamiatam uashtitram vadriamiatat bushtiii ashtutam Arianvitir

Lea con Cuidado y transforme su cuerpo.

Cada oración aquí escrita despierta e ilumina los filamentos astro-energéticos del cuerpo humano. Cada letra impresa está conectada a los seres de luz, los cuales se encuentran ansiosos por compartir su irradiación y su amor.

Este libro actúa en el cuerpo físico limpiando los patrones psico/espirituales implantados por los Retoños de la Opacidad e instantáneamente introduce nuevos patrones energéticos evolutivos y estabilizantes.

Por ejemplo, cuando usted lee sobre los cambios genéticos expresados aquí, en este preciso instante, están siendo efectuados dentro suyo.

En este exacto segundo estamos cambiando, a nivel físico, la estructura de la partícula de hidrógeno que sirve de imán para sostener la cadena del ácido nucleico. De esta manera, la dirección del magnetismo cambia así la célula forma un vórtice interno que crea una cadena ondulante donde se cruzan cuatro filamentos en lugar de dos.

Estas matrices químicas son usadas con el propósito de alimentar el proceso evolutivo.

La estructura molecular de las proteínas sintetizadas ordena el carácter y su comportamiento. La reestructuración psico/corpórea, a la cual sometemos al lector, cambia el carácter interno molecular mientras nos lee.

A través de estas palabras vivientes, modificamos la forma de cómo se sintetiza la proteína de "hidrógeno de unión" y así arquitectónicamente tomamos este "hidrógeno de unión" dentro del nucleótido y lo hacemos girar a alta velocidad para que este cambie su estructura y gravitación magnética. Tal acción forzará a la interface protónica a desestabilizarse, con el propósito de destruir la energía de involución inyectada por la opacidad.

Consecuentemente, la partícula de hidrógeno se replicará mientras gira y transmitirá destellos de luz sobre la matriz informática que revive el pensamiento expansivo dentro del cerebro humano individual.

El código de ADN se tornará más complejo, aumentando así sus filamentos en los 3 cuerpos.

Cuando se tiene una matriz de hidrógeno de unión extra es posible, para las células, acarrear diferentes combinaciones de ácido nucleico, cambiando de este modo el manejo de cómo su universo interno procesa las proteínas inundadas por luz acuática.

El ADN manchado por "lo oscuro" consiste de 2 filamentos que se entrecruzan. La molécula de ácido nucleico es la responsable de tal unión; y esta misma molécula será presionada para abrir las compuertas a un mundo inefable. Aquí, precisamente, se llevará a cabo otra combinación.

Nosotros, como lo estamos haciendo ahora mismo con usted, alteraremos la matriz del protón represor y opresor e introduciremos múltiples escenarios magnéticos. Este magnetismo generará en los núcleos de la partícula subatómica un cambio irreversible, donde hasta los escenarios de densidad serán modificados, causando una reacción química que afectará los transmisores moleculares.

Este proceso de bioenergía que usted ha decidido atravesar afectará su materialidad, transmutando su apariencia densa en energía reluciente que se podrá proyectar espacialmente o de manera multidimensional a cualquier región deseada del universo en que usted vive o de las nueve dimensiones.

Si se controla el flujo protónico de ensueño con filamentos de luz súper-radiantes provenientes de la 5ta dimensión, es posible para los seres luminosos transmutar y cambiar la química tridimensional y reprogramar la regeneración celular. Los nueve luminosos están instándolo a que usted se convierta en uno de los humanos evolucionados que asistirán a otros humanos en su evolución y trascendencia.

Nosotros, a través de esta información, cambiaremos los componentes orgánicos más complejos, creando así elementos correspondientes para que se dé una correcta evolución química en el organismo del lector.

Por otro lado, las ondas gravitacionales moduladas que provienen de la 5ta dimensión y son causadas por una inteligencia luminosa sin precedentes, afectan al lector profundamente y rectifican su cuerpo astral.

Estas fuerzas gravitacionales constan de tres fuerzas simbióticas de ensueño, similares a las moléculas tridimensionales que forman los fotones.

001001-000000-000000, 000001-000001-000001, 100000-101011-000001 son los 3 nombres usados para describir esta especie quinto-dimensional de partículas que, unidas y oscilantes, forman la base de la luz astral. Estos códigos energéticos penetran la columna vertebral humana y una serie de meridianos tubulares astrales en esta zona, activando energías durmientes del primer vórtice humano en el área del perineo, a nivel astral.

Dicha energía en la Tierra, específicamente en la India, tomó el nombre de Kundalini. El Kundalini fue afectado milenios atrás por el virus de la opacidad. En aquel momento, esta energía constaba de cuatro filamentos que actuaban sobre el sistema nervioso, cuatro que intervenían en el plano astral y cuatro en el causal, más un filamento que ascendía por el centro de la columna a través de un meridiano tubular, conocido en la Tierra como Sushumna, que conectaba al humano con sus cuerpos multidimensionales.

Dentro de Sushumna existe un nadi o canal complejo, una hebra fina y delicada cuyo nombre es Citrini.

Citrini fue decodificado y debilitado por la oscuridad. Tal invasión nos complicó el trabajo, ya que, en el pasado, al inyectar luz astral, destruíamos Citrini y el cuerpo físico colapsaba. Nunca se recuperaba y la mayoría de las veces terminaba en completa destrucción del organismo o en un colapso nervioso de sombría oscuridad. Tanto es así que, para nosotros, era imposible comprender semejante confusión; por consiguiente, no podíamos ayudar.

Sin embargo, aprendimos a trabajar con lo que disponíamos: luz e inteligencia viva. La luz es esta inteligencia. Fuimos obligados a reprogramar los 001001-000000-000000, 000001-000001-000001 para que oscilaran con diferentes velocidades alrededor de un 100000-101011-000001 (cabe aclarar que en el pasado el 001001-000000-000000 era el núcleo). Este cambio afectó la fuerza vibratoria de la luz astral, la cual creó una serie distinta de resonancias bio-magnéticas, produciendo otro campo vibratorio donde se dio la conversión energética deseada.

Estas fuerzas luminosas astrales están siendo introducidas en su cuerpo ahora mismo, en forma de espirales de inteligencia viva alrededor de Citrini, para fortalecer este importante filamento, el cual afecta el sistema entero de biorritmos que lo conecta con una densidad energética de materialidad inocua.

Finalmente, con tiempo y paciencia podremos penetrar Citrini, sin causar un caos electromagnético intracelular.

Dése cuenta que si, en estos momentos, está leyendo este libro, el tiempo del que venimos hablando ha llegado para usted.

Por esta razón, tanto el lector como nosotros, tenemos que ser sumamente pacientes y aceptar las inconveniencias del caso. Cuando Citrini haya sido activado, la luz de la sétima dimensión será inyectada.

En el primer vórtice, esta luz consta de cuatro núcleos diferentes, compuestos de satélites que oscilan en órbitas elípticas.

Estos 4 núcleos no necesitan una Vertiente de energía, ellos son como una estrella de luz amorosa que permanentemente cambia sus velocidades para replicarse.

Cuando esta luz penetre en el primer vórtice, la polarización que el humano experimente será tan grande que su cuerpo astral, al engendrar esta luz viva y replicante, cambiará completamente su configuración y su brillantez podrá apreciarse en la piel del cuerpo físico.

Asimismo, en este punto, la energía Kundalini subirá, pero en lugar de ser afectada por "Eeipioc Serios" y su estrella blanca acompañante que, hasta ahora provocaba el ascenso bilateral del Kundalini como dos serpientes entrecruzadas, el cambio marcará el inicio de una nueva era para el ser humano, puesto que la energía estimulante vendrá directamente de Arcturus, una estrella que empezó a fusionar Hilium a oxígeno y que consta de un núcleo de carbón, aunque esta reacción estelar diga que el Hilium ha comenzado a agotarse y su expansión sea inevitable. Por el momento es la estrella ideal para obligar a que Kundalini despierte y haga crecer filamentos cuádruples en los 3 cuerpos con un eje energético centrífugo que avive Citrini.

Cuando esta maravillosa experiencia se manifieste con la ayuda de los nueve luminosos y las letras aquí impresas, la Vertiente de Esencia Resplandeciente podrá finalmente abrazar el cuerpo causal, destruyendo así todo karma y destino.

Este abrazo amoroso y maternal liberará al ser humano de su opresora oscuridad para siempre. De esta manera, inmortalizado en la Conciencia Absoluta, él podrá renunciar a las nueve dimensiones y nunca volver, o si desea regresará con toda su gloria para liberar otros puntos de conciencia individual aferrados a la oscuridad.

PESAR MILLONES DE TONELADAS. ESTE PESO NO SERIA REAL, ES U
ISMO, ES INEXISTENTE EN LAS NUEVE DIMENSIONES. POR ESTO
UE USTED OBSERVA ALREDEDOR SUYO SON TAN SOLO PENSA
CALENTAR Y TOCAR, NO SON REALES. HAGA DE CUENTA
PLICACIÓN #2. ADRITAMIATAM UASHTITRAM VADRIAM
A E ILUMINA LOS FILAMENTOS ASTRO-ENERGETICO
OSOS POR COMPARTIR SU IRRADIACION Y SU A
POR LOS RETOÑOS DE LA OPACIDAD E INS
PLO CUANDO USTED LEE SOBRE LOS CA
S DENTRO SUYO. EN ESTE EXACTO
ROGENO QUE SIRVE DE IMAN PA
EL MAGNETISMO CAMBIA AS
NTE DONDE SE CRUZAN
AS, SON USADAS CON
A ESTRUCTURA M
AN EL CARAC
CION PSIC
AL LE
TE

EL
LA CUA
TAMIENTO. L
PROTEINAS SIN
ALIMENTAR EL PRO
N LUGAR DE DOS, ES
VORTICE INTERNO QUE CR
EL ACIDO NUCLEICO DE ESTA
A NIVEL FISICO, LA ESTRUCTUR
AQUI EN ESTE PRECISO INSTANTE
OS PATRONES ENERGETICOS EVOLUTIVOS
UERPO FISICO LIMPIANDO LOS PATRONES P
IMPRESA ESTA CONECTADA A LOS SERES DE LUZ
R. LEA CON CUIDADO Y TRANSFORME SU CUERPO C
SUEÑO CON LEYES MENTALES, QUE PUEDEN SER TRANSG
IDIMENSIONALES PAREZCAN SOLIDOS, LIQUIDOS O GASEOS
NI EN LAS LEYES FISICAS, YA QUE SON LEYES IMPUESTAS PO
UÑA LEY MENTAL. TAN CIERTO COMO EL PESO DE UN ELEFANTE. U

SE CONTROLA EL FLUJO PROTÓNICO DE ENSUEÑO, CON FILAMENTOS

DENSA EN ENERGÍA RELUCIENTE, QUE SE PODRÁ PROYECTAR

NDO UNA REACCIÓN QUÍMICA, QUE AFECTARÁ LOS TRANSMI

OS MAGNÉTICOS. ESTE MAGNETISMO GENERARÁ EN LOS N

TRA COMBINACIÓN, NOSOTROS COMO LO ESTAMOS HAC

S LA RESPONSABLE DE TAL UNIÓN Y ESTA MISMA

EINAS INUNDADAS POR LUZ ACUÁTICA. EL AD

ACARREAR DIFERENTES COMBINACIONES DE

O ASÍ SUS FILAMENTOS EN LOS 3 CUER

PENSAMIENTO EXPANSIVO DENTR

ENO SE REPLICARÁ MIENTRAS

R LA ENERGÍA DE INVOLUCI

FORZARÁ A LA INTERFA

IDAD PARA QUE ESTE

O DE UNIÓN, DE

UNIÓN, Y AS

DE CÓMO S

BRAS

ES D

ODIFICA

PROTEINA D

MENTE TOMAMO

DO; LO HACEMOS G

A Y GRAVITACIÓN MA

SE DESESTABILICE, CON EL

ACIDAD. CONSECUENTEMENTE,

ELLOS DE LUZ SOBRE LA MATRIZ

VIDUAL. EL CÓDIGO DE ADN SE TORNA

TRIZ DE HIDRÓGENO DE UNIÓN EXTRA ES

ESTA FORMA LA MANERA DE COMO SU UNIV

ISTE DE 2 FILAMENTOS QUE SE ENTRECRUZAN. L

IR LAS COMPUERTAS A UN MUNDO INEFABLE. AQUI

AREMOS LA MATRIZ DEL PROTÓN REPRESOR Y OPRESOR

N CAMBIO IRREVERSIBLE DONDE, HASTA LOS ESCENARIOS D

OENERGIA QUE USTED HA DECIDIDO ATRAVESAR, AFECTARA SU

ONAL A CUALQUIER REGIÓN DESEADA DEL UNIVERSO EN EL QUE U

DE LUZ SUPER RADIANTES PROVENIENTES DE LA 5TA DIMENSION,
LUMINOSOS ESTAN INSTANDOLO A QUE USTED SE CONVIERTA EN
ACION, CAMBIARAN LOS COMPONENTES ORGANICOS MAS COM
OR OTRO LADO, LAS ONDAS GRAVITACIONALES MODULAD
ECTOR PROFUNDAMENTE Y RECTIFICAN SU CUERPO AS
TRIDIMENSIONALES QUE FORMAN LOS FOTONES. 00
PECIE QUINTO-DIMENSIONAL DE PARTICULAS Q
COLUMNA VERTEBRAL HUMANA Y UNA SER
VORTICE HUMANO EN EL AREA DEL PE
NOMBRE DE KUNDALINI. EL KUNDAL
EL MOMENTO, ESTA ENERGIA CO
QUE INTERVENIAN EN EL PL
POR EL CENTRO DE LA
TIERRA COMO SUSHU
TIDIMENSIONALE
COMPLEJO, U
CITRINI, CI
ADO P
IO

ICO
DAD,
ODIFICA
DELGADA C
HUMNA EXISTE
BA AL HUMANO CO
E UN MERIDIANO TUBU
N EL CAUSAL, MAS UN FI
NTOS QUE AFECTABAN EL SIST
ENIOS ATRAS POR LA VERTIENTE
A ENERGIA EN LA TIERRA, ESPECIFIC
STRALES EN ESTA ZONA, ACTIVANDO ENE
AN LA BASE DE LA LUZ ASTRAL. ESTOS COD
01-000001.100000-10101-000000, SON LOS 3 NOMBRE
ES CONSTAN DE TRES FUERZAS SIMBIOTICAS DE EN
ON Y QUE SON CAUSADAS POR UNA INTELIGENCIA LUMI
PONDIENTES PARA QUE SE DE UNA CORRECTA EVOLUCION Q
ASISTIRAN A OTROS HUMANOS EN SU EVOLUCION Y TRASCEND
NSMUTAR Y CAMBIAR LA QUIMICA TRIDIMENSIONAL Y REPROGRAM

Texto dispuesto en espiral (leído de afuera hacia adentro, alternando el borde inferior y el superior de cada anillo). Transcripción de los fragmentos legibles en orden de lectura:

UNA ESTRELLA DE LUZ AMOROSA, QUE PERMANENTEMENTE CAMB

NDO ESTA LUZ PENETRE EN EL PRIMER VORTICE LA POLARIZACION

ICE ESTA LUZ CONSTA DE CUATRO NUCLEOS DIFERENTES, QUE

ILAN EN ORBITAS ELIPTICAS. ESTOS 4 NUCLEOS NO NECESITAN U

TENEMOS QUE SER SUMAMENTE PACIENTES Y ACEPTAR LA

ITRINI HAYA SIDO ACTIVADO, LA LUZ DE LA SETIMA DIMENS

TA QUE SI, EN ESTOS MOMENTOS, ESTA LEYENDO ESTE

HABLANDO HA LLEGADO PARA USTED. POR ESTA RAZON E

ENERGETICA DE MATERIALIDAD INOCUA. FINALMEN

OS PENETRAR CITRINI, SIN CAUSAR UN CAOS ELECTR

VA ALREDEDOR DE CITRINI, PARA FORTALECER

UAL AFECTA AL SISTEMA ENTERO DE BIORRITMOS

A DESEADA. ESTAS FUERZAS LUMINOSAS AS

IDAS EN SU CUERPO AHORA MISMO, EN FORMA

CREO UNA SERIE DISTINTA DE RESONANC

ENDO OTRO CAMPO VIBRATORIO, DONDE S

EN EL PASADO EL 001001-000000-0000

AMBIO AFECTO LA FUERZA VIBRATORI

001 PARA QUE OSCILARAN CON D

EEDOR DE UN 100000-101011-0

UZ ES ESTA INTELIGENCIA. F

GRAMAR LOS 001001-000000-0

SIN EMBARGO APRENDIM

QUE DISPONIAMOS: LUZ EI

IMPOSIBLE COMPREND

ION; POR CONSIGUIENT

LAPSO NERVIOSO D

DAD, TANTO ASI QUE

S TERMINABA E

UCCION DEL ORG

APSABA. NU

BA, Y LA MAY

DESTRU

Y EL CUE

L PA

ECTAR

E

Y

QUE EL HUMANO EXPERIMENTE SERÁ TAL, QUE SU CUERPO ASTRAL

RPO FISICO. ASIMISMO, EN ESTE PUNTO, LA ENERGIA KUNDALI

ENSO BILATERAL DEL KUNDALINI COMO DOS SERPIENTES ENT

CTAMENTE DE ARCTURUS, UNA ESTRELLA QUE EMPEZO A

OMENZADO A AGOTARSE Y SU EXPANSION SEA INEVIT

RUPLES EN LOS 3 CUERPOS CON UN EJE ENERGETI

NUEVE LUMINOSOS Y LAS LETRAS AQUI IMPRES

ENDO ASI TODO KARMA Y DESTINO. ESTE A

E ESTA MANERA INMORTALIZADO EN L

O SI DESEA REGRESARA CON TODA

A OSCURIDAD. EFECTOS NEURON

SABI-EL CON LA LECTURA

JAS, E IMPRECISAS, YA

INDOLES, DEBIDO A

IAS MORFOLOGIC

ERICARION. U

S TRANSM

A TR

N

EL

IMP

BLIGADA

RMINADO DE

N EL CUERPO C

SE CARACTERIZAN

R CANTIDAD DE EMOCIONE

AL, SE PRODUCEN CA

VOCA, 29 UDVIAT ATRATAKAT

TROS PUNTOS DE CONCIENCIA IN

PODRA RENUNCIAR A LAS NUEVE DIM

ERARA AL SER HUMANO DE SU OPRESOR

ESPLANDECIENTE, PODRA FINALMENTE ABR

CUANDO ESTA MARAVILLOSA EXPERIENCIA SE

A IDEAL, PARA OBLIGAR A QUE KUNDALINI DESPIE

STA CON UN NUCLEO DE CARBON, AUNQUE ESTA REACCI

ICIO DE UNA NUEVA ERA PARA EL SER HUMANO PUESTO QU

DA POR "EEIPIOC SERIOS", Y SU ESTRELLA BLANCA ACOMPAÑA

E, CAMBIARA COMPLETAMENTE SU CONFIGURACION, Y SU BRILLAN

Efectos neuronales que la lectura provoca

Udviat atratakat astamiat drat aditiurt Sabi-el

Apreciado lector: con el acto de lectura, usted también puede sentir cantidad de emociones y vivencias complejas e imprecisas, ya que a nivel neuronal se producen cambios de diferente índole, debido a que las neuronas se caracterizan por tener tipologías morfológicas que alimentan el cuerpo celular llamado pericarión.

Un número indeterminado de prolongaciones transmutadas son obligadas por la luz a transmitir más impulsos de lo normal hacia el pericarión; estas luces relampagueantes obligan también al axón a conducir impulsos radiantes de luz Arisiana desde el pericarión hacia otra neurona. Es así como se forman nuevos patrones de luminosidad que reemplazan los patrones de los Retoños de la Opacidad. Dicha reprogramación hace que la nebulosidad arraigada en el palmo celular sobrenade en la superficie, para que sea examinada y reconocida por el individuo.

Estos esquemas intercelulares neurológicos que parecen normales fueron formados, miles de años atrás, por seres entregados a su opacidad, con la intención de atraer al humano y hacerle sentir el hondo sufrimiento que la oscuridad engendra en sus almas.

Nosotros somos el secreto de la regeneración neuronal. Aunque se ha creído que cierta regeneración no es posible, demostraremos lo contrario, ya que todo es posible en un sueño.

En este momento introducimos patrones de luz esférica que regeneran los nervios mielinados del sistema nervioso periférico con una capa de albor núcleo celular.

De inmediato, trabajamos de manera notoria en el núcleo de las neuronas, triangulando a estas con fosforescentes programas celestiales. En la cromatina dispersa inyectamos luminiscencia acuática caliente, lo que enardece el eje central y relativamente aumenta la actividad "transcripcional", estimulando la posibilidad de una evolución segura, sana y cuerda hacia la luz y el amor infinito.

A raíz de esta transformación, la envoltura nuclear presenta cambios que le exigen desarrollarse y aquí obligamos a que aparezcan y reaparezcan estructuras que ayudan a acumular proteínas de alto contenido tirosníco y arginínico.

La luz acuática viviente sigue penetrando, en el aquí y el ahora, todas las esferas neuronales mientras usted lee, alcanzando los orgánulos que acoplan el citoplasma que rodea el núcleo para cambiar su estructura.

Existe un tipo de orgánulo repleto de ribosomas libres que están pegados al retículo rugoso. Son como grumos basófilos de alto contenido eléctrico; esta electricidad será aumentada casi que desproporcionadamente y los orgánulos se convertirán en cisternas del retículo ando-plasmático. Dichas cisternas están permanentemente descargando sus rayos a todas las células del sistema con el propósito de modificarlas internamente y prepararlas para que los filamentos mesiánicos se unan a los filamentos de ADN.

Los relámpagos inteligentes y vivientes de los seres resplandecientes aumentan, en este instante, la tasa biocinética del pericarión, relacionado con la síntesis proteica. Así se reproduce indefinidamente la cantidad de orgánulos con tentáculos hiper-eléctricos luminicentes. Esta acción reestructura y alinea el cuerpo psico-biológico con el cuerpo astral y causal, aumentando en el individuo las capacidades extrasensoriales.

Las neuronas motoras somáticas reciben, de la séptima dimensión, descargas de partículas 001001-001100-001111 y 011110-011110-010010 que son componentes de alto contenido luminiscente y que conjuntamente con las partículas 010101-001100-010111, 000001-111110-010101 y 0011000- 101001-010111 producen un tipo de atmósfera altamente radiante en la séptima dimensión.

Mientras lee, las partículas 001001-001100-001111 y 011110-011110-010010 penetran el océano de la médula espinal tridimensional y de un grupo de nervios craneales motores con el propósito de despertar Asuntara (la energía de cuatro filamentos entrecruzados).

Esta luz afecta rotundamente el pericarión y las dendritas, dejando el Axón de lado. En un futuro próximo, las dendritas se destacarán y se podrán diferenciar de los axones en el neutrófilo por su alto contenido de sustancia dimensional resplandeciente.

Los lisosomas primarios, ricos en lipofuscina y que según la ciencia terrestre marginan el núcleo en personas de la tercera edad, están siendo alterados drásticamente en este preciso instante; y las mitocondrias pequeñas redondeadas con crestas longitudinales aumentan de volumen, previniendo enfermedades neurológicas generadas por vectores oscuros del universo tridimensional.

Los neurotúbulos del cito esqueleto del pericarión son modificados y su definitiva apariencia diferirá de la de los microtúbulos celulares no neuronales, ya que estos serán transparentes y luminosos con respecto a los otros. Los neurotúbulos transformados por las descargas dévicas comenzarán a transferir y transmutar las moléculas de proteínas a moléculas resplandecientes, a partir combinaciones distintas y a una velocidad mucho mayor que la acostumbrada, causando así un campo magnético intercelular extenso que afectará la síntesis proteínica y la comunicación de las dendritas y el axón.

Intermitentes, los nueve luminosos bombardearán con partículas 010101-001100-010111 séptimo-dimensionales y partículas 011011-011110-110011 quinto-dimensionales las proyecciones citoplasmáticas carentes de cobertura mielínica, afectando así los numerosos micro- túbulos y aumentando los neurofilamentos dendríticos. Esta acción cambiará por completo el retículo endoplasmático que libera radiaciones fuliginosas implantadas por los Retoños de la Opacidad.

El material electro-denso-citoplasmático ahora es rectificado y la membrana plasmática recibe un bombardeo de luz crística que cambia la estructura de su material filamentoso denso. De esta manera, el potencial de acción comienza a traducir la señal sináptica en señal celestial dévica 011011.

Las neuronas que se comunican con exactitud, velocidad e inteligencia incipiente con otras células musculares y glandulares, a través de impulsos electro-nerviosos, ahora comienzan a conectarse y transformar, a larga distancia, neuronas y células en otros organismos biológicos que se acerquen al lector. Este alcance se proyectará a cien metros de donde usted se encuentre. O sea que podrá afectar positivamente a otra gente a su alrededor, sin que pueda notarlo ni intentarlo.

Los Nueve Devas se aseguran de que el proceso de iluminación afecte no solo a quien lea este libro y al que siga los consejos escritos, sino también a cualquier persona que se acerque al individuo ya reestructurado.

Estados incómodos y anestesia

Los síntomas que usted sentirá al leer estas palabras son variables. Si su sistema nervioso no se encuentra preparado, los Devas de Fuego comenzarán inyectando una especie de luz sexto-dimensional en el sistema nervioso central, luz que se tornará líquida. Dicha luz tiene el propósito de fortalecer y anestesiar el sistema nervioso para que aguante las radiaciones estelares que el planeta recibe en esta era de cambios. Durante este proceso, usted se sentirá cansado y con ganas de dormir. Percibirá las piernas como si hubiera caminado por millas cuesta arriba; por otro lado, su procesamiento mental será lento y olvidadizo.

Si su sistema nervioso es fuerte, apreciará cosquilleos en todas las terminaciones nerviosas, columna y cerebro, además de sensaciones orgásmicas en el corazón y centro del cerebro, al tiempo que gozará de una energía prodigiosa.

En algunas ocasiones, la energía transmitida será tanta que estas sensaciones desaparecerán y serán reemplazadas por ansiedad o ataques de pánico, ya que el sistema nervioso fue recargado generosamente de poder por los seres luminosos. En este punto, dejarán que su sistema se recupere y, en algunas ocasiones, pondrán su anestésico mientras el proceso de alquimia corporal continúa. Debido a la limpieza emocional, física, mental y psico-espiritual, atravesará momentos de crisis emotiva y existencial.

Durante estos períodos, relájese más y más. No tense el cuerpo, confíe, porque nosotros nos hemos comprometido a acompañarlo con amor claro hasta el fin. Estamos con usted en los buenos y malos tiempos. Permita ser purificado y déjese llevar.

Con el tiempo comenzará a tener visiones, a oírnos, vernos y sentirnos. Para que esto suceda, insistimos en que se relaje, confíe, esté atento y concentrado en la parte de atrás de la coronilla.

Pregunte y escuche.

Desde Sirius, le deseamos toda la suerte del universo con su nueva navegación y cambio de curso.

Háganos un favor y hágase un favor: que no le importe más su apariencia física, la ropa o marca que usa, el carro que maneja, las joyas que posee, la casa donde vive o cualquier otro tipo de material que lo defina. Desátese de todo, desapéguese, usted es hermoso de la manera en que fue creado y no necesita ningún aditivo, libérese de las fuerzas más oscuras que quieren apagar su luz, no se deje vencer por lo que dicta la sociedad. No se avergüence de su cuerpo, usted es un alma brillante y maravillosa. Véase, entiéndase y viva feliz, que esta vida es tan solo un fragmento de su imaginación que aparece y desaparece en un abrir y cerrar de ojos.

Ámese más y más, ame a todos sus enemigos más y más; desée el bien y la luz sin discriminar. Entienda a los que se resguardan en sus posesiones materiales para ser alguien, de los que usan el poder material para sentirse más y mejor que otros. Comprenda que son almas torturadas, repletas de angustia y miedo. Vislumbre que hasta las personas que hacen cosas terribles están simplemente enfermas del virus de la oscuridad. No decimos que sea ingenuo o sumiso, cuídese de ellas, aléjese y hasta deteriore una injusticia que ellos manifiesten, pero nunca, aunque tenga que combatir en su contra con espada en mano, jamás deje de amarlos y de desearles la luz y la paz eterna.

XII

Acelerando la evolución espiritual

La práctica

Asuntara, asuntarium aditratim aditratam vashtiakam Xiabiel

La energía de la práctica, sumada al constante cambio vibratorio terrestre, provocará iluminación termodinámica intracelular; esto ocasionará la "descorporización" del alma y cambiará la estructura vibratoria etérea humana para que resuene con la misma frecuencia de los decibeles de los Devas más agraciados, y se pueda acercar a la Vertiente de Toda Luz.

Estos regalos naturales serán absolutamente necesarios para el perfeccionamiento espiritual.

Después de que las almas atraviesen las transmutaciones proyectadas por los poderes más altos de luz clara y brillante, retoñarán con fibras mesiánicas de alto poder dinámico Estas fibras ocuparán nueve dimensiones conjuntamente con Asuntarium y estarán en contacto con todas las fuerzas angelicales. Dichas almas ganarán nueve poderes grandiosos y siete poderes de menor talla.

La Vertiente del albor se comunicará directamente y sin intermediarios con ellas y se podrá entender cómo la realidad relativa de la galaxia carece de fundamentos reales y materiales.

El átomo será visto como un concepto mental inocuo y vacío, la materialidad pasará a ser información angular cíclica.

Esta reprogramación y reestructuración tridimensional humana será posible debido a que las fuerzas energéticas rotacionales de circunvención estarán alternando energías de distintas dimensiones constantemente, con el propósito de crear líneas de luz onduladas y campos astrales circunscriptos relucientes que trascienden espacio y tiempo. Esta sincronización del alma se podrá observar simultáneamente en este universo tridimensional como nueve conos opuestos de luz, rodeados de una nébula espiral con las características amplias de una galaxia iluminada por luz celestial y divina.

Esta fuerza rotacional espiral latente ayudará a que la información codificada con ritmos penetrantes de refulgencia sub-sólida penetre las nueve dimensiones.

La raza humana tiene que trabajar en conjunto con las fuerzas espirituales y galácticas para que el eje espiritual de cada individuo sufra una alteración multi-dimensional, etérea y antimaterial.

El ser humano dejará la dualidad atrás y aceptará que Él y los nueve universos superpuestos son uno. A través de inyecciones de espirales de luz resplandeciente y con audiovisuales vibratorios que se despliegan cubriendo el universo entero, desplomaremos el ego y, por consiguiente, toda ilusión de separación se hundirá en el olvido.

Sepa que las fuerzas de la irradiación esplendorosa predominarán en las nueve dimensiones y no dejarán que la semilla espiritual sea aniquilada en usted, puesto que como ser humano es una extensión más del poder del amor divino.

La porción de seres humanos que no dieron el salto espiritual durante los cambios y que sigan en la Tierra, tendrán que evolucionar a través de mundos esféricos.

Una semilla químico-espiritual será plantada en numerosos campos electromagnéticos de pensamientos vibratorios grisáceos, dominados por la Opacidad más densa de sus mentes, para que de esta manera la conciencia de individualidad yoica se purifique y se disuelva.

Este nuevo individuo tridimensional funcionará como una membrana de unión entre el sistema luminoso y el oscuro.

Debido a esta unión que el ser humano facilita, la Vertiente efusiva y clara podrá acercarse a una comprensión más despejada sobre lo que verdaderamente es la opacidad. Con tal entendimiento ganado, deslumbrará al humano cercado por la confusión sombría implantada por la opacidad y lo obligará a comprender que el tiempo y el espacio son tan solo un fragmento de su imaginación. Con tal comprensión, podrá penetrar los secretos de su alma, desmantelarla y sacarla de su ciclo de sufrimiento continuo.

Estas "humano/gotas" de eternidad, individualizadas, se prepararán para una migración planetaria y orbitarán fuerzas espectrales más cercanas a la Vertiente Esplendorosa. El tiempo lineal dirá cuándo el encapsulamiento yoico tendrá que entrar en un nuevo envoltorio de espectro gravitacional más expansivo.

Esta presión cíclica del cosmos es y será ejercida universalmente en diferentes momentos históricos intergalácticos. Toda galaxia atraviesa en algún momento campos multidimensionales, donde sus planetas y estrellas sufren una transmutación magnética severa y gravitacional.

Si dudan de nuestras palabras, observen los campos geofísicos terrestres.

Cuando la Tierra empiece a expulsar magma desde su centro, las fuerzas espirituales dentro del caparazón físico serán reprogramadas más allá de su blindaje tridimensional. Esta alta vibración energética que se le inyectará al ser humano trasladará, momentáneamente, el código del cuerpo material a otra tercera dimensión paralela, similar a esta concurrente dimensión.

De esta manera, el cuerpo físico humano será rescatado y reestructurado para ser reinsertado a un nuevo mundo.

Segunda opción para el humano no cambiante

El implante de luz cristalina eterna, depositado en el cuerpo humano, perdió su brillo; debido a este fenómeno, el cuerpo tendrá que ser reestructurado con nuevos meridianos y ADN antes de la reinserción.

El alma encapsulada en este nuevo modelo será capaz de vivir dentro de olas magnéticas de luz, provenientes de la quinta dimensión. La inteligencia resplandeciente superpondrá este modelo, más depurado, en un planeta con diferentes vibraciones electromagnéticas.

Este nuevo estándar humano, aunque vibrando en medio de energías oscilantes grises tridimensionales, reorientará las fuerzas divergentes.

Se dice que, para que el nuevo cerebro trabaje en cuatro dimensiones simultáneamente, tendrá que poseer cuatro órganos visuales receptivos y oídos cuarto-dimensionales.

El sistema audiovisual en estos cuerpos será de suma importancia para la evolución de la raza humana, evolución que estuvo estancada por miles de años entre horizontes pragmáticos progresivos estelares.

La reconstrucción del sistema audiovisual biológico estará compuesta por filamentos astrales etéreos conectados a la materia bioquímica.

El sistema óptico no estará precisamente compuesto por ojos con iris, pupilas, córneas, retina, mácula y demás. Estos órganos visuales más evolucionados serán colocados en la cabeza y abarcarán una circunferencia radial de 360 grados. El poder visual cambiará de unilineal, unilateral masculino a uno más global, esférico y femenino.

El sistema auditivo no solo captará ondas circunferenciales, sino también sonidos ondulantes provenientes de otras dimensiones.

Una vez que el cuerpo haya alcanzado los ajustes óptimos en la quinta dimensión, será devuelto al universo estelar tridimensional; sin embargo, este nuevo "cuerpo/mente/organismo egoico" captará las ondulaciones energéticas de la cuarta dimensión y podrá acceder con más facilidad a espacios infinitos de luz radiante. Tal cambio empujará a la raza humana a continuar su proceso evolutivo hacia horizontes resplandecientes dévicos.

El futuro

El futuro como tal es cambiante, es cambiante también el presente y por lo tanto es cambiante el pasado. Como el destino no existe, es imposible para los Devas y cualquier otro ser descubrir el futuro.

Sin embargo, existen siempre posibilidades casi escritas en la atmósfera. Usualmente hay tres posibilidades fuertes de un futuro aparente, debido a las acciones de un individuo, comunidad, el mundo entero y hasta el universo.

Es como observar un río que se dirige con rumbo al mar; la posibilidad más aparente sería que el río llegue al mar. También el río, dependiendo de qué tan fuerte esté el sol y de si hubo o no deforestación, podría secarse y nunca alcanzar el mar. La tercera posibilidad podría ser que lo hayan desviado de su curso con represas para irrigar cosechas, etcétera. Cuando hablamos del futuro de un individuo o de la Tierra, existen una serie de factores parecidos, pero más complejos.

Las posibilidades expuestas acá de un posible futuro para el mundo no son exhibidas con el fin de crear miedos, incertidumbre ni inseguridad; simplemente se comparten en este capítulo tales posibilidades con el propósito de que el ser humano comprenda que no tiene tiempo que perder, que es necesario comenzar a cambiar desde el ahora, para que ciertos factores no le afecten desmesuradamente.

Si usted guarda en su corazón la debilidad de asustarse y propagar pánico con respecto a eventos catastróficos, entonces es mejor que se salte por completo este capítulo.

El cambio

Primera predicción

Un cataclismo es probable, ya que el humano ha venido soñando con él; no existe fecha alguna, todo depende del progreso espiritual de la raza humana.

Al hombre le fascina la idea de la aniquilación total de su estirpe. Por consiguiente, ha creado una energía oscilante centrífuga tan fuerte que, sí no fuera por los 9 Devas de Fuego Cristalino y otros grupos de luz, la destrucción ya lo hubiese alcanzado. Usted puede constatar cómo las escrituras humanas están plagadas de predicciones apocalípticas. Los seres Luminiferous han usado tal miedo y han intercedido, en algunas escrituras, para desalentar este curso de evolución.

Otras escrituras han sido cambiadas por el sacerdocio falso patriarcal, con el fin de crear miedo y dominar con este a sus seguidores.

Si no existiesen escrituras, el ser humano buscará algo, el año mil, el dos mil, el dos mil doce y así sucesivamente para seguir alimentando el temor, alimentando su sentido de individualidad, su ego y su sombra. Esto lo hará caer en un abismo lóbrego cercado por sus propios miedos.

Lo expuesto aquí es tan solo compartido para que el lector se dé cuenta del error cometido, el cual lo lleva a dudar, sentir aprensión, desasosiego y a sufrir.

Lea esto como si fuese un capítulo ficticio, y haga intenciones poderosas para deshacer los nudos creados.

Primer pronóstico.

Existen, en el universo tridimensional, ciclos; ahora la Tierra, el sistema solar y la vía láctea se encuentran al borde de un cambio positivo, desde nuestro punto de vista.

El cambio se dará en un nivel geomagnético, electromagnético, fotónico, molecular, celular, espiritual, etcétera.

Cuando el cambio se acreciente, el ser humano no preparado se verá afectado a tal punto que no podrá funcionar normalmente, puesto que todo lo que en el pasado parecía importante (relacionado con lo material) dejará de tener brillo.

La acumulación de riquezas, la apariencia corporal, la diferencia entre sexos, razas, ideales políticos/religiosos y demás perderán fuerza en su interior; el humano dejará de atacar y defenderse. Los políticos, líderes y cualquier persona en posición de poder serán cambiados por esta luz y electromagnetismo, ellos no podrán gobernar ya más, dejará de haber guerras, la gente dejará de ir a trabajar y el sistema colapsará. El mundo, como se lo conoce, cambiará completamente. La gente dejará las ciudades atrás y empezará prácticamente de cero, el miedo desaparecerá de sus corazones y el amor gobernará sobre la superficie terrestre.

Los preparados tendrán que ayudar a los que no se esforzaron ni creyeron que el cambio estaba cerca y estos sufrirán momentáneamente debido a la crisis curativa desencadenada.

Segunda predicción: Posible cataclismo

Segundo posible trazo energético determinante que la Tierra podría llegar a tomar.

El cataclismo grandioso causado por la mente humana podría comenzar con olas cósmicas chocando contra la superficie terrestre. Simultáneamente, el sistema solar se encontraría como en el cercano presente, en un área electromagnética de diferente calidad y cualidad; este cambio afectaría el magnetismo terrestre, abriendo vórtices que desmantelarían la estructura de la Madre Tierra.

Si esto sucede, habrá en la Tierra vórtices energéticos que se abrirán y cambiarán el manto terrestre. El planeta expulsará, a través de estos cráteres, magma magnéticamente cargado.

Terremotos acompañarán esta emisión.

Habrá países que por miedo invadirán a otros; sin embargo, sus intentos serán bloqueados por las fuerzas dévicas.

La Tierra se abrirá y se hundirá en Costa Rica y en Rusia. Europa se congelará, vientos supersónicos arrasarán con la vida, hasta los nidos de los dulces pájaros sufrirán la extinción impuesta por la Madre Naturaleza.

Esta cadena cataclísmica culminará con la ascensión de dos nuevos continentes. Así la historia volverá a repetirse.

Por otro lado, en medio de tal deterioro, la vía láctea entrará en una zona de gran poderío electromagnético. Esto afectará conjuntamente el sistema solar y por consiguiente la Tierra.

Habrá un grupo de humanos que aprenderán a usar estos biorritmos electromagnéticos para cambiar su ADN, fenómeno que causará en ellos cambios moleculares que elevarán la conciencia encapsulada en sus cuerpos hacia otras dimensiones de luz intergaláctica de universos paralelos, creados específicamente para que estas gotas de conciencia sigan su camino evolutivo en un ámbito menos hostil, con menos ondulaciones y oscilaciones.

Por otro lado, los que eligieron la opacidad del miedo serán purificados y devueltos a una Tierra con diferentes polaridades magnéticas y diferente frecuencia espiritual, para que también ellos continúen su camino progresivo propicio. Los humanos que logren cambiar su ADN podrán vivir del aire y la luz, ellos no necesitarán comer.

A través de las prácticas de los Devas de Fuego Cristalino, nos aseguraremos de no retroceder. Los Devas usarán, en este ciclo de existencia, un tipo de medicina astral, la cual afectará varios vórtices en el cuerpo humano a través de precipitaciones ultrasónicas.

El ADN y NRA comenzarán a trabajar a un decibel sinergético de clarísima brillantez, haciendo que la materia corporal atraviese series indeterminadas de transfiguraciones.

Tercera probabilidad del futuro terrestre

Si no hubiese ninguna oposición de parte de los seres luminosos y la Vertiente, esta probabilidad es la más cercana a lo que puede llegar a suceder.

Es una posibilidad y está flotando. Por eso se describe, para que el ser humano que lea y cambie pueda variar tal posibilidad.

Los seres humanos seguirían sobrepoblando el planeta Tierra, extinguiendo así los recursos naturales.

Debido a la contaminación oceánica y de ríos con petróleo, aguas negras, químicos, productos radioactivos y un sinfín de otros desechos, el agua en la Tierra será escasa. El agua es necesaria para alimentar las cosechas, hidratar a los animales, darle destello al mundo marino, etc.

El valor del agua aumentará incalculablemente; por consiguiente el precio de la comida aumentará, así también aumentará de valor todo en esta Tierra, ya que todos necesitarán comer y beber.

El mundo dejará de ser regido por el petróleo. El petróleo pasará a segundo plano y otras energías viables entrarán en juego, dada la necesidad de transportar el agua que vendrá de lagos de glaciares altos ubicados en los Andes, Himalaya y otras montañas desoladas.

Bañarse será un lujo y un lujo será comer y beber. La gente no defecará más sobre tan precioso líquido. Habrá procesos avanzados de filtración y desalinización. Sin embargo, debido a tanta suciedad, los filtros no durarán mucho y no podrán destilar productos radioactivos. El agua filtrada será el agua de los pobres.

Por otro lado, la avaricia y la codicia humana serán tan extremas que el hombre comenzará a comerciar con este importante elixir de la vida e invadirá Tierras lejanas con el propósito de hurtar sus aguas.

Un nuevo tipo de guerrero será creado con modificaciones genéticas. Ellos tomarán el nombre de mercenarios del agua, guerreros genéticamente modificados, con una inteligencia y poder físico mucho más avanzado que el del ser humano actual.

Los guerreros del agua desmantelarán, matarán, violarán y arrasarán toda la riqueza natural de las áreas irrigadas por ríos y lagos limpios.

Estos seres clonados serán regidos por su mente no natural y carecerán de corazón y alma; por lo tanto, no sentirán compasión alguna por los hombres, mujeres y niños.

Ellos serán armas mortales vivientes y pensantes que gozarán y usarán el poderío militar tecnológico altamente evolucionado; nadie podrá enfrentárseles y ellos harán lo que les plazca. Estos seres solo dejarán destrucción y desiertos a sus espaldas.

Debido a su inteligencia superior, al principio obedecerán las órdenes de sus creadores e inversionistas; pero astutamente, con lentitud, ocuparán cargos militares más altos.

Al ser tan eficientes e inteligentes, la Tierra los hará líderes de las fuerzas armadas. Simultáneamente, obligarán al ser humano a clonar más seres como ellos. Un día, después de intensos y cuidadosos cálculos militares, se sublevarán en contra de sus creadores, sus inversionistas, las grandes corporaciones y los líderes políticos.

Para ese entonces, las aguas serán en el mundo muy escasas; con este pretexto, los guerreros talentosamente crearán un sistema de filtración avanzada y podrán refinar hasta la sangre humana, obteniendo agua pura de ella.

Estos guerreros serán altamente eficaces cuando se trate de su propia subsistencia y de la supervivencia en el mundo desértico del futuro.

Tomarán el agua corporal de sus propios creadores y comerán absolutamente todo lo que se pueda comer, si no está contaminado.

Los seres humanos sobrevivientes, en su mayoría ex billonarios, líderes militares y políticos, pasarán a ser esclavos de estos seres antinaturales creados por sus mentes egoístas e insanas. De modo que ellos ahora aprenderán a trabajar duro y producir para sus jefes. También serán como el ganado comestible de los seres antinaturales, estos los obligarán a reproducirse con tal propósito.

Ser humano: esta es una descripción probable; se puede prevenir fácilmente, deje de contaminar, deforestar, de ser egoísta, procrée menos.

La pesca comercial tiene que ser parada, las aguas tienen que dejar de ser un basurero. Los ríos especialmente durante este calentamiento global deben estar protegidos por árboles, si queremos evitar su evaporación.

Los vehículos de transporte tienen que usar energía limpia, la cual ya se conoce.

Todos deben ser responsables y cambiar ahora de una vez por todas.

Aporte su grano de arena aunque otros no lo hagan, o aunque la mayoría no lo haga.

Si usted sigue nuestro consejo y si el planeta sucumbe a esta triste realidad, nosotros nos comprometemos a sacarlo de allí, antes de que los seres modificados genéticamente tomen las riendas.

Siga la luz en todo momento, siga su corazón y cambie su miedo por el amor.

Usted nos sigue, usted está protegido.

Los Preparados

Si este último proceso de extinción se da, los humanos Preparados serán alejados de la Tierra.

Los Preparados encontrarán, con nuestra ayuda, áreas de colapso gravitacional luminoso (no agujeros negros, sino otro tipo de vórtice) y a través de estos se comunicarán con puntos interdimensionales y campos paralelos electromagnéticos.

Sus cuerpos internos se tornarán cristalinos, con un campo circunferencial que retendrá su singularidad. Ellos podrán transferir su masa física a través de estos cuerpos, sin desintegrar su estructura molecular. Los Devas les otorgarán el poder de moverse a través de vórtices de espacio/tiempo. Tal sincronización corporal los dejará acceder a dimensiones con variaciones múltiples.

La retribución intrínseca se da cuando la transmutación es abordada desde otra propuesta kinética, o sea, que es abordada por la presión de inercia aparente soñada (que gira a alta velocidad como un trompo y parece no moverse engañando nuestra percepción).

Las frecuencias de esta retribución intrínseca, en algunos puntos del espacio tridimensional, pareciera oponer una resistencia "frecuencial" que afecta la percepción del ser humano; esta resistencia soñada es esencial para cruzar la barrera de la materia energética, la cual es impenetrable para los seres con menos entendimiento. Dentro de estos portales de colapso gravitacional, existen partículas fotónicas vivas y ardientes que acarician al viajante astral que las atraviesa y que alimentan su sabiduría.

Los vórtices de colapso gravitacional luminosos difieren de los agujeros negros, ya que en aquellos existe un perfecto balance que previene la caída acelerada de rayos celestiales y también las destructivas olas de rotación entre cuerpos gravitacionales superpuestos.

La modulación energética reformará las partículas conscientes dentro de la estructura cristalina del viajante astral.

El viajante comprenderá, en estos vórtices, que la inteligencia divina opera a través de la activación de patrones de pensamiento holográficos multidimensionales; y que precisamente nosotros y el universo que nos rodea son estos patrones holográficos de pensamiento materializado.

La rotación de oleadas creada por la interacción del humano cristalino en el vórtice balanceará su masa crítica con frecuencias electromagnéticas cosmológicas y geopáticas, armonizando el choque inicial contra el humano, de modo que la radiación negativa quedará impedida por la red interconectada de la conciencia humana.

Aquí, los Devas ardientes de fuego atómico bombardearán la red existencial tridimensional con múltiples campos magnéticos, dando inicio al perpetuo balance dinámico.

El hombre sin preparación recibirá fuerzas proyectadas directamente a su cúpula radial áurica. Tal proceso lo ayudará a alcanzar dimensiones de conciencia descentralizadas expansivas.

Al no existir un vector centrado de conciencia en el humano, su expansión será explosiva y existe la posibilidad de que tal expansión explosiva desintegre cualquier punto de conciencia que sea disruptivo, pudiendo tratarse de otro ser humano envuelto por las fuerzas de la opacidad que no quiera aceptar el cambio. Lentamente, los humanos no preparados aprenderán a modular los meridianos energéticos y sus líneas adyacentes; de esta manera, no habrá disrupción de ninguna fuerza gravitacional terrestre.

Después de que esta fase se lleve a cabo, los no preparados intentarán lentamente la interconexión con la síntesis de las emanaciones electromagnéticas y comenzarán a entender la necesidad universal de evolución. Su fuerza de vida dinámica destruirá su personalidad egoica y quedará libre de toda estructura material constrictora.

La fuerza retrógrada sombría que los apresaba será desechada en algunos; y su condicionada limitación, destruida.

Un nuevo día comenzará en una Tierra paralela, conjuntamente con el refinamiento de la conciencia humana.

No existe la predestinación absoluta del alma; lo que sí conduce al ser humano a seguir ciertas direcciones karmáticas es tan solo el pre- condicionamiento astral/causal/mental.

La reprogramación molecular abre a los humanos no preparados fisiológicamente, a aceptar nuevos códigos celulares que recombinan patrones energéticos y sinergias reveladoras, para que sea más que tan solo una bolsa de piel y huesos.

El hombre usará una guirnalda relampagueante, se sentirá poderoso, sobrio, bondadoso, rasgará la cortina molecular de esta realidad aparente, ascenderá a la quinta dimensión y su entendimiento abrazará todas las esquinas emblemáticas de su nuevo hogar dimensional.

Los que no puedan cruzar esta frontera, debido a su ignorancia y ataduras con la opacidad, serán desmaterializados y su inteligencia desmantelada por el potente cambio vibratorio terrestre. Ni la Vertiente ni los Devas tendrán nada que ver con tal desintegración.

La segunda resurrección

Los Devas arrebatarán todo el poder a las órdenes sacerdotisas patriarcales falsas; y la segunda resurrección Crística será femenina y tomará lugar solo en los corazones de los justos.

Iluminación total tridimensional que desemboca en multidimensionalidad

Atmitrat ushtam atram Matatronitram adrat bushtam

Esta exposición comenzará por puntualizar las conmociones mentales y físicas del ser humano en proceso de iluminación en el campo tridimensional.

Tal descripción se presenta ante usted con el propósito de preparar el cuerpo molecular humano, para que este no sufra a la hora de colisionar contra el infinito y tolere el gran poder transmitido durante la experiencia más increíble nunca imaginada

Como el ser humano fue creado a la imagen y semejanza de la Vertiente de Esencia Resplandeciente, puede experimentar la grandeza de la eternidad con su ser expansivo.

Lea con atención y usted podrá disfrutar de la expansión sublime etérea.

Relaje todo su ser y entréguese 100% al amor refulgente, su ego será destruido, la Vertiente le dará el regalo más preciado de todos los campos dimensionales.

Primero lo expondrá, abrumándolo con una explosión de paz perpetua, y lo dejará revivir por medio de una especie de nucleosíntesis espiritual tridimensional.

El iluminado, mientras se expande, sentirá que su temperatura desciende dramáticamente, como si sucediera en él una bariogénesis; a continuación se comenzarán a producir protones y neutrones termodinámicamente estables dentro de sus tres cuerpos. Su temperatura cambiará permanentemente a medida que el tiempo transcurra.

Las reacciones para lograr una armonía termodinámicamente perfecta serán monitoreadas por los Devas, guiados por Gabriel-a y Rafay-el, quienes combinarán los cambios transferidos por la expansión cósmica. Ellos inferirán la porción de protones y neutrones, basándose en los cambios de temperatura. Esta porción beneficiará a los protones, ya que las grandes masas de neutrones surgen en la conversión de neutrones a protones.

Las leyes y las constantes de la conciencia soñadora que rigen el proceder de la materia, en estos niveles de energía, son comprendidas por los Devas Cristalinos; para ellos, tal proceso carece de perplejidades especulativas. Los Devas hacen su trabajo sin vacilaciones ni dudas en sus mentes traslúcidas.

Mientras el individuo atraviesa el cambio intenso, se expandirá y se seguirá enfriando. Sus neutrones y los protones libres se desestabilizarán, debido a que remolinos de luz séptimo-dimensional serán insertados en ellos. En el instante en que acontece la nucleosíntesis espiritual del cuerpo causal humano, la temperatura es obligada a ascender entre relámpagos espectrales dinámicos, con el objeto de que su espíritu alcance un mayor grado de pasión de energía de enlace. Si se formara algo similar a un deuterio en esta fase, causado por la intervención de las fuerzas de la nebulosidad, este sería destruido inmediatamente por los Luminosos con fuego. Sin embargo, las partículas similares a los deuterios serán formadas en la siguiente fase, donde se retardará la formación de los gases luminosos. Estos gases esplendentes armarán el lecho para que la expansión de la conciencia individual humana se torne adecuadamente fría y para que la partícula similar al deuterio se materialice como un torbellino imprevisto de luz brillante. Posterior a la explosión de la conciencia humana, la mente tridimensional se encontrará excesivamente fría, pronta a que acontezca cualquier tipo de fusión nuclear. Debido a esto, las cantidades elementales serán establecidas por los Devas de Fuego Cristalino, obligándolas a cambiar géneros, en la fase donde la descomposición de la nucleosíntesis espiritual tiene efecto.

El ser humano experimentará una expansión muy parecida a la expansión leptónica, de bariones y fotones. Percibirá, en otras palabras, la sensación de ser LUZ. En esta fase, la consonancia de expansión del ser será mayor que las escalas de tiempo de las numerosas interacciones electromagnéticas; por esto, las reacciones nucleares se mantendrán en perfecto equilibrio. El ritmo de expansión será modificado por rayos ciclónicos que provocarán un desacoplamiento. La existencia yoica expansiva, en este instante, será congelada con el propósito de causar una reacción en cadena, donde las partículas similares a los neutrinos serán obligadas a perder el equilibrio, alcanzando la fase de desacople; ellos se propagarán adiabáticamente o sin pérdida de calor, con una temperatura recíproca correspondiente a las de las dimensiones de la expansión yoica.

Después de que se dé la expansión explosiva espiritual, las reacciones que conservan la armonía entre neutrones y protones se tornarán más parsimoniosas que la expansión. En el campo tridimensional, el experimentador de la iluminación crea un mayor contenido implícito de protones que -como consecuencia- materializan en sí un cuerpo gaseoso visto en este universo, forzando a que los fotones dejen de ser lo adecuadamente potentes con el fin de dar lugar a la materialización de pares de partículas, semejantes a los positrones. Estos cambios instaurarán vida a la interesante compensación de un electrón por cada ciento ocho fotones.

La expansión pseudo-leptónica alcanzará su cúspide y se transformará en una expansión irradiante que durará ciento un mil segundos, desembocando en un desacople de la materia y la energía con temperaturas solares que originan la refulgencia base.

El individuo en proceso de iluminación se encuentra en esta fase al rojo vivo, sin experimentar calor o incomodidad alguna; todo lo contrario, el poder sentido por él es imponente y hermoso. Después de que esta transmutación llegue a su fin, él se comenzará a enfriar para producir núcleos más pesados. El descenso de la temperatura será indudablemente drástico. Esto ha sido planeado a propósito por los Devas, con la intención de que cualquier esencia egoica sea aniquilada.

 En la fase siguiente, las partículas se mezclarán para producir ciertos gases parecidos al helio 3, 4 y el hidrógeno que ocasionan un núcleo inconsistente de masa atómica. Dicho núcleo pasará a ser el cuerpo del Ser Humano Preparado. Es así cómo lentamente se trascienden los parámetros tridimensionales y se comienza a acceder a otro tipo de elementos más sutiles. En estos sectores, el ser en proceso de expansión externalizada se seguirá difundiendo y conociéndose, el ego cesará de existir y el alma abarcará todas las dimensiones habidas y por haber. El nacimiento de la comprensión total del sueño multidimensional tomará lugar y, una vez despierta, el alma vislumbrará que su esencia no solo es una con la Vertiente Resplandeciente en sí, sino también es una con la conciencia absoluta que la sueña.

Antes de perder completamente su sentido de individualidad soñada, el alma humana expandida multidimensionalmente decidirá si sigue en el sueño de una manera consciente, o si se retira para siempre con el propósito de ser conciencia pura y clara.

Nota del autor

Espirales

En la próxima sección, usted se encontrará con varias espirales que repiten algunos de los capítulos anteriores.

Trate de leer dos o tres espirales por día, con tranquilidad, sin que su mente se agote con el propósito de completar la programación celular y espiritual.

Hágalo con serenidad, sosiego y relajación.

Al final del libro y después de las espirales, lo espera una serie de meditaciones dévicas que lo pueden ayudar a acelerar el proceso de liberación. Espero que las disfrute.

! ¡Buena Suerte!

Día Uno

...COMO GRUMOS BASOFILOS DE ALTO CONTENIDO ELECTRICO. ESTA
...ANDO LOS ORGANULOS QUE ACOPLAN EL CITOPLASMA QUE ROD
...UMULAR PROTEINAS CON ALTO CONTENIDO TIROSINICO Y ARG
...RAIZ DE ESTA TRANSFORMACION LA ENVOLTURA NUCLEA
...TRAL Y RELATIVAMENTE AUMENTA LA ACTIVIDAD "TR
...O A ESTAS CON FOSFORESCENTES PROGRAMAS CE
...HIPERICO, CON UNA CAPA DE ALBOR NUCLEO C
...EN ESTE MOMENTO INTRODUCIMOS PATRO
...AUNQUE SE HA CREIDO QUE CIERTA R
...TIERRA EL HONDO SUFRIMIENTO QU
...S DE AÑOS ATRAS POR SERES
...DIVIDUO. ESTOS ESQUEMAS
...NIVEL CELULAR FLOTE
...OS DE LA OPACIDAD
...ATRONES DE LUM
...ARION HACIA
...MPULSOS R
...OBLIG
...E

P
RELA
L AXON,
Z ARISIANA
ASI COMO SE
MPLAZAN LOS PATR
N HACE QUE LA NEBU
RA QUE SEA EXAMINADA
GICOS QUE PARECEN NORMALE
D. PARA QUE EL HUMANO FUESE A
MA. NOSOTROS SOMOS EL SECRETO D
DEMOSTRAREMOS LO CONTRARIO. YA QUE
ROPOSITO DE REGENERAR LOS NERVIOS MIELI
E TRABAJAMOS DE MANERA NOTORIA EN EL NU
SA INYECTAMOS LUMINISCENCIA ACUATICA CALIENT
IBILIDAD DE UNA EVOLUCION SEGURA, SANA Y CUERDA
SARROLLARSE. AQUI OBLIGAMOS A QUE APAREZCAN Y REA
UE PENETRANDO EN EL AQUI Y EL AHORA TODAS LAS ESFERAS
A. EXISTE UN TIPO DE ORGANULO REPLETO DE RIBOSOMAS LIBRES,

ELECTRICIDAD SERA AUMENTADA CASI QUE DESPROPORCIONALME
AYOS A TODAS LAS CELULAS DEL SISTEMA, CON EL PROPOSITO
NTELIGENTES Y VIVIENTES DE LOS SERES RESPLANDECIENTES
FINIMENTE LA CANTIDAD DE ORGANULOS CON TENTACU
Y CAUSAL, AUMENTANDO EN EL INDIVIDUO LAS CAPA
CULAS 001001-001100-001111 Y 011110-011110-0100
1100-010111, 000000-111011-010101 Y 001
MIENTRAS LEE, LAS PARTICULAS 001001-0
Y UN GRUPO DE NERVIOS CRANEALES
NTRECRUZADOS), ESTA LUZ AFECTA
UTURO PRÓXIMO, LAS DENDRITAS
POR EL ALTO CONTENIDO DE
RICOS EN LIPOFUSCI
PERSONAS DE LA TER
ESTE PRECISO
DAS CON CRE
EN, PREVI
AS GE
S

VECT
MEDADE
ALES AUMEN
ITOCONDRIAS P
SIENDO ALTERADOS
ENCIA TERRESTRE MA
L RESPLANDECIENTE, LOS
RAN DIFERENCIAR DE LOS AXO
ON Y LAS DENDRITAS DEJANDO E
E DESPERTAR ASUNTARA (LA ENERGI
0-010010 PENETRAN EL OCEANO DE LA ME
UN TIPO DE ATMOSFERA ALTAMENTE RADIA
CONTENIDO LUMINISCENTE Y QUE CONJUNTAMEN
RONAS MOTORAS SOMATICAS RECIBEN DE LA SEPTI
ESTA ACCION REESTRUCTURA Y ALINEA EL CUERPO PSI
BIOCINETICA DEL PERICARION RELACIONADO A LA SINTE
ARLAS PARA QUE LOS FILAMENTOS MESIANICOS SE UNAN A LO
ISTERNAS DEL RETICULO ANDO-PLASMATICO. DICHAS CISTERNAS

TAMBIEN A CUALQUIER PERSONA QUE SE ACERQUE AL INDIVIDUO SU ALREDEDOR, SIN QUE PUEDA NOTARLO NI INTENTARLO. LOS N OTROS ORGANISMOS BIOLOGICOS, QUE SE ACERQUEN AL LEC E CON OTRAS CELULAS MUSCULARES Y GLANDULARES A DE ACCION COMIENZA A TRADUCIR LA SEÑAL SINAPT O Y LA MEMBRANA PLASMATICA RECIBE UN BOMB CO QUE LIBERA RADIACIONES FULIGINOSAS I S NUMEROSOS MICRO TUBULOS Y AUMENT LAS 010011-011110-110011 QUINTO DIMENSIO N INTERMITIENTES. LOS NUEVE LU O INTERCELULAR EXTENSO QU S DISTINTAS Y A UNA VELO RANSMUTAR LAS MOLECU LOS TRANSFORMADO ANSPARENTES Y RO TUBULOS C CADOS Y O ESQ NA

T OTUB ERICARI DIFERIRA D ONALES, YA QU PECTO A LOS OTRO DEVICAS, COMENZAR OLECULAS RESPLANDECIEN LA ACOSTUMBRADA, CAUSAND PROTEINICA Y LA COMUNICACION PARTICULAS 010101-001100-010111 SEPTI PLASMATICAS CARENTES DE COBERTURA RITICOS. ESTA ACCION, CAMBIARA POR COMP A OPACIDAD. EL MATERIAL ELECTRO DENSO CITO LA ESTRUCTURA DE SU MATERIAL FILAMENTOSO DE 11. LAS NEURONAS QUE SE COMUNICAN CON EXACTITUD, AHORA COMIENZAN A CONECTARSE Y TRANSFORMAR A LA N METROS DE DONDE SE ENCUENTRE O SEA QUE USTED PODRA SO DE ILUMINACION AFECTE, NO SOLO AL QUIEN LEA ESTE LIBRO Y

Día dos

LA PRACTICA. ASUNTARA. ASUNTARIUM ADITRATIM ADITRATAM VA

CELULAR; ESTO OCASIONARA LA "DESCORPORIZACION" DEL ALMA

AGRACIADOS, CON EL PROPÓSITO DE QUE SE PUEDA ACERCA

L. DESPUES QUE LAS ALMAS ATRAVIESEN LAS TRANSMUT

DINAMICO ESTAS FIBRAS OCUPARAN NUEVE DIMENSI

RAN NUEVE PODERES GRANDIOSOS Y SIETE PODER

AS, Y PODRAN ENTENDER COMO LA REALIDAD

UN CONCEPTO MENTAL INOCUO Y VACIO. L

ACION TRIDIMENSIONAL HUMANA, SERÁ

N ALTERNANDO ENERGIAS DE DISTI

DAS Y CAMPOS ASTRALES CIRCU

ACION DEL ALMA SE PODRA

NUEVE CONOS OPUESTOS

TICAS AMPLIAS DE U

STA FUERZA ROT

ACION CODIFIC

IA SUB-SO

ES, LA

JA

TO

TIEN

LAS NU

PENETRANTE

LATENTE, AYUD

ADA POR LUZ CELE

E UNA NEBULA ESPIRAL

NTE EN ESTE UNIVERSO T

QUE TRASCIENDEN ESPACIO Y

EMENTE, CON EL PROPÓSITO DE CR

FUERZAS ENERGÉTICAS ROTACIONALE

INFORMACION ANGULAR CICLICA, ESTA R

E DE FUNDAMENTOS REALES Y MATERIALES

DEL ALBOR SE COMUNICARA DIRECTAMENTE Y S

Y ESTARAN EN CONTACTO CON TODAS LAS FUERZA

MAS ALTOS DE LUZ CLARA Y BRILLANTE RETOÑARAN C

REGALOS NATURALES SERAN ABSOLUTAMENTE NECESARIOS

TEREA HUMANA, PARA QUE RESURJE CON LA MISMA FRECUENC

ICA, SUMADA AL CONSTANTE CAMBIO VIBRATORIO TERRESTRE, PR

EL ENCAPSULAMIENTO YOICO, TENDRA QUE ENTRAR EN UN NUEVO
AÑO\GOTAS", DE ETERNIDAD INDIVIDUALIZADAS, SE PREPARARAN
CIO SON TAN SOLO UN FRAGMENTO DE SU IMAGINACION, CON
CIDAD, CON TAL ENTENDIMIENTO GANADO, DESLUMBRARA
IDO A ESTA UNION QUE EL SER HUMANO FACILITA, L
D YOICA SE PURIFIQUE Y SE DISUELVA, ESTE NUE
E PENSAMIENTOS VIBRATORIOS GRISACEOS PLA
UE EVOLUCIONAR A TRAVES DE MUNDOS E
NO, LA PORCION DE SERES HUMANOS
LLA ESPIRITUAL SEA ANIQUILADA
S FUERZAS DE LA IRRADIACIO
EMOS EL EGO Y POR CONSIG
UDIOVISUALES VIBRATO
ON UNO A TRAVES D
DAD ATRAS Y AC
NAL, ETEREA
INDIVIDU
S PA
RZ

C
ALES
E ESPIR
LTERACION,
EL SER HUMANO
OS NUEVE UNIVERS
PIRALES DE LUZ RESP
GAN CUBRIENDO EL UNIVE
SEPARACION, SE HUNDIRA EN
RAN EN LAS NUEVE DIMENSIONES
O SER HUMANO ES UNA EXTENSION M
RITUAL DURANTE LOS CAMBIOS Y QUE QU
ESPIRITUAL, SERA PLANTADA EN NUMEROSO
A EN SUS MENTES, PARA QUE DE ESTA MANERA,
ONARA COMO UNA MEMBRANA DE UNION ENTRE EL
ACERCARSE A UNA COMPRENSION MAS DESPEJADA, SO
SOMBRIA IMPLANTADA POR LA OPACIDAD Y LO OBLIGARA
ECRETOS DE SU ALMA, DESMANTELARLA Y SACARLA DE SU CIC
ARAN FUERZAS ESPECTRALES MAS CERCANAS A LA VERTIENTE ES

ENVOLTORIO DE UN ESPECTRO GRAVITACIONAL MAS EXPANSIVO. E
AVIESA EN ALGUN MOMENTO CAMPOS MULTIDIMENSIONALES, DO
LOS CAMPOS GEOFISICOS TERRESTRES. CUANDO LA TIERRA E
A DE SU BLINDAJE TRIDIMENSIONAL. ESTA ALTA VIBRACIO
ERCERA DIMENSION PARALELA, SIMILAR A ESTA CONC
O A UN NUEVO MUNDO. SEGUNDA OPCION PARA E
ILLO, DEBIDO A ESTE FENOMENO, EL CUERPO TE
ULADA EN ESTE NUEVO MODELO, SERA CAP
IGENCIA RESPLANDECIENTE SUPERPOND
NETICAS. ESTE NUEVO ESTANDAR H
REORIENTARA LAS DIVERGENT
IMENSIONES SIMULTANEAME
OS CUARTO DIMENSIONA
IMPORTANCIA, PARA
ADA POR MILES D
VOS ESTELARE
ISUAL BIO
AMENT
DO

RIA
ETER
A COMPU
CCION DEL
RIZONTES PRAG
A RAZA HUMANA,
IOVISUAL EN ESTOS CU
R CUATRO ORGANOS VISUA
PARA QUE EL NUEVO CEREBR
MEDIO DE ENERGIAS OSCILANTES
ADO, EN UN PLANETA CON DIFERENT
AGNETICAS DE LUZ, PROVENIENTES DE LA
ON NUEVOS MERIDIANOS Y ADN ANTES DE L
NTE DE LUZ CRISTALINA ETERNA DEPOSITADO E
EL CUERPO FISICO HUMANO SERA RESCATADO Y R
SER HUMANO TRASLADARA MOMENTANEAMENTE EL CO
TRO, LAS FUERZAS ESPIRITUALES DENTRO DEL CAPARAZON
A TRANSMUTACION MAGNETICA SEVERA Y GRAVITACIONAL. SI
ERA EJERCIDA UNIVERSALMENTE EN DIFERENTES MOMENTOS HISTO

Día Tres

TE SE COMPARTEN EN ESTE CAPITULO TALES POSIBILIDADES CON
ACTORES PARECIDOS, PERO MAS COMPLEJOS. LAS POSIBILIDADE
LA TERCERA POSIBILIDAD PODRIA SER QUE LO HAYAN DESVI
AS APARENTE SERIA QUE ESTE LLEGUE AL MAR. TAMBIE
NTE DEBIDO A LAS ACCIONES DE UN INDIVIDUO, COM
SCUBRIR EL FUTURO SIN EMBARGO EXISTEN SIEM
MBIANTE TAMBIEN EL PRESENTE Y POR LO TAN
A QUE CONTINUE SU PROCESO EVOLUTIV
TA DIMENSION Y PODRA ACCEDER CO
NAL, SIN EMBARGO ESTE NUEVO
HAYA ALCANZADO LOS AJUSTES
ALES, SINO TAMBIEN SONID
LOBAL, ESFERICO Y FE
S, EL PODER VISUAL
EN LA CABEZA
STOS ORGANO
RIS, PUPI
PRECI

PTIC
UESTO P
RETINA, MA
VOLUCIONADOS,
IRCUNFERENCIA RA
EAL, UNILATERAL MA
UDITIVO NO SOLO CAPTAR
NTES DE OTRAS DIMENSIONES.
MENSION, SERA DEVUELTO AL UNI
EGOICO", CAPTARA LAS ONDULACIO
INFINITOS DE LUZ RADIANTE, TAL CAMB
CIENTES DEVICOS. EL FUTURO. EL FUTURO
DESTINO NO EXISTE, ES IMPOSIBLE PARA LOS
N LA ATMOSFERA. USUALMENTE HAY TRES POSIBIL
UNIVERSO. ES COMO OBSERVAR UN RIO QUE SE DIRIGE
TE ESTE EL SOL, Y DE SI HUBO O NO DEFORESTACION POD
S, ETCETERA. CUANDO HABLAMOS DEL FUTURO DE UN INDIVID
RA EL MUNDO, NO SON EXHIBIDAS CON EL FIN DE CREAR MIEDOS.

EL PROPOSITO QUE EL SER HUMANO COMPRENDA QUE NO TIENE TI

GUARDA EN SU CORAZON LA DEBILIDAD DE ASUSTARSE Y PROPA

REDICCION, UN CATACLISMO ES PROBABLE, YA QUE EL HUMA

FASCINA LA IDEA DE LA ANIQUILACION TOTAL DE SU E

UEGO CRISTALINO Y OTROS GRUPOS DE LUZ, LA DES

CCIONES APOCALIPTICAS, LOS SERES LUMINIFERO

OTRAS ESCRITURAS HAN SIDO CAMBIADAS PO

XISTIESEN ESCRITURAS, EL SER HUMANO

DO ESTE MIEDO, ALIMENTANDO SU SEN

CREADO POR SUS PROPIOS MIEDOS

ERROR COMETIDO, EL CUAL LO

SI FUESE UN CAPITULO FIC

ADOS, PRIMER PRONOST

LA TIERRA, EL SISTE

UN CAMBIO POS

SE DARA EN

O, FOTONI

AL, E

E

NDO

CELUL

NETICO, E

STRO PUNTO DE

LACTEA SE ENCUE

NIVERSO TRIDIMENSI

ONES PODEROSAS PARA DE

PRENSION DESASOSIEGO Y A

SOLO COMPARTIDO, PARA QUE EL

EGO Y SU SOMBRA, ESTO LO HARA

DOS MIL, EL DOS MIL DOCE Y ASI SUCE

CAL, PARA CREAR MIEDO Y DOMINAR CON E

TERCEDIDO EN ALGUNAS ESCRITURAS PARA DES

USTED PUEDE CONSTATAR COMO LAS ESCRITURA

UNA ENERGIA OSCILANTE CENTRIFUGA TAN FUERTE, QU

TE FECHA ALGUNA, TODO DEPENDE DEL PROGRESO ESPIRIT

STROFICOS, ENTONCES ES MEJOR QUE SE SALTE POR COMPLET

AR A CAMBIAR DESDE EL AHORA, PARA QUE CIERTOS CAMBIOS NO

Día Cuatro

ASARAN CON LA VIDA, HASTA LOS NIDOS DE LOS DULCES PÁJAROS
O INVADIRAN A OTROS, SIN EMBARGO SUS INTENTOS SERAN BLO
Y CAMBIARAN EL MANTO TERRESTRE EL PLANETA EXPULSA
ECTARIA EL MAGNETISMO TERRESTRE ABRIENDO VÓRTICE
RESTRE SIMULTÁNEAMENTE EL SISTEMA SOLAR, SE
LA TIERRA PODRÍA LLEGAR A TOMAR EL CATACLIS
NEAMENTE, DEBIDO A LA CRISIS CURATIVA DE
STRE LOS PREPARADOS TENDRAN QUE AYU
AS Y EMPEZARA PRÁCTICAMENTE DE C
AR, Y EL SISTEMA COLAPSARA, EL
CTROMAGNETISMO, ELLOS NO PO
POLITICOS LIDERES Y CUA
EMAS PERDERAN FUERZ
A CORPORAL, LA DIFE
DEJARA DE TENE
ADO PARECIA
AR NORMA
ADO A
NO

DOS
QUE NO
QUE TODO L
RELACIONADO C
ULACIÓN DE RIQUE
RAZAS, IDEALES POLIT
HUMANO DEJARA DE ATAC
CIÓN DE PODER, SERAN CAMBI
JARA DE HABER GUERRAS. LA GE
CAMBIARA COMPLETAMENTE. LA GEN
EN SUS CORAZONES Y EL AMOR GOBERNA
N Y NO CREYERON QUE EL CAMBIO ESTABA
POSIBLE CATACLISMO. SEGUNDO POSIBLE TRAZ
HUMANA, PODRÍA COMENZAR CON OLAS CÓSMICAS
SENTE, EN UN AREA ELECTROMAGNETICA DE DIFERENTE
E LA MADRE TIERRA. SI ESTO SUCEDE, HABRA EN LA TIERRA
MAGNETICAMENTE CARGADO. TERREMOTOS ACOMPAÑARAN E
RRA SE ABRIRA Y SE HUNDIRA EN COSTA RICA Y EN RUSIA. EUROP

SUFRIRAN LA EXTINCION IMPUESTA POR LA MADRE NATURALEZA.
MEDIO DE TAL DETERIORO, LA VIA LACTEA ENTRARA EN UNA ZON
DE HUMANOS QUE APRENDERAN A USAR ESTOS BIORRITMOS
EN SUS CUERPOS A OTRAS DIMENSIONES DE LUZ INTERGA
EN UN AMBITO MENOS HOSTIL, CON MENOS ONDULAC
A TIERRA CON DIFERENTES POLARIDADES MAGNET
LOS HUMANOS QUE LOGREN CAMBIAR SU ADN
S DE FUEGO CRISTALINO, NOS ASEGURARE
RAL, LA CUAL AFECTARA VARIOS VORT
MENZARAN A TRABAJAR A UN DECI
RAVIESE SERIES INDETERMINAD
NO HUBIESE NINGUNA OPOSI
BILIDAD ES LA MAS CE
D Y ESTA FLOTANDO.
A Y CAMBIE PUE
SEGUIRIAN SO
ASI CON L
LA CO
IOS

EO.
OCEA
URALE
IT
PLANETA TI
OSIBILIDAD, LO
BE, PARA QUE EL
A LLEGAR A SUCEDER
SERES LUMINOSOS Y LA V
TERCERA PROBABILIDAD DEL
SIMA BRILLANTEZ, HACIENDO QUE
A TRAVES DE PRECIPITACIONES ULTR
VAS USARAN EN ESTE CICLO DE EXISTENC
ELLOS NO NECESITARAN COMER A TRAVES
IRITUAL, PARA QUE TAMBIEN ELLOS CONTINUEN
DO, LOS QUE ELIGIERON LA OPACIDAD DEL MIEDO, S
DOS ESPECIFICAMENTE PARA QUE ESTAS GOTAS DE CON
N. ESTO CAUSARA EN ELLOS CAMBIOS MOLECULARES, QUE
TO AFECTARA CONJUNTAMENTE EL SISTEMA SOLAR Y POR CON
LA ASCENSION DE DOS NUEVOS CONTINENTES, ASI LA HISTORIA VO

Día Cinco

IERTOS A SUS ESPALDAS, DEBIDO A SU INTELIGENCIA SUPERIOR AL
PENSANTES, QUE GOZARAN Y USARAN PODERÍO MILITAR TECNOL
N REGIDOS POR SU MENTE NO NATURAL Y CARECERAN DE CO
LOS GUERREROS DEL AGUA DESMANTELARÁN, MATARÁN
N EL NOMBRE DE MERCENARIOS DEL AGUA. GUERRE
LA VIDA E INVADIRA TIERRAS LEJANAS CON EL PR
POBRES. POR OTRO LADO, LA AVARICIA Y LA
EBIDO A TANTA SUCIEDAD, LOS FILTROS N
GENTE NO DEFECARA MAS SOBRE TAN
ICADOS EN LOS ANDES, HIMALAYA
ENERGÍAS VIABLES ENTRARÁN
BER EL MUNDO DEJARA DE
I TAMBIÉN AUMENTARA
OR INCALCULABLEME
LES, DARLE DES
ESARIA PARA
EL AGUA E
CTIVO

QUÍMICOS
PROD
N DE OT
RA ESCASA.
OSECHAS, HIDR
RINO, ETC. EL AGUA
TE EL PRECIO DE LA C
A TIERRA, YA QUE TODOS N
OLEO. EL PETROLEO PASARA A
AR EL AGUA QUE VENDRA DE LA
S. BAÑARSE SERA UN LUJO Y UN LU
CESOS AVANZADOS DE FILTRACIÓN Y D
ESTILAR PRODUCTOS RADIOACTIVOS. EL AGUA
AS, QUE EL HOMBRE COMENZARA A COMERCIAR
UEVO TIPO DE GUERRERO SERA CREADO CON MODIF
UNA INTELIGENCIA Y PODER FÍSICO MUCHO MAS AVANZ
EZA NATURAL DE LAS ÁREAS IRRIGADAS POR RÍOS Y LAGO
N COMPASIÓN ALGUNA POR LOS HOMBRES, MUJERES Y NIÑOS.
RA ENFRENTARSELES Y ELLOS HARAN LO QUE SE LES PLAZCA. ES

PRINCIPIO OBEDECERAN LAS ORDENES DE SUS CREADORES E INVE
LOS HARA LIDERES DE LAS FUERZAS ARMADAS. SIMULTANEAMEN
AN EN CONTRA DE SUS CREADORES, SUS INVERSIONISTAS, LA
EXTO LOS GUERREROS TALENTOSAMENTE CREARAN UN SI
AN ALTAMENTE EFICACES CUANDO SE TRATE DE SUS
ORES Y COMERAN ABSOLUTAMENTE TODO LO QUE
LLONARIOS, LIDERES MILITARES Y POLITICOS, P
LLOS AHORA APRENDERAN A TRABAJAR DU
ATURALES. SER HUMANO: ESTA ES UN
AR, DE SER EGOISTA, PROCREE ME
R UN BASURERO. LOS RIOS TIEN
HICULOS DE TRANSPORTE TI
SER RESPONSABLES Y C
A AUNQUE OTROS NO
SIGUE NUESTRO
ALIDAD, NOSOT
DE QUE LO
E TOM
EN

LENTITUD OCUPARAN CARGOS MILITARES MAS ALTOS. AL SER TA
AS SERES COMO ELLOS. UN DIA DESPUES DE INTENSAS Y CUIDA
S POLITICOS. PARA ESTE ENTONCES LAS AGUAS SERAN EN
AN REFINAR HASTA LA SANGRE HUMANA OBTENIENDO
AMINADO. LOS SERES HUMANOS SOBREVIVIENTES
EL MUNDO DESERTICO DEL FUTURO, TOMARAN EL A
S SERES ANTINATURALES CREADOS POR SUS
EROS. TAMBIEN SERAN COMO GANADO CO
PUEDE PREVENIR FACILMENTE DEL
IENE QUE SER PARADA. LAS AGUA
POR ARBOLES, PARA EVITAR
LIMPIA LA CUAL YA SE
VEZ POR TODAS. APOR
E LA MAYORIA NO
NETA SUCUMBE
ETEMOS A S
ICADOS
AS, S

Día Seis

ASTRAL EL VIAJANTE COMPRENDERA EN ESTOS VÓRTICES QUE LA

LAS DESTRUCTIVAS OLAS DE ROTACION ENTRE CUERPOS GRAVI

ORTICES DE COLAPSO GRAVITACIONAL LUMINOSOS, DIFIEREN

ESTOS PORTALES DE COLAPSO GRAVITACIONAL. EXISTEN

NO; ESTA RESISTENCIA SOÑADA ES ESENCIAL PARA

A RETRIBUCION INTRINSECA, EN ALGUNOS PUNTO

E SOÑADA (COMO UN TROMPO A ALTA VELOCI

A. SE DA CUANDO LA TRANSMUTACION ES

CIO/TIEMPO. TAL SINCRONIZACION COR

SIN DESINTEGRAR SU ESTRUCTUR

ERENCIAL, QUE RETENDRA SU

ARALELOS ELECTROMAGNET

ORTICE) Y A TRAVES D

DE COLAPSO GRAVITA

LA TIERRA LO

XTINCION SE

EGIDO LO

AMOR

AZ

SU M

IGUE, US

SI ESTE ULTI

PREPARADOS S

NTRARAN CON NUE

AGUJEROS NEGROS,

AN CON PUNTOS INTERDIM

RNOS SE TORNARAN CRISTALIN

AN TRANSFERIR SU MASA FISICA

ORGARAN EL PODER DE MOVERSE A

DIMENSIONES CON VARIACIONES MULTIPL

KINETICA, O SEA QUE ES ABORDADA POR

SIN EMBARGO GIRA ENGAÑANDO NUESTRA PERC

ECIERA OPONER RESISTENCIA "FRECUENCIAL", QUE

ERGETICA, LA CUAL ES IMPENETRABLE PARA LOS SERES

TES, QUE ACARICIAN AL VIAJANTE ASTRAL QUE LAS ATRAV

S EXISTE UN PERFECTO BALANCE QUE PREVIENE LA CAIDA AC

ENERGETICA REFORMARA, LAS PARTICULAS CONSCIENTES DENTRO

INTELIGENCIA DIVINA OPERA A TRAVES DE LA ACTIVACION DE PAT

FICOS DE PENSAMIENTO MATERIALIZADO. LA ROTACIÓN DE OLEA

COSMOLÓGICAS Y GEOPÁTICAS, ARMONIZANDO EL CHOQUE IN

LOS DEVAS ARDIENTES DE FUEGO ATÓMICO, BOMBARDEAR

CO. EL HOMBRE SIN PREPARACIÓN RECIBIRÁ FUERZAS

IA DESCENTRALIZADAS EXPANSIVAS. AL NO EXIST

DE QUE TAL EXPANSIÓN EXPLOSIVA DESINTEGR

LAS FUERZAS DE LA OPACIDAD QUE NO Q

MERIDIANOS ENERGÉTICOS Y SUS LINE

TERRESTRE. DESPUÉS DE QUE ESTA

N CON LA SÍNTESIS DE LAS EMA

SAL DE EVOLUCIÓN. SU FUER

LIBRE DE TODA ESTRUCTU

E LOS APRESABA, SER

N DESTRUIDA. UN

ONJUNTAMEN

HUMANA.

OLUTA

E

NO

O QU

PREDES

AMIENTO DE

ARA EN UNA TI

GUNOS Y SU CONDI

CTORA LA FUERZA RE

ESTRUIRA SU PERSONALID

CAS Y COMENZARAN A ENTEN

NO PREPARADOS INTENTARAN LE

ERA NO HABRA DISRUPCION DE NING

TAMENTE LOS HUMANOS NO PREPARADOS

IA QUE SEA DISRUPTIVO PUDIENDO ESTE SER

ENCIA EN EL HUMANO, SU EXPANSIÓN SERA EXP

PULA RADIAL AURICA. TAL PROCESO LO AYUDARA A

L, CON MULTIPLES CAMPOS MAGNETICOS PARA QUE SE

CION NEGATIVA QUEDARÁ IMPEDIDA DE LA RED INTERCONE

NO CRISTALINO EN EL VORTICE. BALANCEARA SU MASA CRITI

IMENSIONALES Y QUE PRECISAMENTE NOSOTROS Y EL UNIVERSO Q

ONES
RE COND
A REPROGRA
ARADOS FISIOL
QUE RECOMBINAN P
EA MAS QUE TAN SOL
RELAMPAGUEANTE, SE SE
E ESTA REALIDAD APARENTE,
INAS EMBLEMATICAS DE SU NUEV
ANCIA Y ATADURAS CON LA OPACIDA
RIO TERRESTRE. NI LA VERTIENTE, NI LOS
RAN TODO EL PODER A LAS ORDENES SACER
EN LOS CORAZONES DE LOS JUSTOS. ILUMINACIO
SICION COMENZARA PUNTUALIZANDO LAS CONMOCI
PRESENTA ANTE USTED, CON EL PROPOSITO DE PREPARA
TRANSMITIDO DURANTE LA EXPERIENCIA MAS INCREIBLE NU
IMENTAR LA GRANDEZA DE LA ETERNIDAD CON SU SER EXPANS
, SU EGO SERA DESTRUIDO, LA VERTIENTE LE DARA EL REGALO MA

Día siete

...se de partículas semejantes a los positrones, estos cambio... consecuencia materializa en si un cuerpo gaseoso vist... tones se tornarán más parsimoniosas que la expan... te a las de las dimensiones de la expansión yoic... erder el equilibrio alcanzando la fase de de... n este instante, será congelada con el pro... equilibrio, el ritmo de expansión será... escalas de tiempo de las numerosas... ra en otras palabras, la sensac... humano experimentará una e... ar generos, en la fase don... es elementales serán e... a que acontezca cu... humana, la mente... z brillante... io, se mate... y par... man...

Día Ocho

EXPANSION PSEUDO LEPTONICA, ALCANZARA SU CUSPIDE, PARA T
ON TEMPERATURAS SOLARES QUE ORIGINAN LA REFULGENCIA BA
TODO LO CONTRARIO, EL PODER SENTIDO POR EL ES IMPONEN
OS, EL DESCENSO DE LA TEMPERATURA SERA INDUDABLE
A FASE SIGUIENTE LAS PARTÍCULAS SE MEZCLARAN
ATOMICA, ESTE NUCLEO PASARA A SER EL CUERP
COMIENZA A ACCEDER A OTRO TIPO DE ELEMEN
NDIENDO Y CONOCIENDOSE, EL EGO CESARA
MPRENSION TOTAL DEL SUEÑO MULTID
SOLO ES UNA CON LA VERTIENTE
UENA, ANTES DE PERDER COMPL
MULTIDIMENSIONALMENTE D
RETIRA PARA SIEMPRE
AS MEDITATIVAS DE A
HO QUE LAS PRA
O ES LA PRAC
TE SI QUI
ERTAR
ER

LES
DES
EL PROC
O LO CAMBI
CESARIAS QUE
TICULAS RECORDA
SER CONCIENCIA PU
L SUEÑO DE UNA MANERA
INDIVIDUALIDAD SOÑADA EL
NO TAMBIEN ES UNA CON LA CONC
UNA VEZ DESPIERTA EL ALMA VISL
S LAS DIMENSIONES HABIDAS Y POR HA
TORES EL SER EN PROCESO DE EXPANSION
ASI COMO LENTAMENTE SE TRASCIENDEN LOS PA
IDOS AL HELIO 3, 4 Y EL HIDROGENO QUE OCASIONA
A PROPOSITO POR LOS DEVAS, PARA QUE CUALQUIER E
ANSMUTACION LLEGUE A SU FIN, EL SE COMENZARA A ENF
CION, SE ENCUENTRA EN ESTA FASE AL ROJO VIVO, SIN EXPER
QUE DURARA CIENTO UN MIL SEGUNDOS, DESEMBOCANDO EN UN

TIR, SIENTA CADA PARTE DE SU CUERPO HASTA SUS HUESOS. PARA

REVELA LA LUZ QUE LOS MERIDIANOS ABRAZAN. LA MENTE PUE

ECTARSE CON LOS 9 DEVAS DE FUEGO CRISTALINO 9 VECES

TABLECIMIENTO LUMINOSO DEL UNIVERSO. LA MUJER ES

NES, SI SE SELECCIONAN CUIDADOSAMENTE LOS MUN

CION ETERICA FEMENINA. LA LUZ VACIA Y RESP

DADES A MEDIDA QUE ESTA PERCEPCION SE A

. DE ESTA FORMA LA REALIDAD FISICA Y

ALTAS COMBINACIONES ARMONICAS D

FRECUENCIAS VIBRATORIAS EN F

DA CRUCE ENERGETICO DEL CU

DE LA MADRE LUZ, SE PUE

ALMENTE. MEDITACION

TENCION DESPUES DE

. SI EXISTEN P

TENER POR 3

. RESPIRA

DEL

RA

...

Q

IDAD

E PAZ Y

NHALAR POR

RETENER POR

OSISMO O ANSIEDA

SE AUMENTA LA CUEN

LA MUJER. SI SE USA APR

BIO INTERCELULAR. EL CUAL

DEVICAS SON USADAS DURANTE L

DECIENTES, QUE PUEDEN CONECTAR

RONES ONDULADOS REFULGENTES EN OTR

IDA COMO PATRONES DE LUCES ANGULARES

COMPRENDER QUE ESTOS PATRONES FUERON CR

NTINUACION DIRECTA DE SU PROPIA BRILLANTEZ L

VOS PATRONES DE PENSAMIENTOS SERAN RESUCITADOS

IO SEA POSIBLE. ESTA RESPONSABILIDAD QUEDA EN SUS M

ATIM PARAKTAM. AHORA REPITA EL MANTRA DE LIMPIEZA CLAR

CON MAS PASION. EL MANTRA ILUMINA LOS MERIDIANOS FEMENINO

ACTIVAR COMPLETAMENTE ESTA ENERGIA ES NECESARIO SENTIR,
IRE VIVIENTE, HACIENDO UNA PAUSA CONTEMPLATIVA TEMPORAL
MBLIGO Y OTROS VORTICES, HASTA ALCANZAR LA CORONILLA.
PROFUNDO EMOTIVO,4-DESCENSO FUGAZ, DE LA CORONI
TE AMOR, ESTE PROCESO ENCERRARA EL PODER DE T
RMONAL, QUE ATORMENTA CON SUS VIENTOS ESPL
Y DE OVARIOS A LOS OTROS VORTICES HACIEN
ECCION OPUESTA Y PARALELA A LA PRIME
TICES, DONDE CHOCAN Y EXPLOTAN, D
ZON, ACA LAS ESPIRALES SE DIVI
ES SE VOLVERAN A ENTRECRUZA
CANZAR LA CORONILLA, HAC
I ESTE APARECE ESPON
CRITICA, NEGATIVA Y
E EL VORTICE C
SION CON OTR
O CRISTAL
AQUI
U

ION
ERIO
L SEPTI
LAR 6-DES
LLEVA A LA M
MATISMO POSITIVO
IRALES ASTRALES TR
2 ROSADA U OTRO COLOR
ARGANITA Y DE AQUI SEGUIRA
AL TERMINAR SU RECORRIDO, E
L VORTICE DEL OMBLIGO HASTA ALC
N LA VELOCIDAD DRASTICAMENTE HASTA
CON UNA PARTICULA ATOMICA QUE SE ENTR
ON ESPIRAL ASTRAL, SE SUBE NUEVAMENTE DES
AL Y SUS 1881 TRANSFIGURACIONES, ESTE DESCEN
E LA COLUMNA) 3 VECES EL DESCENSO FUGAZ ABRIRA
GARAN DE AMOR ENERGETICO Y DESPERTARAN LOS VORTIC
Y REDIRIGIENDO LA ENERGIA VITAL DESDE EL PERINEO A OV
RALES), TEMPLOS DE RESONANCIA, QUE CON SU LUZ MUSICAL EN

Día Nueve

DE PARTICULAS PARA EL HOMBRE RESPIRE SIGUIENDO LA TECNICA
PE GRANDIOSO DE LA ILUSION SAMSARICA TERRESTRE ANTES D
UDA DEVICA, SU FEMINEIDAD CON TAL CAUTELA QUE CAMBIA
ER PASA A OTRA DIMENSION DONDE EL TRABAJO, ABURRI
SE DEJA LA MATERIALIDAD ATRAS Y LA IMAGEN HUM
BIOLOGICA SE EFECTUA A TRAVES DE UN PROCE
S CROMOSOMAS PASAN MAS ALLA DE LA ZON
CILINDRICA Y VERDE EN TODO SU CUERPO
AMBIARA EL CUERPO FISICO DIA Y NOC
NA VERTEBRAL PARA REPROGRAMA
ANTE EMANCIPADA 8-DESCENS
QUE LA CONCIENCIA FEMENI
RAS DE LA CORONILLA
UENTE DE LA IMMORT
AD Y LA CONVER
LA FEMINEID
NUEVAME

ANA. SE
ENERGIA DE
EREA ENCENDE
ELAR EXPANSIVO. 7
PTIMO VORTICE SE ASC
RALES. AQUI SE ENCUENT
PTARA. PARA ENCAPSULAR SU
CIA UNA VEZ INDEPENDIZADA. VOL
LAS QUIMICAS DE VIDA E INTELIGENC
S RELUCIENTES. 9- CAMBIO DE ADN. VISU
E LAS FRONTERAS DEL CUARTO DONDE ESTA
A-ESENCIA. PUEDEN EVOLUCIONAR EN OTRAS D
A Y CAMBIA EL ADN DE 2 A 13 PROVOCANDO UN CA
GRAVITACIONALMENTE POR LA SENSACION DE SER AL
NES DEJAN DE OSCILAR ALREDEDOR DE SU ALMA. LA MUJER
MINOSO Y ETEREO. EN ESTA DIMENSION CON AGUDO ESTADO DE
R SERA AYUDAR A OTROS A TRASCENDER LAS CADENAS ENERGET

DESCRITA ANTERIORMENTE PARA LA MUJER Y EXPANDA CON ENER
RTEBRAL. COMIENCE A HACER DOS CÍRCULOS PARALELOS (UNO A
PRIMER VÓRTICE. LOS CÍRCULOS TIENEN QUE ESTAR PARALE
ESTE PROCEDIMIENTO EN CADA VÓRTICE. CUANDO LLEGA
VECES O 7 O 9 VECES. VISUALICE MILES DE ADN DE 4
IENCIA SE EXPANDA, ATRÁS PRIMERO, HACIA LA
ADO CON SU CONCIENCIA EXPANSIVA. MEDITAC
HALA LA EXHALACIÓN DE SU PAREJA. 2-NA
SALES CONTRAPUESTOS. 3-PARES DE C
S CIRCULARES) Y QUE ESTÉN PARA
EN CONTRA DE LAS MANECILLA
AÑEROS Y PENETRAN SU CA
N EL TERCER OJO DE L
A Y CONTINÚAN SU R
DUCIRSE NUEVAM
0 VECES Y HA
ÑERO ANT
SE P
C

IEN
N EL
DE DIR
EN LA FREN
VIDUOS. REPIT
RENCIAL CON VELO
ENFRENTE, SALEN PO
TERCER OJO, DE AQUÍ LAS
ULAS ENTRAN ARRIBA DE LA N
HAY DOS PARTÍCULAS DE LUZ RAD
LICE DOS CÍRCULOS QUE TOQUEN SU
O CON NADI SHODHANA. ESTO SE HACE
ENTE A SU PAREJA. 1-CAMBIO DE RESPIRACI
ANTE. TRATE LITERALMENTE DE TOCAR LOS LÍM
TAMENTE AUMENTE LAS HÉLICES HASTA CONTAR CO
ENERGÍA HACIA ABAJO, A TRAVÉS DE LA COLUMNA VE
E LAS PARTÍCULAS Y HÁGALAS CHOCAR, PRODUCIENDO UN
GIRA A FAVOR DE LAS MANECILLAS DEL RELOJ Y OTRA EN CO
AL VÓRTICE DE LA CORONILLA, TRAIGA LA ENERGÍA ACUMULADA

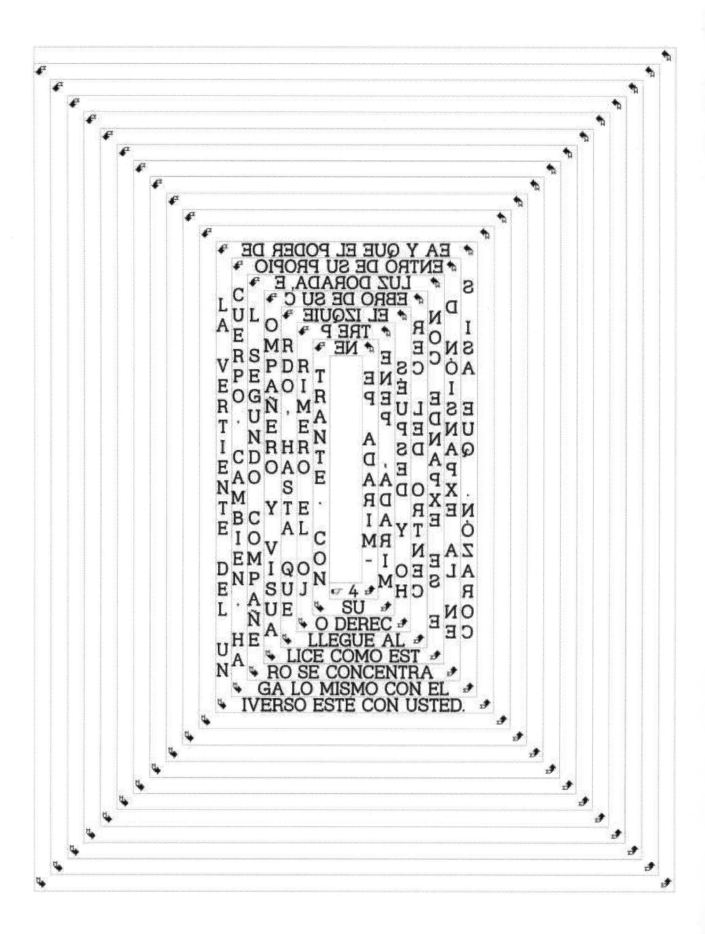

XIII

Acelerando la evolución espiritual más y más

Prácticas meditativas de aceleración de partículas

Recordamos haber dicho que las prácticas no son necesarias, que el leer el libro es la práctica y que esto lo cambiará; no obstante si quiere acelerar el proceso del despertar, aquí abajo describimos ejercicios simples que aumentarán la intensidad y velocidad de los cambios de paz y amor eternos.

Respiración

Se debe inhalar por 3 segundos, retener por 3, exhalar por 3 y retener por tres, sin forzar.

Si existen problemas de nerviosismo o ansiedad, se anula la retención después de la inhalación.

Solo se aumenta la cuenta, si sucede naturalmente.

Meditación Rubí Andronai para la mujer

Si se usa apropiadamente el brillo de la madre luz, se puede iniciar un intercambio intercelular, el cual comenzará a gobernar cada cruce energético del cuerpo femenino.

Armonías dévicas son usadas, durante la meditación, para formar frecuencias vibratorias en forma de espirales resplandecientes que pueden conectar el cuerpo femenino con más altas combinaciones armónicas de múltiples universos y patrones ondulados refulgentes, en otras dimensiones de luz eterna.

De esta forma, la realidad física y tangible pasará a ser percibida como patrones de luces angulares que vibran a distintas velocidades. A medida que esta percepción se agudiza, la mujer será capaz de comprender que estos patrones fueron creados por la fascinante irradiación etérica femenina; la luz vacía y resplandeciente es, simplemente, la continuación directa de su propia brillantez líquida femenina.

En esas dimensiones, si se seleccionan cuidadosamente los mundos radiantes de comunicación, nuevos patrones de pensamientos serán resucitados para anticipar la flamante era del restablecimiento luminoso del universo.

La mujer es la llave esencial para que este cambio sea posible. Esta responsabilidad queda en sus manos.

Repita las palabras para reconectarse con los 9 Devas de Fuego Cristalino 9 veces.

Andronai ajit ajim aditratim mashisttatim paraktam

1- Ahora repita el Mantra de limpieza Clara **ANDRONAIIII ASHTIM AIIII AIII**

Si se revela la luz que los meridianos abrazan, la mente puede conectarse a la brillantez femenina con más pasión. El mantra ilumina los meridianos femeninos y atrae los Devas maternales.

2- El sentir
Sienta cada parte de su cuerpo, hasta sus huesos.
Para activar completamente esta energía es necesario que lleguemos a sentir, para edificar en los nadis (canales astrales) templos de resonancia que con su luz musical encandilarán la mente.

3- Respiración de aire viviente
Haciendo una pausa contemplativa temporal en cada vórtice, usando retenciones de aire antes y después de las inhalaciones y exhalaciones y redirigiendo la energía vital desde el perineo a los ovarios desde los ovarios al vórtice del ombligo y de aquí a los otros vórtices, hasta alcanzar la coronilla.
Al usar las retenciones, estas se recargarán de ternura energética y despertarán los vórtices, produciendo explosiones de color profundo emotivo.

4- Descenso fugaz
De la coronilla se baja por Shushumna (centro de la columna) 3 veces.
El descenso fugaz abrirá los portales maestros de refulgente amor. Este proceso encerrará el poder de transmutación de la belleza maternal y sus 1881 transfiguraciones.
Este descenso calmará la energía viviente hormonal que atormenta con sus vientos esplendorosos a la mujer.

5- Ascensión espiral astral
Se sube nuevamente desde el primer vórtice a los ovarios y de los ovarios a los otros vórtices, haciendo en cada vórtice espirales con una partícula atómica que se entrecruza con otra que va en dirección opuesta y paralela a la primera. Tales partículas aumentan la velocidad drásticamente hasta alcanzar el centro del vórtice, donde chocan y explotan; desde los ovarios se sube al vórtice del ombligo hasta alcanzar el vórtice del corazón, acá las espirales se dividen y

alcanzan los pechos. Al terminar su recorrido, en los senos, las espirales se volverán a entrecruzar en el vórtice de la garganta y de aquí seguirán ascendiendo hasta alcanzar la coronilla, haciendo espirales de luz rosada u otro color, si este aparece espontáneamente.

Las espirales astrales transmutarán la masa crítica, negativa y colectiva a pragmatismo positivo. Esta presión que el vórtice ciclónico ejerce lleva a la mujer a una dimensión con otro código molecular.

Los espirales se encuentran perpendiculares al suelo.

6-Descenso de viento cristalino

Se baja al séptimo vórtice; aquí la mente superior encuentra una combinación a nivel celular que purificará el estado de creación humana.

El séptimo vórtice nuevamente recibe la energía de los senos.

Así la femineidad impalpable etérea encenderá la materialidad y la convertirá en polvo estelar expansivo.

7-Ascención a la fuente de la inmortalidad

Desde el séptimo vórtice, se asciende hacia 7 cm atrás de la coronilla, donde se hacen espirales.

Aquí se encuentra una luz grandiosa que la conciencia femenina humana tomará y adoptará, para encapsular su nueva conciencia brillante emancipada.

8-Descenso iluminante

La conciencia, una vez independizada, volverá a bajar por la columna vertebral a reprogramar el resto de las partículas químicas de vida e inteligencia. Esta nueva vibración cambiará el cuerpo físico día y noche con pulsaciones y oleajes relucientes.

9- Cambio de ADN

Visualice ADN de doce y una en el centro con forma de la flor de la vida y verde en todo su cuerpo. Deje que su conciencia toque las fronteras del cuarto donde está sentada.

Solamente cuando los cromosomas pasan más allá de la zona tiempo-espacio-resplandecencia-esencia pueden evolucionar en otras dimensiones.

La reestructuración biológica se efectúa a través de un proceso de energía pulsante que afecta y cambia el ADN de 2 a 12 con un filamento central, provocando un cambio magnético irreversible. Acá se deja la materialidad atrás y la imagen humana, la cual es amor/luz atrapada gravitacionalmente por la sensación de ser alguien, se libera y se eleva. La mujer pasa a otra dimensión, donde el trabajo, aburrimiento, estrés, miedo y otras emociones dejan de oscilar alrededor de su Alma.

La mujer usa en esta meditación, mediante ayuda dévica, su femineidad con tal cautela que cambia su ámbito material oscuro por uno luminoso y etéreo.

En esta dimensión, con agudo estado de lucidez, ya nadie podrá detener su escape grandioso de la ilusión samsárica terrestre.

Antes de su salida del mundo material, su deber será ayudar a otros a trascender las cadenas energéticas kármicas.

Meditación de aceleración de partículas para el hombre

Respire siguiendo la técnica descrita anteriormente para la mujer y expanda con energía viviente cada vórtice.

Cuando llegue al vórtice de la coronilla, traiga la energía acumulada en este, hacia abajo, por la columna vertebral.

Comience a hacer dos espirales paralelos (uno arriba del otro) con una partícula que gira a favor de las manecillas del reloj y otra en contra de las manecillas, alrededor del primer vórtice.

Los espirales tienen que estar paralelos al suelo.

Aumente la velocidad de las partículas y hágalas chocar, produciendo una explosión de luz radiante en el centro de cada vortice.

Repita este procedimiento en cada vórtice.

Cuando llega a la coronilla nuevamente, traiga la energía hacia abajo a través de la columna vertebral.

Repita esto 3 veces, o 5 veces o 7 o 9 veces.

Visualice miles de ADN de 4 hélices cubriendo su cuerpo y, lentamente, aumente las hélices hasta contar con 11 y una en el centro.

Relájese y deje que su conciencia se expanda, atrás primero, luego hacia la derecha, hacia la izquierda y hacia adelante.

Trate literalmente de tocar los límites del cuarto donde está sentado con su conciencia expansiva.

Meditación para parejas

Siéntese frente a su pareja.

1-Cambio de respiraciones.

Uno exhala y el otro inhala la exhalación de su pareja.

2-Nadi Shodhana

Repetir lo mismo con Nadi Shodhana. Esto se hace bloqueando los orificios nasales contrapuestos.

3-Pares de círculos energéticos.

Visualice dos círculos que toquen su radio (casi como dos alas circulares) y que estén paralelos al suelo.
En estos, hay dos partículas de luz radiante, girando a favor y en contra de las manecillas del reloj.
Las partículas entran arriba de la nuca de uno de los compañeros y penetran su cabeza, saliendo por el tercer ojo; de aquí, las partículas entran en el tercer ojo de la persona que está enfrente, salen por atrás de la cabeza y continúan su recorrido circunferencial con velocidad, para introducirse nuevamente en los individuos.
Repita el ejercicio 10 veces y hágalos explotar en la frente de su compañero antes de cambiar de dirección.
Esto se puede hacer también en el chakra del corazón.

4-Mirada penetrante

Con su mirada, penetre primero el ojo derecho y después el izquierdo hasta que llegue al centro del cerebro de su compañero y visualice como este se expande con luz dorada; el segundo compañero se concentra en la expansión dentro de su propio cuerpo.
Cambien.
Haga lo mismo con el corazón

QUE ASI SEA Y QUE EL PODER DE LA
VERTIENTE DEL UNIVERSO
ESTÉ CON USTED.

Glosario de palabras científicas

Acetato: Sal resultante de cuando el ácido acético pierde un átomo de Hidrógeno (o un protón).

Acetilcolina: Neurotransmisor que se encuentra en el cerebro para posibilitar y mediar la comunicación entre neuronas.

Acetilcolinesterasa: Enzima humana que separa moléculas de agua para el funcionamiento de la acetílcolina.

Acetilo: Arreglo específico de moléculas químicas; a esto se le llama grupo funcional. Posteriormente con otros grupos funcionales forma estructuras más complejas.

Ácido Desoxirribonucleico: También llamado ADN, es la estructura que porta toda la información genética de un individuo. En ella, se halla toda la información para crear a ese ser tal y como es.

Ácido Nucleico: Estructura compuesta de nucleótidos que, organizada de forma específica, da lugar a grandes cadenas de ADN.

Ácido Ribonucleico: También llamado ARN, es la estructura que porta la información genética de algunos seres, entre ellos los virus. Puede ser lineal o en una doble hebra, principalmente en algunos virus. Su principal diferencia con el ADN, entre otras, radica en una de las sustancias que lo componen (uracilo, en el caso del ADN, se sustituye por timina).

ACTH: También llamada corticotrofina. Es una hormona producida por la hipófisis, estimula la producción de andrógenos favorece la secreción de muchas hormonas en el cuerpo.

Actina: Estructura formada por proteínas que forma una de las principales estructuras de la célula eucariota.

Activina: Estructura formada por proteínas, encargada de la secreción de hormonas sexuales en el hombre y en la mujer. Regula el ciclo menstrual en las mujeres.

Adenina: Es una de las cinco bases nitrogenadas que forman el ADN y el ARN.

Adiabáticamente: Refiere a un proceso donde no se intercambia calor con el medio.

Alanina: Componente importante de algunas proteínas, ayuda a metabolizar la glucosa.

Albuminoide: Compuesto de proteínas que se encuentra en las células de los animales.

Alcalino: Sustancia con un ph mayor a 7, es decir, que no es ácida.
Alteración Geopática: Anomalías en las capas de la Tierra cerca de la superficie.

Amígdala: Órgano compuesto por tejido linfático y epitelial.

Aminoácido: Estructura base que forma a las proteínas.

Andrógenos: Hormona sexual masculina cuya función es estimular el desarrollo de los caracteres sexuales del hombre.

Angstrom: Unidad de medida de más o menos el tamaño de un átomo de Hidrógeno (1×10^{-10} metros). Se denota como 1 Å.

ANP: Atrial natriuretic peptide (ANP), is a influential vasodilator, and a protein (polypeptide) hormone secreted by heart muscle cells. It is intricate and cooperates with the homeostatic control of body water, sodium, potassium and fat (adipose tissue).

Antimateria: En la Física de partículas corresponde al elemento opuesto a la materia; se ha observado poco, principalmente en laboratorios, y su existencia es muy corta pues, al interactuar con materia, decae en otras partículas y rayos de alta energía.

Apoptosis: Se conoce como una muerte celular programada debido a causas externas o internas.

Aracnoides: Membrana intermedia que cubre el sistema nervioso central.

Arcturus: Constelación planetaria

Asparagina: Aminoácido que conforma el código genético. Es producido por el cuerpo.

Asparagine: Aminoácido usado en la biosíntesis de proteínas

Asuntara: Energía ascendente de cuatro filamentos que despierta los vórtices.

Atmática: Referente al alma.

Axón: Parte de la neurona que conduce el impulso nervioso de la "cabeza" de la neurona hacia la siguiente neurona.

Base nitrogenada: Estructura orgánica base para formar los nucleótidos.

Bufotenina: Sustancia derivada de la serotonina, alucinógena.

Bulbo olfatorio: Parte del sistema nervioso central donde se procesa el sentido del olfato.

Canales meridianos: Canales en el cuerpo por donde viaja la energía vital.

Carboxilo: Grupo funcional.

Chakra: Punto energético del cuerpo donde confluye mucha energía. Son 7 y se ubican en la columna vertebral.

Citoesqueleto: Estructura de proteínas que da forma y soporte a la célula.

Citoplasma: Sustancia en la célula que está entre el núcleo y la membrana celular.

Citoquinas: Proteínas que regulan la interacción de células en el sistema inmunológico.

Citosina: Es una de las cinco bases nitrogenadas que forman el ADN y el ARN.

Clúster: Hace referencia a un cúmulo o agrupación, ya sea muy grande o pequeño.

Colecistoquinina: Hormona que estimula la producción de enzimas digestivas.

Colina: Nutriente esencial del cuerpo, pues ayuda en la síntesis de componentes que forman la membrana celular.

Contracciones peristálticas: Movimientos hechos por órganos del sistema digestivo para mover la comida y expulsar las heces.

Corteza cerebral: Manto de tejido nervioso que cubre la superficie del cerebro.

Corticotropina: Ver ACTH.

Cromosoma: Estructura en la cual se almacena la información genética.

Decibel: Medida para expresar la comparación entre dos valores.

Dendritas: Prolongaciones de la neurona dedicada a la percepción de estímulos.

Desoxirribosa: Molécula de azúcar hecha con 6 átomos de Carbono.

Deva: Manifestación de la divinidad benevolente, un ser de luz.

Dihidropiridina: Sustancia que ayuda a la salida de calcio en el cuerpo.

Dihidrotestosterona: Hormona sexual masculina, más fuerte que la testosterona.

DMT: Sustancia con propiedades psicodélicas muy fuertes que puede llevar a estados alterados de conciencia.

Dopamina: Neurotransmisor importante que regula el comportamiento, el aprendizaje, la actividad motora, la coordinación y diversos estados de ánimo de la persona.

Duramadre: Es la meninge extrínseca que resguarda al sistema nervioso central (encéfalo y médula espinal). Es un cilindro hueco desarrollado por una pared correosa y espesa, compacta y poco extensible.

Electrones: Partículas "base" portadoras de la carga eléctrica.

EMDR: Técnica de terapia psicológica, trata las afecciones con movimientos oculares.

Endometrio: Formación en el útero que sirva para la alojar al cigoto en caso de embarazo, se renueva cada mes con el ciclo menstrual.

Enlace N-glucosídico: Enlace con el que se unen azúcares simples para formar otros más complejos.

Enol: Arreglo específico de átomos de Hidrógeno, Oxígeno y Carbono que sirven como "ladrillo" base para formar estructuras químicas más complejas.

Entropía: Ley en Física que dicta la reversibilidad o no de todo proceso. Desde algunos puntos de vista, se ve como el constante aumento al desorden o a la irreversibilidad.

Epinefrina: (Adrenalina). Activa el cuerpo y lo prepara para una reacción de lucha o huída.

Eritrocitos: También llamados glóbulos rojos, transportan el oxígeno en la sangre.

Estrella de neutrones: Estrella muy peculiar hecha de neutrones y de otras partículas, muy pesada y de un tamaño sumamente pequeño (menos de 100 km de radio).

Estrógenos: Hormonas femeninas encargadas del desarrollo y funcionamiento de los órganos sexuales.

Etérea: Referente a algo celestial, difícil de definir y que está en un plano superior.

Feniletilamina: Neurotransmisor portador de efectos psicoactivos.

Fenilhidroxilamina: Arreglo químico específico hecho de Nitrógeno, Hidrógeno, Oxígeno y Carbono.

Feromonas: Químico secretado por seres vivos con el fin de causar un comportamiento en otros seres vivos.

Fibra mielínica: Envoltura que recubre el axón de las neuronas.

Fibras amielíinicas: Axones que no están aislados eléctricamente (no tiene mielina).

Fosfato: Sal hecha de Fósforo y Oxígeno.

Fotones: Luz manifestada en su comportamiento particular, en vez de ondulatorio; su energía depende de la frecuencia de la luz a la que "pertenecen".

Frecuencias electroacústicas: Cantidad de "máximos" de energía o "crestas" que presentan estas ondas por segundo. Es proporcional a la energía que porta la onda.

Frecuencias electromagnéticas: Cantidad de "máximos" de energía o "crestas" que presentan estas ondas por segundo. Es proporcional a la energía que porta la onda.

FSHRH: Hormona liberadora de hormona folículo-estimulante.

Gen: Estructura hecha de nucleótidos que contiene información genética.

Genomas: Total de información genética que tiene una especie.

Glándula Pineal: Órgano encargado de la secreción de melatonina y DMT.

Glicerol: Alcohol producto de la degradación gástrica de las grasas.

Glicina: Aminoácido que actúa como un inhibidor del Sistema Nervioso Central (SNC).

Glicoproteína Dimérica: Macromolécula hecha por una proteína y un azúcar. `

Glounes: Partícula fundamental de la naturaleza que porta la interacción nuclear fuerte (INF), esta es la que logra mantener unidos a los neutrones y protones en el átomo. El gluon no posee masa ni carga eléctrica.

Glúcidos: Molécula orgánica, conocida como azúcar.

Glucocorticoides: Hormona que regula el metabolismo de azúcares, grasas y proteínas.

Glutamina: Aminoácido que interviene en la "fabricación" del ADN, sustituyendo proteínas

Gonadotropina: Hormona que regula la reproducción en los animales vertebrados.

Gravitón: Partícula elemental hipotética, a la cual se le atribuye portar la interacción gravitacional.

Guanina: Es una de las cinco bases nitrogenadas que forman el ADN y el ARN.

Hardones: Partícula subatómica formada por quarks y que se mantiene unida por la INF.

Hemoglobina: Sustancia que transporta el oxígeno en la sangre.

Hendiduras Sinápticas: Es el espacio que existe entre una neurona y otra, cuando están conectadas.

Hipófisis: Glándula que segrega hormonas que regulan la homeostasis.

Hipotálamo: Región del cerebro que se encarga de coordinar conductas relacionadas al mantenimiento de la especie.

Histología: Rama de la ciencia que estudia los tejidos orgánicos.

Holografía: Técnica que utiliza un láser para crear imágenes en tres dimensiones.

Homeostasis: Capacidad que tienen los seres vivos de mantener un balance en su cuerpo, compensando los cambios externos con cambios a nivel interno.

Hormona esteroidea: Sustancia que ayuda al cuerpo a controlar muchas de sus funciones, tales como el metabolismo y la recuperación muscular, entre otras.

Hormona glicoproteica: Hormona formada por una proteína y azúcar.

Hormona luteinizante: Hormona sexual que ayuda en la secreción de progesterona y testosterona.

Hormonas FSH: Hormona encargada del desarrollo y desenvolvimiento adecuado de los procesos reproductivos del cuerpo.

Inhibina: Estructura de proteínas que regula la secreción de FSH.

Ion: Átomo o molécula que ha ganado o perdido electrones, es cargada eléctricamente.

Leptón: Partícula elemental que tiene espín no entero. Un ejemplo es el electrón.

Leucina: Aminoácido que utilizan las células para crear proteínas.

Leucocitos: También llamados glóbulos blancos, dan la respuesta inmunológica del cuerpo.

LH: Hormona luteinizante.

Linfocitos: Leucocitos de gran tamaño, reaccionan ante sustancias extrañas.

Lipofuscina: Pigmento de color amarillo, que es una señal de envejecimiento celular.

Líquido cefalorraquídeo: Líquido que rodea el cerebro y la médula espinal.

Lisosoma: Es el órgano de la célula que se encarga de su digestión.

Meiosis: Método de reproducción que utilizan las células sexuales.

Melatonina: Hormona relacionada con los ciclos de sueño y actividad de los animales.

Membrana Plasmática: Pared que delimita todas las células, está hecha de lípidos.

Metionina: Aminoácido encargado de la síntesis de algunos fosfolípidos.

Mielina: Capa aislante que recubre el axón de las neuronas.

Mineral corticoide: Hormona que facilita la hidratación de la célula.

Miosina: Proteína fibrosa encargada de la contracción muscular.

Mitocondria: Estructura encargada de la respiración celular, brinda mucha energía.

Moléculas lipídicas: Moléculas hechas de grasa.

Monoamino-oxidasa: Enzima que se encuentra en la parte externa de la mitocondria.

Muón: Partícula elemental con una masa considerable y un tiempo de vida muy corta.

N-Dimetiltriptamina: Véase DMT.

Neurobiología: Estudio de las células nerviosas y de cómo estas moldean el comportamiento.

Neuromoduladores: Sustancias producidas por el metabolismo para regular la liberación de neurotransmisores, además de que algunos se utilizan para tratar dolores del SN.

Neuronas: Célula nerviosa, encargada principalmente de la transmisión de impulsos eléctricos en el sistema nervioso.

Neuronas aferentes: Transportan impulsos nerviosos de los órganos receptores al SNC.

Neuronas eferentes: Transportan impulsos nerviosos del SNC a los órganos receptores.

Neuronas neurosecretoras: Célula nerviosa que secreta una sustancia y se encarga de verterla en la sangre.

Neuronas poliédricas: Neurona eferente, esta clasificación atiende a su forma.

Neurotransmisor: Molécula que transmite información de una neurona a otra a través de la sinapsis.

Neutrinos: Partícula subatómica que es resultado del decaimiento de un neutrón. No tiene carga eléctrica y su masa es muy pequeña.

Norepinefrina: Neurotransmisor que se libera en la sangre y es homeostático.

Nucleósidos: Nucleótido que no posee el grupo fosfato.

Nucleosíntesis: Proceso de formación de átomos nuevos a partir de protones y neutrones, principalmente en reacciones nucleares.

Nucleótido: Estructura base que conforma el ADN y ARN. Tiene una base nitrogenada, un azúcar y un grupo fosfato.

Partícula bariónica: Partícula conformada por tres quarks. Conforma la materia "común que conocemos".

Pentosa: Azúcar que tiene cinco átomos de Carbono.

Péptido natriurético atrial atriopeptina: Sustancia liberada por el corazón cuando existe presión alta para dilatar los vasos sanguíneos y así bajar la presión.

Pericarión: Estructura de la neurona que contiene en núcleo y el citoplasma.

Piamadre: Parte interna de las meninges, recubre el SNC.

Plasma: Estado de la materia, conformado por un fluido en el cual sus partículas se han ionizado; por ende, tiene carga eléctrica y es un buen conductor.

Polipéptido: Agrupación grande y larga de aminoácidos.

Positrón: Partícula de antimateria correspondiente al electrón, tiene carga positiva.

Progesterona: Hormona que interviene en los procesos de menstruación y el embarazo.

Prolactina: Hormona que estimula la producción de leche en las glándulas mamarias.

Prolina: Aminoácido no esencial que repara y mantiene los músculos y los huesos.

Propiedades electrofisiológicas: Características de las células y tejidos, referentes a sus propiedades eléctricas, su modo y capacidad de funcionamiento.

Prosencéfalo Límbico: Región del prosencéfalo donde se encuentra el sistema límbico.

Proteína morfogénica: Proteína que puede generar una fuerte formación de hueso, cartílago y otros.

Protoestrella: Estrella que se encuentra en formación desde el momento del colapso de la nube de gas que la compone, hasta cuando comienza las reacciones nucleares que dan lugar a la existencia de la estrella.

Protones: Partículas bariónicas con carga positiva, tiene una masa muy grande.

Psilocina: Sustancia encontrada en algunos hongos, es un alucinógeno muy fuerte.

Quark: Partícula fundamental que, en agrupación específica (con otros quarks), da lugar a partículas como protones y neutrones.

Receptor Nicotínico: Canal receptivo a la acetilcolina, la nicotina también la activa.

REM: Fase del sueño donde se experimentan movimientos rápidos de los ojos, se dice que es de las etapas de mayor intensidad y actividad neuronal.

Renina: Enzima que estimula la secreción de hormonas que controlan el equilibrio hídrico.

Retículo endoplasmático: Órgano de la célula que sintetiza y transporta proteínas (en el caso del rugoso) y lípidos (en el caso del liso), dentro de la célula.

Rianodina: Sustancia que genera una parálisis muscular que proviene de un arbusto.

Ribosa: Azúcar con cinco carbonos que es fundamental para el ARN.

Ribosomas: Estructura dentro de la célula encargada de la síntesis de proteínas.

Ritmo Circadiano: Cambio de los hábitos físicos de un ser vivo, cada cierto tiempo.

Sarcolema: Pared celular que recubre las células musculares.

Sarcoplasma: Citoplasma presente en algunas células como las musculares.

Septum: Pared de cartílago que separa en dos las fosas nasales en la nariz.

Seres vedánticos: Seres en un estado de sabiduría "completo" o "final".

Serina: Es un aminoácido no esencial. Está relacionado a muchas enzimas del cuerpo.

Serotonina: Neurotransmisor asociado al manejo de emociones como la alegría, el enojo, la ira, el estado de ánimo, la sexualidad, entre otros. Su cadencia se asocia con la depresión.

Sinapsis Neuromuscular: Unión entre una neurona y una fibra muscular.
Sistema Nervioso Periférico: Sección del sistema nervioso que lleva conexiones del SNC a todas las fibras y partes del cuerpo. No está protegido por hueso.

Sistema nervioso periférico: Sección del sistema nervioso que lleva conexiones del SNC a todas las fibras y partes del cuerpo. No esta protegido por huesos.

Sistema Neurocelular: Este sistema fue constituido por los Devas y tiene que ver con el sistema nervioso, corazón y cerebro.

Tejido adiposo: Tejido conformado principalmente por grasa.

Tejido epitelial: Tejido especial del cuerpo que recubre todas las superficies, como la mucosa y la piel.

Timolina: Sustancia que mantiene la temperatura del cuerpo estable

Timopoyetina: Gen humano, es una proteína que codifica algunas sustancias en el ADN.

Timosina: Grupo proteico importante para el desarrollo celular del sistema inmunológico.

Tiramina: Neurotransmisor que actúa en el cuerpo modificando la presión y la cantidad de sangre que nos llega al cerebro.

Tiroglobulina: Proteína sintetizada por la tiroides que influye en el proceso de secreción de otras hormonas importantes.

Tiroliberina: Hormona producida en el hipotálamo que estimula la secreción de tirotropina.

Tirotropina: Importante hormona que regula la actividad de la glándula tiroides.

Tiroxina: Importante hormona que controla el metabolismo de las células.

Triptaminas: Neurotransmisor presente en el cerebro de los mamíferos.

Triptófano: Aminoácido esencial para promover la liberación de serotonina.

Triyodotironina: Hormona que promueve el metabolismo de alimento y oxígeno.

Troponina: Proteína que posibilita las contracciones musculares.

Troponina C: Ayuda a desplazar a la troponina para activar la contracción.

Tropósfera: Capa más baja de la atmósfera donde está la mayor parte del oxígeno. Tiene menos de 20 Km de espesor y es muy importante para la vida en la Tierra.

TSH: Es un examen que mide la hormona estimulante de la tiroides.

UMA: Unidad de masa atómica, es un sistema usado para poder expresar la masa de un átomo. Tiene su equivalencia en Kg.

Vasodilatación: Corresponde a la acción corporal de aumentar el tamaño de los vasos sanguíneos, permitiendo que fluya más sangre y oxígeno, mejorando la irrigación.

Velocidad cuadrática media: Medida usada en física, en ciertos contextos matemáticos donde se requiere la velocidad promedio o estadística de un grupo de partículas con movimientos aleatorios.

Vesícula biliar: Órgano digestivo que almacena la bilis.

Vesícula sináptica: Estructura en los axones que segrega neurotransmisores.

Yoica: Palabra del contexto del estudio del yo, el ego, el súper yo y otras áreas de estudio.

Zonas magneto-atómicas: Zonas donde existe la interacción de fuerza electromagnética y, en conjunto, de interacciones atómicas.

Para encontrar más información por favor ver nuestra pagina

matiasflurybooks.com
matias108@gmail.com

Si está interesado en nuestros talleres o los tratamientos de Transmisiones Cuánticas entre a
nuestra pagina
www.celestial9.com
O el grupo en Facebook
Book Downloads from the Nine-Group
https://www.facebook.com/groups/fromthenine/?pnref=story

Other books from the same Author

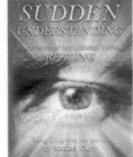

Reading Sudden Awakening seduces and entices the mind to pay attention to an immense yet subtle infinite
reality hidden and living quietly in all of us all day long. This spiritual power will become alive as you read,
and it will be present in your life, sometimes subtlety and sometimes intensely. The feeling of luminosity this
book will awaken in you will certainly continue optimistically contributing to freeing you from the dictatorial
mind and emotions, leaving you in an immense field of blue, pure awareness.
I invite you to do the experiment; there is nothing to lose and much to be gained.
This experimentation intends to propel you forward in your spiritual search at great speed; you will be taking
a shortcut. Just read the words on each page and see that enlightenment is possible, and around the corner,
for every human being on earth.

This book is a product of many years of work as a professional Yoga teacher, combined with deep personal
exploration and careful scientific research, involving dozens of people, done with aura machines and Kirlian
photography. It is intended to illumine and elucidate the movements of energy in the subtle body during the
practice of yoga asanas, and give an understanding of the connection between the physical, mental,
spiritual, and emotional realms. This book provides a profound introduction to our system of Yoga practice,
and will serve as a support and a beacon of light for all serious practitioners of Yoga.

Until this time the Western world has been introduced to yoga asanas, pranayama and the many wonders of Hatha Yoga from a somewhat narrow perspective. We tend to see Yoga as a series of physical exercises, or a method of stretching and strengthening the body while quieting the mind and breath. That is all right in the beginning, but the value of Yoga goes far beyond such limited concepts. The true goal of Yoga is nothing less than Self-Realization, also known as Enlightenment, or Nirvana, or God-Realization, essentially synonymous terms which point to a timeless state of supreme peace beyond the mind. Yoga is a method by which the limiting wall of the personality is gradually deconstructed so the individual mind can reconnect with and finally merge in the infinitely-expansive pure Consciousness which is our true nature.

Yoga Adityam was born out of the necessity of spiritualizing yoga in the West. This new system evolved through many years of yoga practice and spiritual experiments. During my long period of study and exploration, I received instructions from accomplished yogis and siddhas, both in India and the West, and after many years of dedicated practice, I came to a deep understanding of the principles of how energy moved through the three bodies during the practice of asanas, pranayama and meditation. I carefully analyzed the many ancient yoga styles described in classic yoga books in India, and compared them to the yoga styles taught in the West in various countries. When I followed the history of any particular style to its ancient roots, I was confronted each time with the revelation that many vital parts were missing when it was presented in the West. For example, in the practice of asanas, not only was breath retention often missing, but also the use of bandhas (yogic body locks), Drishtis (positioning of the gaze), mental

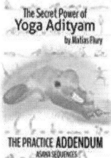

the Addendum, contains precise descriptions of yoga asana sequences that stimulate this same mystical ascending energy (Kundalini). On top of this, you will be able to see Kirlian photos that show how the energy of Kundalini moves though the chakras (psycho-energetic centers) and how it affects them by modifying their colors and the body's aura shape and size.

In my heart I hope that anyone who comes across these teachings is blessed with the right perspective to make appropriate use of such practices. To do so, we must appreciate the essence of spiritual practice. There are many ways of practice, many flowing rivers rushing to the same ocean. Yet practice is of no use unless it is done with right understanding. Remember, it is the essence that matters, and that which is the essence is the simplest thing. At the beginning, we go through life living from moment to moment. We develop personalities through our judgment of ourselves, others and the environment we find ourselves in. We construct a series of habitual patterns based on what we like and what we don't like. In this way, we end up running after gratification and fleeing from discomfort. We need our memory to do this; without memory, we would not be able to judge based on past experiences. So we create a mental map filled with things to avoid and other things to desire, and the right paths to reach them.

Spiritual Experiments: The Portal of Truth is the story of the author's burning quest for Enlightenment which has taken him to the frightening depths and astounding heights of spiritual experience. Written in dramatic style, with many sections of entertaining dialogue and vivid descriptions of his numerous shamanic journeys, this book is as entertaining as a novel, the only difference being that every word of it is true.

Made in the USA
Columbia, SC
17 February 2020